Ramona Schreck

Ramona Schreck

Doris Orgel

Der Teufel in Wien

C. Bertelsmann

Die Originalausgabe erschien unter dem Titel
„The Devil in Vienna“
bei The Dial Press, New York.

Dieses Buch war bisher unter dem Titel
„Ein blauer und ein grüner Luftballon“ lieferbar.

1. Auflage
C. Bertelsmann Verlag GmbH, München 1990

Einbandgestaltung von Klaus Renner unter Verwendung
einer Illustration von Petra Heier
Druck: Presse-Druck Augsburg
ISBN 3-570-20024-8 · Printed in Germany

Vorwort

Die politischen Ereignisse, die den Hintergrund für diesen Jugendroman liefern, sind Tatsache, aber die Personen der Handlung sind erfunden. Das heißt, daß sie – wie alle erfundenen Gestalten in Büchern – aus Erinnerungen, aus Phantasie und aus manchen Eigenschaften von wirklich lebenden Menschen zusammengesetzt sind. Inge Dornenwald gleicht zum Beispiel manchmal meiner Schwester und manchmal auch mir selbst, als ich dreizehn Jahre alt war. Ihre Eltern gleichen unseren eigenen Eltern. Opa Oscar ist der Großvater, den ich leider nie gehabt habe. Evi-von-oben hieß ganz anders, aber sie hat tatsächlich in der Wohnung über uns gewohnt, und sie ist tatsächlich ganz allein in die Mandschurei geschickt worden. Es gab verschiedene Mizzis in unserem Haushalt. Es gab einen Rabbi Taglicht und auch einen Pater Ludwig, der Gefahren auf sich genommen und dadurch Menschen gerettet hat.

Ich danke meinen Eltern, Ernst und Erna Adelberg, weil sie mir ihre Erinnerungen an diese Zeit zur Verfügung gestellt haben, und meiner Schwester Charlotte Lichtblau für ihre Mitarbeit; und Shelley Orgel, Marilyn E. Marlow, John Lichtblau, Dr. Leonhard L. Shengold und seiner Frau, Pater Richard Mann, dem Österreichischen Kulturinstitut und Phyllis J. Fogelman, die mich darin bestärkt haben, diese Geschichte zu schreiben.

1. Teil

DONNERSTAG ABEND, 10. FEBRUAR 1938

»Aber Inge, der Schnee ist gut, und Tommi Löwenberg kommt auch, und obendrein hast du Geburtstag!« hat meine Mutter gesagt. »Also sei vernünftig und komm mit.«

»Du bist wahrscheinlich das einzige Mädchen in ganz Wien, das nein danke sagt, wenn es drei Tage lang zum Skilaufen fahren kann«, hat mein Vater gesagt. »Aber wenn du unbedingt willst . . .«

Ich weiß selbst, daß es leicht idiotisch ist, aber ich will eben hierbleiben!

Thomas Löwenberg und ich, wir können uns nicht riechen. Er ist der Sohn von den besten Freunden meiner Eltern, fünfzehn, bildhübsch und eingebildet und ein toller Skiläufer, während ich meistens auf dem Po sitze und meine Skier dabei wie Zaunstecken aus dem Schnee ragen; und er behandelt mich ganz von oben runter.

Und am Montag muß ich einen Aufsatz abliefern.

Meine Mutter hat bloß gelacht, als ich das vorbrachte: »Erzähl mir nicht, daß du deswegen daheimbleiben willst. Du hast schon öfter einen Aufsatz in einer knappen Stunde fertig gehabt. Den kannst du im Zug schreiben!«

Ja, aber diesmal finde ich den Aufsatz sehr wichtig. Fräulein Pappenheim, unsere Deutschlehrerin, sagt uns vor jedem Aufsatz: »Beschreibt eure wirklichen und wahren Gefühle«, und genau das habe ich diesmal auch vor, ganz egal, wie lange ich dafür brauche.

Jetzt kommt erst mein richtiger Grund: Ich habe das Gefühl, daß ich am Sonntag unbedingt daheim sein muß, weil am Sonntag, an meinem Geburtstag, vielleicht irgendwas passiert. Ich weiß nicht, was; ich kriege bloß eine Gänsehaut, wenn ich daran denke.

Meine Eltern haben ein bißchen ein schlechtes Gewissen, weil sie trotzdem unbedingt zum Skilaufen wollen, und weil ich an meinem Geburtstag nicht mit ihnen zusammen sein werde. Sie wollen am Sonntag zum Nachtmahl wieder daheim sein und mir meine Geschenke dann geben, und das ist nett von ihnen. Und ich habe ihnen nicht einmal Hals- und Beinbruch gewünscht!

Sie haben darauf gewartet, wie sie mit ihren Skiern und dem Rucksack auf dem Rücken unter der Tür gestanden sind; es bedeutet bloß: viel Glück!, und ich hab's schon tausendmal gesagt. Aber heute abend habe ich die Worte aus irgendeinem Grund nicht herausgebracht. Ich habe bloß gesagt: »Hoffentlich habt ihr wirklich tollen Pulverschnee!«

Und sie haben gesagt: »Ja, danke« und »Sei schön brav«.

Meine Mutter hat mich noch daran erinnert, daß Opa Oskar mich am Sonnabend zum Essen ausführt . . . das ist ihr Vater, und Vater hat gesagt, ich müßte eben ein bißchen Geduld haben und bis abends auf die Geschenke warten. Dann haben sie mir einen Kuß gegeben und sind gegangen.

Am Sonntag, dem 13. Februar, werde ich dreizehn Jahre alt. Und Lieselotte auch. Zwei beste Freundinnen, die am 13. beide dreizehn Jahre alt werden, so etwas ist sehr selten, so etwas muß doch etwas bedeuten! Und obendrein noch an einem Sonntag! Das muß doch *auch* etwas bedeuten, etwas Gutes! Ich weiß, das klingt dumm, vor allem, wenn man bedenkt, daß ich sonst eigentlich gar nicht abergläubisch bin.

Ich erinnere mich noch ganz genau, was Lieselotte für ein Gesicht gemacht hat, als wir herausfanden, daß wir am selben Tag geboren sind. Ihre grünen Augen wurden ganz groß und irgendwie heller, wie die Farbe von unreifen Haselnußhüllen, und die hellbraunen Augenbrauen sind hochgegangen. Ich habe bestimmt genauso erstaunt dreingeschaut. Damals waren wir in der ersten Klasse, und wir standen vor der Schule am eisernen Zaun und haben darauf gewartet, daß wir abgeholt wurden, Lieselotte von ihrer Mutter und ich von Käthe; das war das Mädchen, das wir damals hatten. Und da sagten wir beide gleichzeitig: »Kannst du zu meiner Kindergesellschaft kommen? Ich lad dich ein, ich hab morgen Geburtstag.«

Dann lachten wir und riefen es all den anderen kleinen Mädchen zu, die auch da herumstanden und warteten.

Und dann lief Lieselotte ihrer Mutter entgegen und schrie: »Mama, Mama, weißt du was?«, und ich lief zu Käthe und schrie auch: »Käthe, Käthe, weißt du was? Lieselotte Vessely und ich, wir haben am selben Tag Geburtstag!«

Wir fanden, so etwas wäre ein Glück, beinahe ein Wunder.

Damals wurden wir sieben Jahre alt.

Ich erinnere mich auch noch daran, daß Dreizehnjährige für uns schon fast Erwachsene waren. Dreizehn kam uns uralt und weit, weit weg vor. Damals hatte ich keine Ahnung, welche Sorgen ich mit dreizehn haben würde. Zum Beispiel, weil ich noch immer so mager bin, daß Mizzi mir heimlich extra Butterstückchen in die Suppe rührt, weil sie meint, ich merke das nicht. Und weil ich noch immer einen Bubikopf tragen muß: ganz kurz an der Seite und im Nacken ausrasiert, einfach scheußlich. Alle Töchter von den Leuten, mit denen meine Eltern verkehren, kriegen das Haar so geschnitten.

Lieselotte hat so langes Haar, daß sie zuletzt beinahe darauf sitzen konnte. Vielleicht kann sie's inzwischen . . .

Als meine Eltern weg waren, habe ich mit Mizzi und Ferdl in der Küche gesessen. Ferdl ist bei der Feuerwehr und der allernetteste von allen Verehrern, die unsere Mädchen jemals gehabt haben. Ich hoffe, Mizzi heiratet ihn.

Mizzi hat Knödel, die vom Mittag übrig waren, mit Rührei aufgebacken. Ferdl hat dazu Bier getrunken und mir auch welches eingeschenkt.

»Nicht so viel«, hat Mizzi gesagt.

»Das schadet ihr nix, es ist fast bloß Schaum«, hat Ferdl gesagt.

Ich habe Mizzi beim Abwasch geholfen, und dann haben sie mich gefragt, ob ich mit ihnen Karten spielen möchte. Aber sie wollten doch lieber allein sein, und ich auch, weil ich das alles aufschreiben wollte. Jetzt bin ich schläfrig. Daran ist sicher das Bier schuld. Ich werde meine »wirklichen und wahren Gefühle« lieber noch einmal überschlafen. Ich kann sie auch gleich morgen früh beschreiben.

Freitag, 11. Februar 1938

Es ist Viertel nach fünf. Der Himmel ist noch schwarz. Sonst stehe ich nie so früh auf. (Ich bin auch jetzt nicht richtig »auf«. Mein Zimmer ist noch kalt; Mizzi ist auch noch nicht auf und hat den Kohlenofen noch nicht angeschürt. Deshalb sitze ich im Bett, in meine blaue Steppdecke eingewickelt und habe mein Tagebuch auf den Knien liegen.)

Mein Zimmer geht zum Hof hinaus. Bei Tag hört man dort die Leute ihre Teppiche klopfen, die Kinder spielen und lachen und schreien, die Hunde bellen, und wie Herr Listopat, der Hausmeister, seinen Kater ruft: »Peterle, Peterle, komm!« Und manchmal kommen Straßenmusikanten und spielen Akkordeon und singen. Jetzt ist alles ganz still. Die Stille scheint extra für mich gemacht zu sein, damit ich »Meine beste Freundin« in völliger Abgeschlossenheit schreiben kann.

Sehr geehrtes Fräulein Pappenheim,

vielen Dank für dieses Aufsatzthema! Ich werde diesmal meine »wirklichen und wahren Gefühle beschreiben«, aber leider kann *ich sie nicht in der »logischen und ordentlichen Reihenfolge« aufzählen, wie Sie das immer haben möchten. Ich muß sie so herauskommen lassen, wie sie eben von alleine kommen. Außerdem kann ich sie nicht auf »mindestens drei bis höchstens fünf Seiten« in meinem Aufsatzheft zusammenquetschen. Liebes, altes, strenges und gerechtes Fräulein Pappenheim, deshalb werde ich sie hier beschreiben, in diesem Tagebuch, das Opa Oskar mir zu Weihnachten geschenkt hat. Ich meine, zu Chanukka.**

Aber machen Sie sich bitte keine Sorgen, ich werde auch noch einen Aufsatz schreiben, der Ihnen gefällt. Sie werden mir wieder eine Zwei dafür geben, vielleicht sogar eine Eins. Und Sie werden nie dahinter kommen, daß der Aufsatz und das, was ich hier schreibe, sich so gleichen wie ein Regenwurm und eine Nachtigall.

Mit vorzüglicher Hochachtung, verbindlicher Empfehlung, freundlichen Grüßen usw., usw.

Ihre Schülerin
Inge Dornenwald

Wir kennen uns seit dem ersten Schultag, Lieselotte Vessely und ich, und wir sind sofort solche Freunde geworden, die fast immer erraten, was der andere gerade denkt, und die sich vertrauen und ihre Zeit lieber miteinander verbringen als mit sonst irgend jemand.

Aber vor drei Monaten ist Lieselotte mit ihren Eltern nach München gezogen. Drei Monate sind eine sehr lange Zeit. Und in dieser ganzen Zeit hat Lieselotte mir bloß ein einziges Mal geschrieben. Außerdem habe ich eine Ansichtspostkarte von einem Dackelwelpen bekommen, mit einem Poststempel aus Regensburg, und ich nehme an, daß die auch von Lieselotte ist, denn ich kenne sonst keinen einzigen Menschen in Deutschland. Meine Adresse war in Druckbuchstaben geschrieben, und sonst stand gar nichts darauf, kein Gruß, nicht einmal ihre Unterschrift. Deshalb

* Chanukka = Lichterfest, Tempelfest im Dezember, das acht Tage dauert, zur Erinnerung an die Einweihung des jüdischen Tempels in Jerusalem im Jahr 165 v. Chr.

zähle ich die Karte nicht als Post, die ich von ihr bekommen habe, sondern bloß als Geheimnis.

Ich habe ihr sofort geantwortet. Ich weiß nicht, ob sie meinen Brief bekommen hat und warum sie mir nicht wiedergeschrieben hat, oder ob sie sich verändert hat, und wie und warum. Es ist möglich, es ist sogar wahrscheinlich, daß sie vielleicht gar nicht mehr meine Freundin ist. Davor fürchte ich mich mehr als vor dem Teufel, an den ich natürlich längst nicht mehr glaube.

Ich weiß nicht, warum ich *ihn* hier erwähne.

Nein, das stimmt nicht, ich weiß es schon. »Fürchten« erinnert mich immer an den Viadukt, und der Viadukt erinnert mich immer an den Teufel; ich werd gleich erklären, warum.

Außerdem sitze ich inzwischen an meinem Pult, denn Mizzi ist gekommen und hat den Ofen angezündet, und mein Zimmer ist jetzt warm. Es ist mein altes, weiß gestrichenes Kinderpult, es ist schon viel zu klein für mich; an ihm habe ich auch meine allererste Geschichte geschrieben, oder vielmehr angefangen, und sie handelte zufälligerweise auch vom Teufel.

Damals war ich sechseinhalb und in der Schule gerade erst durch das Alphabet durch. Endlich konnte ich alles aufschreiben, was ich mir bis dahin nur so im Kopf erfunden hatte. Meine erste Geschichte fing ungefähr so an:

Wenn, der, Deifel, net, daheim, ist, inder, Höll, dann, komt, er, nach, Wien, auf, Besuch, und, macht, hier, Sachen. Ich, hab, schon, gsehn, wo, er, war. Es, ist, seine, Schult, daß, der, eine, Turm, vom, Stefansdohm, bloß, so, kurz, ist.

Ich war so darin vertieft, all die Buchstaben und Kommas zu malen, daß ich die Tür und die Schritte nicht hörte. Plötzlich spürte ich den Duft, der meine Mutter immer begleitet: Kölnisch Wasser, vermischt mit Zigarettenrauch. Sie stand hinter mir und las über meine Schulter hinweg und sagte: »Das ist sehr schön, Ingelein.« Aber ihr Gesicht verriet, daß sie es sehr komisch fand.

Sie sagte mir auch, daß Leute, die schreiben können, glücklich dran sind. Denn sie können ihre Gefühle und alles, wovor sie sich im geheimen fürchten, in Geschichten stecken und sie so loswerden.

Aber nicht, wenn jemand sich leise hereinschleicht und heimlich zuschaut, dachte ich.

»Und wer weiß, vielleicht wirst du einmal Schriftstellerin, wenn du groß bist«, sagte meine Mutter.

Ich war zerschmettert; ich dachte nämlich, ich sei schon eine! Ich habe die Teufelsgeschichte zusammengeknüllt und in den Papierkorb geworfen.

Und der Viadukt: das ist eine Unterführung, die unsere Straße mit der Straße auf der anderen Seite der Eisenbahn verbindet. Meine Eltern hatten mir streng verboten, da jemals allein hineinzugehen, deshalb wollte ich es natürlich irgendwann einmal doch tun. Gegenüber von der Unterführung, auf unserer Seite, war Wegners Delikatessengeschäft, in dem wir einkauften. Käthe ging dort hin, so oft sie nur konnte; sie blieb immer eine Ewigkeit drinnen, und ich wartete draußen.

Als ich in der ersten Klasse war, hat sie mich eines Tages im Oktober wieder einmal mitgenommen. Und ich habe draußen gewartet und gewartet und hinüber in den finsteren, verbotenen Tunneleingang geschaut. Auf einmal hielt ich es nicht länger aus. Ich überquerte die Straße – was ich alleine auch nicht durfte – und ging hinein.

Es war rabenschwarz, wie in der Nacht. Ich dachte mir: Wenn jetzt ein Zug kommt, dann dröhnt das hier drin, als ob die ganze Erde auseinanderplatzen würde, und es nutzt nichts, wenn ich mir die Ohren zuhalte. Die Nase hielt ich mir schon zu. Es stank, als ob sämtliche Hunde aus dem ganzen 3. Bezirk nur hier das Bein heben würden. Aber das war nur normal-gräßlich; etwas, womit ich irgendwie gerechnet hatte, und gar nichts im Vergleich zu dem, was noch kam.

Plötzlich gab es ein Geräusch, *krrrtsch!* (Ein Streichholz, das angezündet wurde, aber das habe ich in dem Augenblick nicht gemerkt.) Ein blau-gelbes Flämmchen zuckte auf. In dem kleinen, schwachen Licht sah ich den Teufel an der Mauer lehnen. Eine Sekunde lang sah ich sein Gesicht und die seltsamen, teuflisch hochgezogenen Augenbrauen. Das Flämmchen verlöschte. Die Finsternis war noch finsterer als zuvor.

Ich wollte Hilfe, Hilfe! schreien. Kein Ton kam aus meinem Mund. Ich konnte mich auch nicht rühren. Ich stand wie versteinert da.

»Komm mal her, Kleine«, sagte der Teufel in die Stille. Seine Stimme klang so wie von irgend jemand. Aber damit konnte er mich nicht täuschen. Ich dachte mir: natürlich redet er so wie irgend jemand.

»Magst ein Zuckerl? Natürlich magst eines.« Er trat zu mir. Ich stand da wie eine Statue. Er griff nach meiner Hand und drückte etwas Kleines, Flaches hinein. Dann kam wieder das Geräusch, *krrrrtsch*. Diesmal sah ich, wie er das Streichholz anzündete. Das Flämmchen leuchtete wieder auf.

»Schau mal.«

Seine Hose war aufgeknöpft und ein Stock oder irgendwas ragte da gerade heraus. Ich weiß nicht, warum ich »oder irgendwas« geschrieben habe. Ich weiß, was es war. Ich hab's damals auch gewußt.

Er griff nach meiner anderen Hand, und ich wußte auch, was er von mir wollte: ich sollte ihn da anfassen.

Meine Beine waren kein Stein mehr; ich konnte wieder laufen, und ich rannte davon, so schnell wie ein Windhund; ich bin noch nie im Leben so schnell gerannt. Dann sah ich schon das Licht, das auf der anderen Seite in den Tunneleingang fiel. Laß mich raus, laß mich raus kommen, flehte ich bei jedem Schritt, bei jedem Atemzug.

Ich erreichte die andere Seite. Der Sonnenschein blendete mich; es war wie im Himmel.

Und wer kam da, von den beinahe eine Million Menschen, die in Wien leben? Lieselotte. Neben ihr ging ein großer Bub, der genauso ausschaute wie sie und das gleiche hellbraune Haar und die gleichen hellgrünen Augen hatte, und eine schmale Nase und ein vorgerecktes Kinn mit einem kleinen Spalt in der Mitte. Ihr großer Bruder, Heinz. Sie wohnten ganz in der Nähe, also war es nicht solch ein Wunder, daß sie gerade jetzt daherkamen, aber für mich war es doch eins.

»Du liebe Zeit, was ist passiert?« fragte Heinz.

Ich muß sehr ängstlich dreingeschaut haben. Ich zeigte nur zurück auf den Viadukt.

»Ach so!« sagte Lieselotte mit einem Blick, der mir verriet, daß sie es schon wußte; ich brauchte ihr nichts zu erklären. Mir ging auf, daß ich nicht der einzige Mensch auf der Welt war, dem so etwas passierte! Ich war so ungeheuer erleichtert, daß ich lachte und die Arme um sie schlang, so wie kleine Kinder das machen. Und wenn wir nicht schon Freundinnen gewesen wären, dann wären wir es jetzt geworden.

»Hat der alte Karamel-Karl seine Hose aufgemacht und dir seinen Schwanz gezeigt?« fragte Heinz.

Lieselotte gab ihm einen Schubs. »So was sagt man nicht!«

»Warum nicht? Er tut so was sogar! Hat er dir ein Karamelbonbon geschenkt?«

Ich öffnete die Hand. Das Bonbon war so klein, daß ich es nicht in drei Stücke brechen konnte, deshalb ließ ich jeden ein Stückchen abbeißen und nahm dann den Rest.

Lieselotte und Heinz brachten mich durch das Viadukt zurück. Lieselotte und ich hielten uns die Nasen zu, und Heinz schrie: »Karamel-Karl, wo steckst du?«, aber Karamel-Karl ließ sich nicht mehr blicken.

Käthe kam endlich aus dem Laden. Sie hatte bloß zehn Deka Bologneser gekauft! Wahrscheinlich hat sie die ganze Zeit im Zimmer hinter dem Laden mit Herrn Wegner geschmust. Er hat eine Glatze und eine Nase wie eine Elektrobirne und fette Finger mit Haaren auf den Knöcheln. Ich begreife nicht, warum Käthe ihn mochte. Sie fragte nicht einmal, was ich inzwischen gemacht hatte; es war ihr ganz egal.

An diesem Nachmittag kam Lieselotte zum Spielen zu mir. Ich erinnere mich nicht mehr genau, was wir spielten; vielleicht Schule mit meinen Puppen, und Schwarzer Peter und Lotto. Aber ich weiß noch, daß wir uns viel erzählten, alle unsere Geheimnisse, und daß es ein großartiges Gefühl war, wenn man jemand alles sagen konnte und wußte, daß er zuhört und einen nicht auslacht.

Ich erinnere mich auch noch daran, was für ein Kleid Lieselotte an dem Tag trug, an dem wir Freundinnen wurden: ein blau-weiß kariertes Kleid mit einem runden weißen Häkelkragen und dazu blaue Schleifen in den Zöpfen. Lieselotte hatte ein Stückchen Kreide von der Wandtafel mit hinaus genommen und in der Pause im Schulhof ein Spielfeld für *Himmel und Hölle* auf den Boden gezeichnet.

»Paß auf, da kommt Frau Sommert«, sagte ich und tippte Lieselotte auf die Schulter.

»Man darf den Schulhof nicht verschmieren«, sagte Frau Sommert und nahm Lieselotte die Kreide weg.

An diesem Tag hatten wir zum erstenmal Religion, gleich nach der großen Pause.

»Bei *meinem* Onkel Ludwig!« erzählte Lieselotte mir stolz.

Und ich wünschte, ich könnte mit ihr zusammen in die Religionsstunde gehen. Warum eigentlich nicht? Schließlich waren wir in der gleichen Klasse und saßen immer nebeneinander. Vielleicht hatte der liebe Gott das mit Absicht so eingerichtet? Ich ging jedenfalls nach der Pause zusammen mit Lieselotte wieder in unsere Klasse zurück und nicht mit den paar anderen jüdischen Kindern.

Onkel Ludwig ist Pfarrer. Er trug ein langes, schwarzes Kleid, das bis auf den Boden reichte . . . Er hatte eine silberne Brille, welliges Haar und ein freundliches Gesicht.

Er sagte: »Grüß Gott, liebe Kinder«, und streckte die Arme aus wie ein eingebildetes Dach über all unseren Köpfen. »Gott segne euch.« Mir war zumute, als ob Gott mich schon sehr viel gesegnet habe. Dann rief Onkel Ludwig alle Namen der Reihe nach auf. Natürlich stand ich nicht auf seiner Liste.

Er kam zu meinem Platz. Er kauerte sich hin, damit sein Gesicht auf der gleichen Höhe mit meinem war, und fragte: »Wie heißt du, Kleine?«

»Inge Dornenwald.«

Lieselotte stieß mich an und flüsterte: »Du mußt ›Pater Ludwig‹ sagen.« Aber ich brachte es nicht heraus. Ich vermute, das verriet noch deutlicher, daß ich hier in der falschen Klasse saß, als der Umstand, daß ich nicht auf der Namensliste stand.

Der liebe Gott hatte es also doch nicht mit Absicht so arrangiert. Aber Pater Ludwig wurde nicht böse. Er sagte den anderen, sie sollten brav warten, während er mich in die richtige Klasse brachte. Auf dem Weg dorthin kam Frau Schönvogel uns schon entgegen; sie gab den jüdischen Religionsunterricht, und sie suchte mich.

»Hier ist Ihr Schäfchen«, sagte Pater Ludwig und übergab mich ihr. »Grüß Gott, Inge.«

Ich hätte auch gern »Grüß Gott« gesagt.

Aber ich war so verlegen, daß ich gar nichts herausbrachte, und ich schaute vor mich hin auf den Boden und schämte mich, weil er jetzt sicher fand, daß ich schlecht erzogen war und keine Manieren hatte.

Frau Schönvogel führte mich in ihre Klasse.

Hedi Stein und Elfriede Kaplan lachten. Hi-hi.

»Nein, Kinder, wir dürfen nicht über Inge lachen. Es ist zu traurig. Es muß uns leid tun, wenn ein Kind aus einer jüdischen Familie nicht weiß, wo es hingehört. Hör mal, Inge, gehst du in die Synagoge?«

Ich war erst einmal dort gewesen, in der Woche, ehe ich in die Schule kam. Mein Vater hatte mich mitgenommen; vielleicht, weil er mit dieser Frage gerechnet hatte. »Ja, Frau Schönvogel«, antwortete ich.

»Kannst du mir erklären, wie du in Pater Ludwigs katholische Religionsstunde geraten bist?«

Meine Wangen wurden heiß. »Ich . . . ich hab mich geirrt.«

»Nun, ich hoffe, so etwas kommt nicht noch einmal vor. Jetzt setz dich. Da, neben Elfriede.«

Dann schrieb sie die ersten beiden Buchstaben des hebräischen Alphabets auf die Wandtafel, Alef und Bet, und wir mußten sie auf unseren Schiefertafeln nachschreiben, zwei Reihen von jedem, zum Üben.

Dann erzählte sie uns etwas von den jüdischen Feiertagen und fragte, welchen davon wir am liebsten hätten. Natürlich sagten wir alle: Chanukka. Dann fragte sie uns mit einem Na-komm-schon-mir-könnt-ihr-das-ruhig-erzählen-Lächeln: »Und bei wem daheim gibt es einen Weihnachtsbaum?«

Hedi Stein und ich fielen auf das Lächeln herein und meldeten uns. Ich sagte stolz: »Wir haben immer einen schönen Vogel aus Gold und Silber und Blau und Rot oben auf der Spitze!«

»So!« Frau Schönvogel zeigte mit dem Finger auf mich. »Das gehört sich nicht. Du mußt deinen Eltern sagen, daß sie dieses Jahr keinen Weihnachtsbaum aufstellen dürfen.«

»Aber wir haben auch eine Menora«,* sagte ich, den Tränen nahe.

»Das ist keine Entschuldigung«, sagte Frau Schönvogel.

Als ich das zu Hause meiner Mutter erzählte, zündete sie sich an dem Zigarettenstummel, den sie gerade ausdrücken wollte, eine neue an. Dann explodierte sie: »Warum steckt diese Lehrerin ihre Nase in unsere Privatangelegenheiten? Das geht sie überhaupt nichts an!«

»Aber Hannerl«, sagte mein Vater, und dann den Satz in Französisch, der bedeutet: »Sprich nicht vor dem Kind davon.«

Sie sprachen am Abend davon, als ich schon schlafen gegangen war. Aber mein Zimmer liegt neben dem Wohnzimmer, und mein

* Menora = siebenarmiger Leuchter; der Chanukka-Menora hat acht Arme und dazu einen neunten Arm als Bedienungslicht, mit dem die anderen angezündet werden.

Bett steht an der Wand, die nicht besonders dick ist, und wenn sie laut sprechen und ich lausche, kann ich so ziemlich alles verstehen.

Natürlich erinnere ich mich nicht mehr wortwörtlich, was sie sagten. Jedenfalls war meine Mutter sehr ärgerlich, nicht nur auf Frau Schönvogel, sondern ganz allgemein darauf, daß alle Kinder gezwungen waren, in den Religionsunterricht zu gehen. Sie sagte, sie sieht nicht ein, warum Eltern sich Vorschriften machen lassen sollen, wie sie ihre Kinder zu erziehen haben. Sie wollte mich jedenfalls ohne diesen Unsinn erziehen.

Mein Vater meinte, sie sollte sich nicht so darüber aufregen, denn der Religionsunterricht würde mir sicher genauso wenig schaden, wie er ihnen früher geschadet hatte. Und dann sind sie ausgegangen, in das Kaffeehaus am Schottentor, in dem sie sich immer mit ihren Freunden treffen.

Am nächsten Morgen in der Schule sagte Lieselotte zu mir: »Rat mal, was mein Onkel Ludwig gesagt hat.«

Ich war sicher, daß er etwas Mißbilligendes über meinen Irrtum gesagt haben mußte.

»Er hat gesagt, du bist nett, und es freut ihn, daß er meine Freundin kennengelernt hat.«

Von da an rannte ich am Donnerstag nach dem Religionsunterricht immer ganz schnell zurück zu meiner Klasse, damit ich ihn noch irgendwo im Flur sah. Zuerst lächelte ich ihn immer nur schüchtern an, und es dauerte eine Weile, bis ich »Grüß Gott, Pater Ludwig«, herausbrachte.

Er grüßte mich immer mit meinem Namen; er erinnerte sich an mich, und in meiner Vorstellung trug der liebe Gott ziemlich lange eine schwarze Soutane und eine Silbernickelbrille und hatte Pater Ludwigs welliges Haar.

Es ist schon hell draußen, und es fängt an zu schneien!

Freitag nachmittag, 11. Februar 1938

Der Schnee ist gefallen wie Puderzucker aus dem Zuckerstreuer, wenn Mizzi backt.

Wenn wir morgens auf dem Schulweg durch den frischen Schnee stapften und unsere Spuren darin hinterließen, dann spielten Lieselotte und ich manchmal, wir wären berühmte Entdecker und Forscher auf der Suche nach untergegangenen Kulturen. Einmal haben wir einen ganzen Subkontinent gefunden: das Alte Ost-Tiefenland, eine noch wichtigere Entdeckung als Troja. Dann waren wir abwechselnd der König von Schweden und überreichten uns gegenseitig den Nobelpreis.

Heute morgen habe ich versucht, allein irgend so etwas zu spielen, aber das geht nicht.

Ich war schon um zwanzig vor acht an der Schule, und das Tor war noch verschlossen. Deshalb habe ich den kurzen Weg hinüber zum Stephansplatz gemacht. Ich bin dort gern, vor allem am frühen Morgen, wenn er noch nicht so voll ist. Ich bin an der Seite vom Stephansdom entlanggegangen, an der die drei Wasserspeier sind; nicht sehr hoch oben, man kann ihre Gesichter sehen. Schnee hat auf ihren Ohren und wulstigen Augenbrauen gelegen und ist in ihre breit grinsenden Mäuler gefallen. Sie sind dort aufgestellt worden, um die bösen Geister zu verscheuchen. Als ich noch klein war, habe ich mir immer überlegt, wie sie das wohl machen.

Ich habe die Schneeflocken auf *meine* Augenbrauen fallen lassen und ein paar mit der Zungenspitze aufgefangen, als ich dagestanden bin und mir den Hals verrenkt habe, um zum alten Steffel hinauf zu schauen. Eigentlich kenne ich ihn gar nicht gut genug, um ihn mit seinem Kosenamen zu nennen, aber die meisten Wiener nennen ihn einfach so. Die Turmspitze schien am Himmel zu wakkeln. Aber das lag nur daran, weil ich so dicht darunter stand.

Ich bin um den Dom herumgegangen bis zu dem anderen Turm, der nur bis zum Dach hinauf reicht, und ich habe versucht, mir vorzustellen, wie der Stephansdom ausschauen würde, wenn der andere Turm auch noch fertig geworden wäre und er Zwillingstürme hätte.

In der Morgenstille hörte ich wieder, wie Lieselotte und ich damals Mizzi mit dieser Geschichte Angst gemacht haben . . .

Damals waren wir neun. Es war an einem warmen Nachmittag; wir hatten keine Mäntel an. Lieselotte trug einen Faltenrock mit richtiger Taille, ohne diese kindischen Träger über der Schulter so wie ich. Ihr Haar hing offen und lockig über den Rücken herunter. Wie ich das bewunderte und sie darum beneidete!

Damals, als ich noch in die Volksschule ging, durfte ich noch nicht allein oder nur mit einer Freundin irgendwohin gehen. Unser Mädchen mußte mich nachmittags spazierenführen; eine Freundin durfte ich immer mitnehmen. Wir sollten in den Stadtpark oder in den Prater gehen oder am Donaukanal entlang, irgendwo, wo es »frische Luft« gab. Jedenfalls nicht in die Innenstadt mit ihren engen Straßen und dem vielen Verkehr. Aber Mizzi wußte das noch nicht, und wir sagten es ihr nicht.

Mizzi war gerade erst zu uns gekommen. Käthe hatte uns verlassen, aber nicht, um Herrn Wegner zu heiraten. Zu unser aller Überraschung hatte er längst eine Frau. Mizzi war vom Mondsee, wo wir immer die Sommerferien verbrachten. Sie schaute noch immer sehr ländlich aus mit ihrem Dirndlkleid und den beiden dicken Zöpfen, die sie wie zwei große Schnecken um die Ohren gekringelt trug.

»Jessas Maria!« staunte Mizzi, als wir auf den Domplatz traten. »Der Turm ist so hoch, daß er in den Wolken hin und her wackelt! Es ist ein Wunder, daß er uns nicht auf die Köpfe fällt!«

Lieselotte und ich warfen uns einen Blick zu.

»Er könnt leicht mal runterfallen, eines Tages«, sagte ich.

»Herr im Himmel, beschütz uns! Du machst doch bloß Spaß, nicht?«

»Nein.«

»Er könnt wirklich mal runterkommen«, nickte Lieselotte.

Wir nahmen Mizzi bei der Hand und führten sie an die Stelle, an der ich heute morgen gestanden habe.

»Schau mal da hinauf!« sagte ich. »Der Turm da, der ist vor fünfhundert Jahren gebaut worden. Er sollte genauso werden wie der andere, genauso hoch. Aber dann ist etwas Gräßliches passiert.«

»Was?«

Ich erzählte die Geschichte von Anfang an, so wie wir sie in der Schule gelernt haben: »Im Mittelalter lebte ein Baumeister namens Hans Puchsbaum. Er prahlte, daß er den zweiten Turm in kürzerer Zeit und für weniger Geld bauen könnte als jeder andere Baumeister. Da gab der Bürgermeister ihm den Auftrag und versprach ihm guten Lohn dafür. Zuerst ging alles gut. Aber dann konnte er nicht genug Steine beschaffen. Er fand auch nicht mehr genug Arbeiter. Es sah so aus, als ob er die Arbeit längst nicht so schnell fertig bekommen würde, wie er gesagt hatte, vielleicht sogar überhaupt nicht. Er hat nicht gewußt, was er bloß machen soll, und da . . . erzähl du weiter, Lieselotte.«

Lieselotte senkte die Stimme geheimnisvoll: »Und da ist auf einmal ein Fremder aufgetaucht. Mit einer grünen Weste. Einen Fuß hat er nachgezogen, als ob er lahm wäre. Er hat sich auf einen Stock gestützt. Aber der hat ausgeschaut wie eine Mistgabel. Und weißt du, was er auf dem Kopf hatte?«

»Was?« Mizzi bekam runde Augen wie ein kleines Mädchen.

Als ob wir es vorher vereinbart und eingeübt hätten, hielten Lieselotte und ich uns die Fäuste an den Kopf, den Mittel- und den Zeigefinger hochgereckt. »Hörner!« sagten wir im Chor und mit ernster Miene.

Mizzi bekreuzigte sich und zog die Luft durch die Zähne ein. »Jessas Maria und Josef!«

»Pssst! Das mußt du nicht sagen!« warnte Lieselotte sie und fuhr fort: »Der Fremde fragte Hans Puchsbaum: ›Soll ich dir helfen? Ich kann den Turm im Handumdrehen fertig machen.‹ Hans Puchsbaum zögerte. Er ahnte ungefähr, wer der Fremde wahrscheinlich war. Er fragte ihn: ›Und was wollt Ihr dafür haben?‹ Der Fremde antwortete: ›Ach, nichts Besonderes. Du sollst bloß Gott und die Heilige Jungfrau nicht anrufen oder ihren Namen nennen, bis der Turm fertig ist.‹ Das klang nicht besonders schwierig, und Hans Puchsbaum nahm diese Bedingung an. Von da an ging alles wieder gut. Alle Leute staunten, wie schnell der Turm immer höher und höher wurde. Eines Tages, als Hans Puchsbaum oben auf dem Gerüst stand, kam unten das Mädchen vorbei, das er heiraten wollte. Vielleicht gerade hier, wo wir jetzt stehen. Vielleicht hatte er sie schon ein paar Tage lang nicht gesehen, weil er so viel Arbeit hatte. Jedenfalls schrie er hinunter: ›Maria!‹ So hieß sie.«

»Genau wie ich«, sagte Mizzi und schaute richtig ängstlich drein.

»Wir erzählen dir den Schluß nicht, wenn du nicht magst«, sagte ich.

»Nein, jetzt seid ihr schon so weit, jetzt erzählt auch noch den Rest!« Ich schämte mich ein bißchen, aber es machte doch solchen Spaß, Mizzi zu verulken, und es gab mir das Gefühl, daß Lieselotte wirklich meine allerbeste Freundin war, und ich wollte, daß dieses Gefühl überhaupt nie wieder aufhören sollte.

»Und im gleichen Augenblick, in dem Hans Puchsbaum ›Maria!‹ geschrien hat, da gab's einen Donnerschlag, einen schrecklich lauten«, fuhren wir wie im Chor fort.

»Erzähl du den Schluß, Inge«, sagte Lieselotte.

»Gut. Dann gab's noch einen Donnerschlag, noch lauter als ein Erdbeben. Und dann ist das ganze Gerüst eingestürzt, und der Turm ebenfalls. Und Hans Puchsbaum ist mit herunter geflogen. Und weißt du was? Seine Leiche war nirgendwo zu finden, sie ist einfach spurlos verschwunden. Aber eine riesige, gigantische Gestalt mit einer grünen Weste und Hörnern hat über dem ganzen Trümmerhaufen geschwebt. Ein Haufen Leute hat das gesehen. Und sie haben ein gräßliches, höllisches Gelächter gehört. Und seitdem hat noch nie wieder irgend jemand versucht, den Turm da fertig zu bauen.«

Mizzi packte uns bei der Hand: »Kommt, wir gehen wieder heim!«

»Willst du denn nicht hineingehen? Es ist wunderschön«, sagte Lieselotte.

»Ja, aber . . .« Mizzi warf einen Blick auf mich.

Ich wußte, was sie dachte. Ich sagte: »Mach dir keine Sorgen, ich darf auch hinein. Juden dürfen sich Kirchen auch anschauen. In Mondsee waren wir auch drin.«

»Bestimmt«, beruhigte Lieselotte sie.

»Wirklich? Das hab ich nicht gewußt. Ich hab noch nie . . .« Sie wurde rot und schaute verlegen drein. Wahrscheinlich hatte sie sagen wollen: ». . . in einer jüdischen Familie gearbeitet.«

Ich sagte: »Das macht nichts.« Und wir sind alle drei in den Dom gegangen.

Heute morgen bin ich nicht hinein gegangen. Ich wollte gar nicht an den Besuch damals mit Mizzi denken. Außerdem mußte ich in die Schule. Aber ich hab trotzdem daran denken müssen. Die Erinnerung hat sich nicht beiseite schieben lassen; sie verfolgt mich noch immer, und sie macht mich beschämt, aber sie gehört zu meinen »wirklichen und wahren Gefühlen«, und deshalb gehört sie auch hier hinein:

Wir sind also alle drei in den Stephansdom gegangen. Mizzi flüsterte: »Oh, wie schön!«, und ich zog den Duft ein; den Duft aus Hunderten und Hunderten von Jahren Kerzenflammen, Stein, Weihrauch und Ruhe, vermischt mit kühler, feuchter Luft. Neben dem Eingang steht auf einer Marmorsäule ein Becken aus dunkelrosa Marmor, wie ein Vogelbad. Das ist für das Weihwasser. Lieselotte und Mizzi tauchten zwei Fingerspitzen hinein . . . sehr langsam, fand ich. Warum brauchten sie so lange? Aber es kam mir nur so lange vor, weil ich mich ausgeschlossen fühlte. Ich wünschte, ich dürfte auch Weihwasser nehmen. Sie bekreuzigten sich mit den feuchten Fingerspitzen und knieten auf einem Knie nieder.

Dann gingen wir durch den Mittelgang hinunter und dann rund

um durch den ganzen Dom und zeigten Mizzi alle Altäre und Gräber und Gemälde und Statuen. Sie kniete vor der alten, aus Holz geschnitzten Marienstatue nieder, die »Die Madonna der Dienstboten« genannt wird. Mizzi betete da, als ob diese Statue extra für sie aufgestellt worden sei. Als sie endlich fertig war, war die Furcht aus ihrem Gesicht verschwunden.

Jetzt kommt das, wofür ich mich noch heute geniere. Ich habe immer wieder darüber nachgedacht, und ich verstehe es noch immer nicht. Heute morgen auf dem Schulweg habe ich mir Mühe gegeben, nicht noch einmal darüber nachzudenken. Ich habe versucht, mich abzulenken: ich habe die Ritzen im Bürgersteig gezählt, die durch den Schnee zu sehen waren, und ich bin auf jeden dritten Ritz getreten. Ich habe in die Schaufenster geschaut. Ich habe auf die Spuren von Stiefeln und Hundepfoten im Schnee geachtet. Eine Dame in einem schwarzen Mantel aus gekringeltem Pelz ist vorbeigekommen; sie hatte einen kleinen schwarzen Hund an der Leine, der auch einen gekringelten Pelz hatte und einen Hundemantel in Rot und Weiß trug. Ich hab daran gedacht, wie Lieselotte darüber gelacht hätte, und hab gelächelt. Aber dann habe ich in einer Schaufensterscheibe mein Spiegelbild gesehen und gemerkt, wie gezwungen mein Lächeln war. Die Ablenkung hat nichts genutzt. Das einzige, was mich wirklich beschäftigte, das war die Frage: was war damals im Stephansdom bloß in Lieselotte und mich gefahren?

Es kam gerade niemand daher, der mich hätte beobachten können. Deshalb hab ich die Daumen in die Ohren gesteckt, mit den Fingern gewackelt, die Zunge herausgestreckt und meinem Spiegelbild in der Schaufensterscheibe eine Grimasse geschnitten. Ich weiß, das war kindisch, aber ich hab gedacht, das würde die Erinnerung verjagen.

Schuld an allem war eine Dame mit einem lila Hut, auf dem oben ein Vogel aus richtigen Federn thronte, einem sehr engen Rock und sehr hochhackigen Schuhen. Sie kniete damals vor einem Seitenaltar und betete, aber nicht mit gefalteten Händen. Mit der einen

Hand kratzte sie sich heftig und ausgiebig am Po! Ihre Fingernägel knirschten auf dem Stoff. Ich weiß nicht, wer von uns beiden zuerst kicherte, Lieselotte oder ich. Ich erinnere mich nur daran, wie wir beide immer heftiger und heftiger lachten und nicht mehr aufhören konnten; wir bekamen Seitenschmerzen davon, es war gar kein Spaß mehr. Es nutzte gar nichts, die Lippen zusammenzupressen und die Hand auf den Mund zu drücken; das Lachen war nicht zu unterdrücken. Mir war zumute, als ob ich im Prater auf der Achterbahn sitzen würde, die auch einfach weitersauste, wenn ich wünschte, sie würde endlich anhalten.

Mizzi fuhr uns flüsternd an, still zu sein. Ein Kirchendiener in einer schwarzen Jacke kam mit langen Schritten herbei. Er schaute wütend drein und fuhr uns ziemlich laut an. Mizzi machte einen tiefen Knicks vor ihm und entschuldigte sich für uns bei ihm. Wir zwei konnten noch immer nicht aufhören zu lachen.

Mizzi schubste uns vor sich her zur nächsten Tür. Es dauerte eine Ewigkeit, bis wir sie erreichten. Leute, an denen wir vorbei mußten, schüttelten die Köpfe und wunderten sich, was bloß in uns gefahren war. Ich erinnere mich, daß ich dachte: Was wird, wenn wir die Tür nie erreichen? Wenn wir die Ewigkeit damit verbringen, zur Tür zu gehen und nie hinzukommen, während uns alle Leute anstarren? Wenn das hier vielleicht schon die Ewigkeit *ist,* und wir in der Hölle sind und es bloß nicht wissen?

Endlich waren wir doch an der Tür und draußen.

»Ich hab mich so geschämt wegen euch! Ich hätt mich am liebsten in einem Mauseloch verkrochen!« Mizzi war entrüstet. Als sie sich wieder beruhigt hatte, fragte sie Lieselotte: »Wirst du hier firmiert werden?«

»Ja.«

Dann haben sie sich darüber unterhalten, ob Lieselotte ein Firmungskleid aus leichtem Wollstoff oder Samt kriegen würde; und ob weiße Wildlederschuhe hübscher sind als schwarze Lackschuhe; und mit welchen Blumen der Fiaker geschmückt sein sollte, mit dem sie hinterher durch den Prater fahren würde; und über die

Farbe des Pferdes, und wie viele Leute bequem mit ihr im Fiaker Platz hätten.

Dann fragte Mizzi mich: »Gehen jüdische Kinder auch zur Firmung?«

»Nein. Die Buben haben eine Bar-Mizwa-Feier*, aber das ist anders.«

»Schade«, sagte Mizzi.

»Ich lad dich zu meiner Firmung ein, und du mußt im Fiaker neben mir sitzen«, sagte Lieselotte.

Wie sich später herausstellte, konnte Lieselotte mich doch nicht einladen. Ihr Vater erlaubte es nicht. Und meine Eltern waren inzwischen auch schon gegen unsere Freundschaft und hätten mich auch nicht hingehen lassen.

Ganz hinten in meinem Schrank, hinter den Skistiefeln und den Schlittschuhen und den Kartons mit den eingemotteten Wintersachen, hebe ich eine Schachtel auf, auf die ich geschrieben habe: PRIVAT! Öffnen nicht gestattet! An dem Tag mit dem Lachanfall im Stephansdom habe ich eine Geschichte geschrieben, um mich aufzumuntern, und ich habe sie in meiner Schachtel aufgehoben. Jetzt habe ich sie wieder hervorgeholt, denn ich will sie hier abschreiben. Natürlich habe ich damals schon gar nicht mehr richtig an den Teufel geglaubt; jedenfalls nicht mehr so wie früher, als ich klein war. Er war bloß praktisch für diese Geschichte.

Alle hundert Jahre wird der Teufel ein- oder zweimal zum Besuch im Himmel eingeladen. Und wenn der liebe Gott dann guter Laune ist, dann erweist ER ihm einen Gefallen.

Bei seinem letzten Besuch hat der Teufel gesagt: »Lieber Gott, in Wien gibt es diese Kathedrale, die der Stephansdom heißt. Du erinnerst dich doch?«

* Bar Mizwa = ein Junge, der 14 Jahre alt wird und damit »gebotspflichtig« ist. Dazu gibt es eine Feier in der Synagoge.

»Ja, und du auch«, sagte der liebe Gott vorwurfsvoll, denn ER dachte an den zweiten Turm, der niemals fertig geworden war.

Der Teufel gab sich Mühe, beschämt dreinzuschauen. »Ja, ich kenne ihn auch, aber bloß von außen, und von innen soll er noch viel schöner sein. Lieber Gott, darf ich nicht auch einmal hineingehen und mir das anschauen, bloß ein einziges Mal?«

»Auf gar keinen Fall! Das ist gegen die Vorschriften«, hat der liebe Gott gesagt.

»Ach, bittschön, mach doch einmal eine Ausnahme, bloß ein einziges Mal«, hat der Teufel gebettelt.

Der liebe Gott hat schon angefangen, nachzugeben: »Na gut, aber bloß ein einziges Mal. Und bloß bis unter das Portal, und keinen einzigen Schritt weiter.«

Damit war der Teufel nicht zufrieden. »Angenommen, es kommt jemand herein, der kein ... der kein Wasser ... du weißt schon ...« begann er.

»Der kein Weihwasser nimmt«, verbesserte der liebe Gott.

»Ja, genau. Und angenommen, er macht auch kein ... er macht auch kein ...« Manche Worte bringt der Teufel einfach nicht über die Lippen.

»Er macht auch kein Kreuz«, beendete der liebe Gott den Satz.

»Ja. Vielen Dank. Oder sie *macht das alles nicht. Lieber Gott, erlaubst du mir dann, daß ich dieser Person folge und mir auch alles anschaue?«*

»Also gut«, gab der liebe Gott nach. »Aber du mußt versprechen, daß du kein Unheil anrichtest.«

»Das versprech ich beim Barte meiner Großmutter! Vielen Dank, lieber Gott, vielen Dank!« hat der Teufel gesagt.

Und dann ist er schnurstracks zum Stephansplatz gerannt. Er hat sich unsichtbar gemacht und ist in den Stephansdom hinein gegangen. Er hat gleich hinter der Tür gewartet und gewartet, bis endlich jemand hereingekommen ist, der kein Weihwasser genommen und der sich auch nicht bekreuzigt hat.

Na, endlich! hat der Teufel gedacht, und dann ist er hinter dem

Mädchen her durch die ganze Kirche gegangen. Aber vielleicht hat er überhaupt keine Großmutter gehabt, oder seine Großmutter keinen Bart, denn er hat doch Unheil angerichtet: er hat das Mädchen heimlich gekitzelt, und da mußte sie lachen und lachen und konnte nicht wieder aufhören, und ihre Freundin, die mit dabei war, auch.

Mir ist kein Ende für die Geschichte eingefallen. Ich konnte mir nicht vorstellen, ich kann's noch immer nicht, wie ärgerlich der liebe Gott da wohl geworden ist und ob und wie er den Teufel bestraft hat.

Was sonst noch in meiner PRIVAT-Schachtel steckt:

Andere Geschichten, die ich geschrieben habe.

Ein Milchzahn von mir.

Ein Vergißmeinnicht-Ohrring; den zweiten hab ich verloren. Käthe hat sie mir geschenkt, als sie von uns fortgegangen ist.

Mein alter Flanell-Elefant Schnurli Wurli.

Fotos von meinen Eltern beim Skilaufen, von mir als Baby, und eines von Lieselotte und mir bei dem Kinderfest an meinem siebten Geburtstag. Und eines von meiner Mutter als junges Mädchen, und eines, als sie selbst noch ein Baby war, auf Großmutter Idas Schoß.

Ein Edelweiß, das mein Vater bei einer Bergtour gefunden und dann gepreßt hat.

Die Ansichtspostkarte von dem Dackel mit dem Poststempel aus Regensburg vom Dezember, auf der bloß in Druckschrift meine Adresse steht und sonst gar nichts.

Und der einzige Brief, den ich bis jetzt von Lieselotte bekommen habe, mit BSG.

Ich werd den Brief hier abschreiben, aber zuerst muß ich erklären, was BSG bedeutet.

Als wir zehn waren, war ich eines Tages wieder einmal bei Lieselotte; wir waren mit ihrer Mutti in der Küche. (Mir gefällt der

Klang dieses Wortes; viel lieber und gemütlicher als *Mama)* Frau Vessely machte Fleischknödel und wir durften helfen. Ein Topf voll Fleischbrühe simmerte auf dem Herd langsam vor sich hin. Frau Vessely erzählte uns, wie sie früher, als sie so alt war wie wir jetzt, *ihrer* Mutter geholfen hatte, Knödel zu machen, daheim auf ihrem Bauernhof bei Linz. Lieselotte und ich steckten uns nach jedem Knödel kleine Fleischstückchen in den Mund; geräucherter Speck, köstlich. Zum Schluß gab Frau Vessely uns einen Klaps, bloß einen sanften, und sagte: »*Ich* hab von meiner Mama auch einen gekriegt, wenn ich zuviel genascht hab!«

Ich dachte daran, wie sehr ich mich bei den Vesselys daheim fühlte, und ich wünschte mir sogar einen Augenblick lang, ich würde wirklich zu ihrer Familie gehören.

Als die Knödel in der Fleischbrühe kochten, ging Frau Vessely hinaus, um irgend etwas anderes zu erledigen.

»Jetzt trinken wir Blutsbrüderschaft wie die Indianer«, sagte Lieselotte und holte den Rotwein, den ihre Mutter beim Kochen verwendete, und goß ein wenig in ein Glas. »Wir brauchen eine Nadel, mit der wir uns in den Finger stechen«, sagte sie und ging und holte eine. »Willst du's zuerst machen?«

»Nein, fang du an.«

Lieselotte stach sich mit der Nadel in den Finger. Sie zuckte nicht einmal zusammen. Dann drückte sie ein paar Bluttropfen heraus und in den Wein.

Ich stach mich auch in den Finger, und ich zuckte auch nicht zusammen. Ich ließ die Tropfen ebenfalls in das Glas fallen. Wir rührten den Wein mit dem Blut darin um.

Lieselotte nahm das Glas. »Jetzt müssen wir die Arme unterhaken, und dann auf Blutsbrüderschaft trinken.«

»Müßte das nicht Blutsschwesternschaft heißen?«

»Ich weiß nicht. Heinz hat gesagt, so was gibt's nicht. Aber du hast Recht. Wenn wir auf Blutsschwesternschaft trinken, dann gibt's so was doch. Also, komm.«

Lieselotte trank zuerst, dann ich. Es schmeckte süß, mit einem

Hauch bitter, und es brannte, als es die Kehle hinunterlief. In meinem Magen breitete sich Wärme aus.

Als das Glas leer war, hielten wir uns noch immer untergehakt, und deshalb schwenkten wir einander herum. Ich stieß gegen den Küchentisch und Lieselotte gegen den Spülstein.

»Wir sind betrunken!«

»Der Wein ist stark!«

Ich konnte noch immer spüren, wie sich die Wärme in mir ausbreitete.

»Blutsschwestern für immer ...« sagte Lieselotte.

»... und ewig«, fügte ich hinzu.

»Und wenn wir uns brauchen, dann sind wir da.«

BSG bedeutet also Blutsschwesterngrüße.

Aber jetzt ist Lieselotte fort, und ich weiß nicht einmal ihre Adresse.

Und das ist der einzige Brief, den Lieselotte mir vor drei Monaten geschrieben hat:

München, Dienstag, den 9. November 1937

Liebe Inge,

es ist erst zwei Tage her, seit wir fort sind, und ich vermisse Dich schon.

Die Reise ist schnell gegangen; kein Wunder: Herr Hartmann ist mit sechzig Kilometer Geschwindigkeit gefahren, sogar in den Bergen und in den Kurven. Mama hat sich ziemlich oft die Hand auf den Mund gepreßt. An der Grenze hat er der Grenzpolizei irgendein Papier in seiner aufgeklappten Brieftasche gezeigt, und da haben sie uns vor den anderen Automobilen durchgelassen.

Die Wohnung hier ist sehr hübsch. Sie ist in einem zweistöckigen Haus, und wir haben den ganzen ersten Stock. Hinten ist ein Garten, den wir auch benutzen dürfen. Der wäre genau richtig für einen Hund, falls wir jemals einen bekommen. Es ist auch ein Park in der Nähe, und die Isar, der Fluß. Ich hab Angst gehabt, daß ich das Zimmer mit Heinz teilen müßte, aber ich habe eines ganz für mich alleine.

Tante Luise und Onkel Poldi und meine Kusinen Helga und Heidi waren hier, als wir ankamen. Helga hat mir einen Uniformrock mitgebracht, aus dem sie herausgewachsen ist, und den ich anziehen kann, wenn ich zu den Jungmädeln gehe; für den BDM bin ich noch zu jung. Tante Luise hatte schon das Nachtmahl gerichtet, und Papa hat seine SA-Uniform angehabt, zu Ehren unserer Ankunft, obwohl Sonntag war und er gar nicht zum Dienst mußte. Er hat uns umarmt und geküßt und eine Flasche Schnaps aufgemacht, und alle haben auf unser neues Leben hier in München getrunken, nur Heidi nicht, denn sie ist erst sieben. Hast Du schon mal Feuer geschluckt? Genauso schmeckt Schnaps.

Ich hab noch nicht viel gesehen von München, bis auf den Marienplatz, der sozusagen in der Mitte ist, genau wie der Stephansplatz bei uns, und die Isar und meinen neuen Schulweg.

Heinz gefällt es hier. Er hat schon ein paar Freunde und tut, als ob er hier daheim wäre. Und ich hab schon eine Feindin: Edeltraut Wiecks. Sie ist eine magere Bohnenstange (viel, viel dünner als Du!) mit Shirley-Temple-Korkenzieherlocken und zwei Seiten: die eine ist lieb und sanft, und die zeigt sie vor, wenn die Lehrerin zuschaut; die andere Seite ist gemein und hinterhältig, und so ist sie, sobald die Lehrerin ihr den Rücken zudreht. Unsere Klassenlehrerin, Fräulein Schmidt, hat sie zu meiner »Helferin« ernannt, bis ich mich hier eingewöhnt habe. Ihre »Hilfe« schaut so aus: sie klebt wie ein Blutegel an mir; in der Klasse sitzt sie neben mir, beim Turnen hopst sie neben mir herum, und wenn ich »Grüß Gott« sage, anstatt »Heil-Du-weißt-schon-Wer«, dann boxt sie mich in die Rippen. Außerdem macht sie immerzu Bemerkungen wie »ihr Österreicher seid schlampige Schwächlinge«. Immerhin habe ich heute beim Völkerball dreimal getroffen. Ich hab's gar nicht für die Mannschaft gemacht; ich wollte nur, daß Edeltraut zugeben muß: »Gar nicht schlecht, für eine Österreicherin.«

Das Schlimmste ist, daß es kein Gymnasium ist, sondern eine Oberschule, Hauswirtschaftlicher Zweig, die bloß zur Pudding-Matura führt. Wir haben kein Latein, und der naturwissenschaftliche Unterricht ist eine ziemliche Katastrophe: in Biologie haben wir uns heute gegenseitig den Schädelumfang gemessen, und Herr Prof. Wandke hat über »deutschstämmige Gesichtsformen« doziert. *(Er* schaut aus wie ein Igel, obwohl er kahl ist.)

Etwas ist komisch an dieser Schule: alles ist Pflichtfach, bloß Religion nicht. Du brauchst bloß die Unterschrift von einem Elternteil auf einem Formular, und schon bist du davon befreit.

Papa hat das mit Freuden unterschrieben (auch für Heinz). Aber ich hab schon vorher gewußt, was die Mama dazu sagen wird, nämlich: »Oje, was würd der Onkel Ludwig dazu sagen?«

»Daß der Religionsunterricht bei den meisten Pfarrern wie Griespudding ohne Zimt und Zucker ist«, hab ich geantwortet. Denn das hat er wirklich mal gesagt.

»Lieselotte, lästere nicht«, hat Mama gesagt.

»Rosi, mach keinen Elefanten aus einer Mücke«, hat Papa gesagt. Er hat ihr den Kopf getätschelt und Heinz und mir dabei zugeblinzelt, weil sie wieder einmal »typisch Frau« war.

Vielleicht geb ich mein Formular überhaupt nicht ab. Ich weiß noch nicht.

Über das Grüßen: erinnerst Du Dich noch an meinen alten Hampelmann aus Holz, der die Beine und Arme reckt und streckt, wenn man an der Schnur zieht? Genauso komm ich mir vor! Jedesmal, wenn Du mit »Heil – und so weiter« grüßt, mußt Du den rechten Arm hochrecken, und Du *mußt* einfach immerzu »Heil . . .« sagen! Gestern morgen auf dem Schulweg hab ich es zwischen halb acht und Viertel nach acht auf dreizehnmal gebracht. Hier ist die Liste:

1) Herr Pfaltz, der unten im Haus wohnt. Gestern nachmittag hab ich die beiden Kinder gehütet (Rudi und Uta), als Frau Pfaltz einkaufen war.

2) Der Postbote in unserer Straße (also schreib BALD!).

3) Der Verkehrspolizist an der Ecke.

4) Dann sind wir einem Freund von Papa begegnet, ebenfalls in SA-Uniform (Papa hat mich gestern, am ersten Tag, ein Stück auf dem Schulweg begleitet).

5) Dann kam ein SS-Mann, den Papa gar nicht kannte, aber wir haben ihn trotzdem gegrüßt, weil Papa gesagt hat, alle Leute in Uniform müssen einander grüßen.

6) Dann ist Papa eingefallen, daß ich *ihn* auch so grüßen sollte! Anstatt »Grüß Gott« oder »Servus« oder »Grüß dich« oder was immer!

7) Dann bin ich allein weiter gegangen, und dann hab ich ein paar Spatzen gegrüßt, bloß so zur Übung. Sie sind auf der Straße herumgehüpft und haben ein paar frische Pferdeäpfel untersucht, und sie haben nicht zurück gegrüßt, hi-hi.

8) In der Schule habe ich vergessen, das große Mädchen zu grüßen, das ich nach dem Weg zum Büro von der Frau Direktor gefragt habe. Sie hat gesagt, ich muß immer so grüßen, also hab ich's getan.

9) Fräulein Pfitzner, die Sekretärin von der Frau Direktor.

10) Die Frau Direktor Seidlmeier. Sie schaut vornehm aus, sie ist groß und stattlich und hat einen Busen wie zwei Fußbälle und stahlgraues Haar, und die Zöpfe hat sie zu einer Krone oben auf dem Kopf zusammengedreht. Sie schaut aus wie eine Königin. Aber ihr Atem hat nach Krautsalat gerochen. Krautsalat zum Frühstück?!

11) Noch einmal die Frau Direktor, als ich wieder gegangen bin.

12) Auf dem Weg zu meiner Klasse Fräulein Schmidt.

13) In der Turnhalle, die ganze Klasse in schwarzen Turnschuhen, schwarzen Turnhosen, weißen Makkohemden, allein einer Reihe, alle den rechten Arm hochgereckt, alle gleichzeitig, um die Turnlehrerin zu begrüßen.

Da war es Viertel nach acht.

Bis Mittag hab ich gedacht, ich bin eine Schallplatte mit einem

Sprung. Oder ein Papagei, der bloß diese beiden Worte gelernt hat.

Aber rat mal, was auf dem Heimweg passiert ist (ich bin einsam und allein heimgegangen, alle anderen waren zu zweit und dritt und noch mehr). Ich bin einem kleinen Dackel begegnet. Nun, Du kennst mich ja. Natürlich hab ich mich auf ihn gestürzt und hab mit ihm geschmust. Und die Dame, die ihn an der Leine hatte, hat »Grüß Gott« gesagt, genau wie bei uns daheim in Wien! Der Dakkel heißt Schnackerl, und er ist erst fünf Monate alt und kastanienbraun. Es war Liebe auf den ersten Blick!

Ich hab vergessen, Dir zu erzählen, daß die Schule auch eine gute Seite hat: Mittwoch gibt's fast keine Hausaufgaben, weil wir Mittwoch nachmittag in den Dienst bei den Jungmädeln oder im BDM müssen. Das soll in allen Schulen in Deutschland so sein.

Jetzt muß ich Schluß machen, denn ich muß hinunter und auf Rudi und Uta aufpassen, weil ihre Eltern bei meinen zum Kaffee eingeladen sind.

Viele Grüße an Susi König, Anni Hopf, Fräulein Pappenheim, Mizzi, Ferdl, Evi-von-oben und an alle anderen Leute, die Grüße von mir haben wollen! Und schreib sofort! Ich zähle die Sekunden, bis Dein Brief kommt.

Herzliche BSG
Deine Lieselotte

Natürlich habe ich Lieselotte sofort geantwortet: Daß ich mich über ihren Brief gefreut habe. Und daß es mir auch schon schrecklich lange vorkommt, seit sie fortgegangen ist. Und daß eine Neue an ihrem alten Platz neben mir sitzt, die Ilse Holtzer heißt und ich sie einfach irgendwie nicht leiden kann, obwohl ich zugeben muß, daß sie eigentlich ganz nett zu sein scheint.

Ich schickte einen Tritt ans Schienbein für Edeltraut Wiecks mit und Grüße an Herrn Professor Igel.

Ich schrieb ihr die neuesten Nachrichten aus der Schule: Susi König war zum letztenmal verwarnt worden; wenn sie jetzt noch ein einziges Mal dabei erwischt wurde, wie sie in der Toilette heimlich rauchte, dann flog sie endgültig. Und Anni Hopf erzählte überall, sie habe einen Freund.

Ich erzählte ihr, daß die Löwenbergs gestern zum Nachtmahl bei uns eingeladen waren und daß Tommi sich dazu herabgelassen hatte, mit mir Schach zu spielen, und hinterher behauptete, er hätte mich mit Absicht gewinnen lassen!

Ich bedankte mich bei Lieselotte, weil sie so taktvoll war und immer ». . . Du-weißt-schon-Wer« schrieb, anstatt »Hitler«, und erklärte ihr, daß das gar nicht nötig war, weil ich überhaupt keine Angst vor ihm hatte. Hitler durfte Österreich nicht anrühren. Wenn er bloß einen Schritt weiter machte, dann würden Mussolini und Italien uns sofort zur Hilfe kommen. Das hat mein Vater erst gestern abend wieder gesagt, als er mit den Löwenbergs über die politische Lage diskutierte.

»Dein Wort in Gottes Ohr«, hat Tante Marianne daraufhin gesagt.

»Toi, toi, toi«, hat Onkel Herbert gesagt und dabei auf Holz geklopft, eine abergläubische Geste, die Unheil abwenden soll.

Ich habe Lieselotte gefragt, ob sie wohl irgendwann eines Tages vielleicht doch wieder nach Wien zurückkehren würde (ich habe schon zweimal geträumt, sie sei zurückgekommen).

Ich habe Grüße an Heinz geschickt und Lieselotte anvertraut, daß ich ihn auch vermißte, obwohl er mich immer entweder geneckt oder wie Luft behandelt hat, und daß ich früher, als wir noch klein waren, mir manchmal eingeredet habe, er sei auch *mein* großer Bruder.

Ich schickte auch viele Grüße an ihre Mutter (ihr Vater wollte bestimmt nicht von mir gegrüßt werden, deshalb ließ ich es auch bleiben). Ich fragte sie, wie es ihr gefiel, daß ihr Vater jetzt viel mehr Zeit hatte, um daheim zu sein.

Ich beklagte mich über die vielen lateinischen Hausaufgaben, um Lieselotte zu trösten, weil sie kein Latein mehr hatte in ihrer neuen Schule.

Ich schrieb ihr, daß ich auch die Sekunden zählen würde, bis ich ihren nächsten Brief bekam, und ich schickte ihr viele herzliche BSG.

Ich habe »Fräulein Lieselotte Vessely« auf den Umschlag geschrieben, und dann habe ich *ihren* umgedreht, um die Adresse abzuschreiben. Sie war mit dicker schwarzer Tinte durchgestrichen! Kein einziger Buchstabe war mehr zu lesen!

Ich zog mir meinen Mantel über und rief Mizzi in der Küche zu: »Ich muß wohin! Ich bin gleich wieder da!«

»*Wo*hin, bei dem Mistwetter?«

»Das erzähl ich dir nachher.«

»Zieh die Galoschen an und nimm einen Schirm mit.«

»Ich bin nicht aus Zucker, ich schmelz schon nicht!« Ich lief hinaus, und ich rannte fast den ganzen Weg.

Als ich vor Lieselottes altem Haus ankam, hielt ich einen Augenblick inne, schüttelte den Regen ab und holte Luft. Dann läutete ich beim Hausmeister, Herr Magrutsch, und hoffte dabei, daß er nicht gerade wieder betrunken war. Er ist schon nüchtern nicht besonders nett. Er hat uns immer angeschrien, wenn wir den Ball gegen die Hauswand geworfen haben oder bloß auf den Stufen vor der Tür gesessen sind.

Er ließ sich Zeit. Endlich kam er; er schaukelte hin und her wie ein Ruderboot auf einem stürmischen See. »Was willst denn *du?*« fragte er. Dann rülpste er, so daß die Luft zwischen uns nach Bier stank.

»Ich . . . ich wollte bloß fragen, ob die Vesselys eine Adresse hinterlassen haben, wo man ihnen die Post nachschicken kann, bitte?«

Er zog die buschigen Brauen hoch, als ob das eine verrückte Frage wäre. »Nicht bei mir.« Er zuckte die Achseln und watschelte davon; dann fiel ihm ein, daß er das Haustor offengelassen hatte, und er machte noch einmal kehrt und knallte es mir vor der Nase zu.

Aber ich war noch nicht geschlagen. Es gab noch jemanden, zu dem ich gehen konnte: Lieselottes Onkel Ludwig. Er mußte ihre Adresse doch bestimmt haben.

Ich bin mit der Trambahn nach Simmering gefahren. Das ist im 11. Bezirk, aber nicht sehr weit, nur ungefähr eine Viertelstunde Fahrt. Die Kirche von Pater Ludwig liegt gleich an einer Straßenbahnhaltestelle. Sie mußte vor kurzem restauriert worden sein, denn sie war viel heller grau als die meisten Kirchen, beinahe weiß. Sie war klein und anmutig mit den Barockbögen oben an der Fassade. Sie wirkte gar nicht abweisend. Im Gegenteil: das Tor stand auf.

Ich bin daran vorbei zum Pfarrhaus nebenan gegangen und habe geläutet. Während ich wartete, rief ich die Erinnerung an Pater Ludwigs freundliches Gesicht zurück. Ich stellte mir vor, wie er lächelte und mich wiedererkannte.

»Grabsch nicht auf dem Türknauf herum! Ich hab mir die Finger wundgerieben, um das Messing zu polieren!« krächzte eine Frau mit krummem Rücken und einem Gesicht wie die Hexe aus »Hänsel und Gretel«.

»Was willst du?«

»Ich möcht gern zu dem Herrn Pfarrer, bittschön.«

»Er ist beschäftigt. Er hat Besuch. Du kannst warten, wenn du magst, aber es wird eine Weile dauern.« Sie musterte mich von oben bis unten. »Du gehörst doch nicht zur Gemeinde, oder?«

»N . . . nein.«

Sie schüttelte den Kopf, als ob sie sagen wollte, daß ich dann kein Recht hätte, seine oder ihre Zeit in Anspruch zu nehmen.

»Entschuldigen Sie bitte«, sagte ich. Ich schlug meinen Mantelkragen hoch und ging davon.

»Warte!« rief sie mit ihrer krächzenden Stimme hinter mir her. »Soll ich was ausrichten?«

Aber ich hatte den Mut verloren. »Nein, danke, das ist nicht nötig!« rief ich zurück, und dann bin ich gelaufen, weil gerade eine Trambahn kam.

Auf der Fahrt heim zerbrach ich mir den Kopf. Wie konnte ich

Lieselotte nur mit meinem Brief erreichen? Endlich fiel mir eine Lösung ein. Es war eine ziemlich schlechte Idee . . .

Als wir neun Jahre alt waren, hat Lieselotte mich eines Tages gefragt: »Rat mal, wo ich mit meinem Vater war.«

Die Vesselys waren gerade von einem Besuch bei ihren Verwandten in München zurückgekommen.

»Im Braunen Haus. Ist das nicht ein komischer Name für ein Haus?«

»Ja. Oder hat es Wände aus Lebkuchen und einen Kamin aus Schokolade?« Das meinte ich natürlich nicht ernst; es war bloß Spaß.

»Nein, es ist nur ein großes Bürohaus. Mein Vater kennt alle möglichen Leute, die dort arbeiten, und vielleicht wird er eines Tages auch dort arbeiten, und wir ziehen nach München . . .«

»Oh, bleib doch lieber hier«, hatte ich gesagt.

Das fiel mir in der Tram wieder ein. Ich dachte mir, vielleicht arbeitet ihr Vater jetzt dort. Und als ich heimkam, adressierte ich den Brief so:

Fräulein Lieselotte Vessely
bei Herrn Georg Vessely
Braunes Haus
München, Oberbayern
Deutschland

Ich klebte den Umschlag zu und ging ins Herrenzimmer, um mir von Vaters Schreibtisch eine Briefmarke zu holen. Zu meiner Überraschung saß er da; er war heimgekommen, während ich fort war. Und als ich zurückkam, war ich so mit meinen eigenen Angelegenheiten beschäftigt gewesen, daß ich seinen Mantel an der Garderobe im Flur gar nicht bemerkt hatte. Vielleicht war sein Mantel auch so naß gewesen, daß Mizzi ihn ins Badezimmer gehängt hatte.

»Servus, Ingelein.« Er stand auf und gab mir einen Kuß. Er sah den Briefumschlag in meiner Hand. »Brauchst du eine Marke?«

»Ja, aber fürs Ausland.«

»Wem hast du geschrieben?«

Ich antwortete nicht.

Er runzelte die Brauen, nahm den Brief, warf einen Blick auf die Adresse und riß ihn schon mittendurch und dann in kleine Fetzen. »Das darf doch wohl nicht wahr sein!« Die Papierfetzchen sahen sehr weiß aus im Vergleich zu der Röte, die ihm ins Gesicht stieg. Die Ader an seiner Schläfe schwoll an und klopfte. Er packte mich bei den Schultern und schüttelte mich wie einen Apfelbaum.

Dabei ist er sonst gar nicht so. Er ist immer . . . nun, fast immer . . . sehr gelassen und selbstbeherrscht. Er beruhigte sich dann auch allmählich wieder und sagte, es tut ihm leid, weil er mich so gebeutelt hat.

»Der Brief war wichtig«, sagte ich.

Er nahm mein Gesicht in seine Hände; sie waren sanft. Ich kenne niemand, der solch himmelblaue Augen hat wie er. Er schaute mich liebevoll an, und ich konnte ihn auch wieder gern haben. »Ingelein, weißt du überhaupt, was das Braune Haus ist?«

»Ein Bürohaus.«

»Es ist das Hauptquartier der Nazi-Partei«, sagte mein Vater. »Verstehst du jetzt, warum ich so wütend geworden bin?«

Ich habe den Brief noch einmal geschrieben; ich wußte ihn noch auswendig. Ich wußte auch, wohin ich ihn schicken konnte. Warum war mir das bloß nicht gleich eingefallen? Ich habe ihn einfach an ihre Schule geschickt.

Samstag, 12. Februar 1938

Gestern war ich gerade bis hierhin gekommen, da ist Evi Fried, Evi-von-oben, herunter gekommen. Sie ist zehn und benimmt sich, als ob sie noch viel kleiner wäre. Sie geht noch in meine alte Volksschule in der Löwengasse und kommt erst nächstes Jahr aufs Gymnasium, wenn sie die Aufnahmeprüfung besteht. Sie wollte Himmel und Hölle mit mir spielen. Das spielt sie immer; sie ist eben noch in dem Alter.

»Na gut, ich komm schon.« Ich habe meinen Mantel geholt und nachgeschaut, ob Lieselottes Glücksstein in der Tasche steckte.

Wir sind hinunter in den Hof gegangen. Das bißchen Schnee war geschmolzen. Der Boden war trocken genug. Evi hatte ein Stück Kreide und hat die Quadrate gezeichnet.

Himmel ist, wenn man richtig trifft, und Hölle, wenn man daneben zielt.

Lieselotte hat nie daneben gezielt, ausgenommen, wenn ein Hund auftauchte. Dann ist ihr Kieselstein im falschen Quadrat gelandet oder sie hat das Gleichgewicht verloren, aber irgendwie immer mit Absicht, damit sie hingehen und ihn streicheln konnte.

Ich mag Hunde nicht so gerne, vor allem Deutsche Schäferhunde nicht. Einmal, als wir auf dem Land waren, ist einer hinter meinem Fahrrad hergerannt und hat nach meinem Bein geschnappt. Ich hab mich so erschrocken, daß ich mich vom Rad hab fallen lassen. Ich habe noch immer eine Narbe auf dem linken Knie; nicht von dem Biß, sondern von dem Sturz. Hier in der Stadt müssen solche Hunde wenigstens einen Maulkorb tragen.

Wenn kein Hund kommt und sie ablenkt, könnte Lieselotte ganz bestimmt die Österreichische Himmel-und-Hölle-Nationalmeisterschaft gewinnen, falls es so etwas gäbe.

Im Stadtpark bin ich einmal sehr wütend auf mich selbst geworden, weil ich so schlecht gespielt habe, und da hat Lieselotte mir ihr Geheimnis verraten: »Du mußt so tun, als ob es auf der ganzen Welt gar nichts anderes gibt als deinen Kieselstein, die Quadrate und dich.«

Ich hab's ausprobiert, und es hat geholfen.

Evi-von-oben aber ist keine richtige Konkurrenz, und ich lasse sie immer alle paar Runden gewinnen.

Hinterher bin ich mit ihr hinaufgegangen, und ihre Mutter hat mich zum Nachtmahl eingeladen. Es hat kaltes Roastbeef gegeben; die Frieds essen auch nicht streng koscher, aber Schinken und dergleichen gibt es bei ihnen nicht. Sie sind viel frommer als wir; sie gehen auch sehr oft in die Synagoge.

Herr Fried hat in der Praterstraße eine Juwelier- und Uhrmacherwerkstatt. Er hat mich eingeladen, ihn dort zu besuchen und mir die Uhren von innen anzuschauen.

Frau Fried hat mich natürlich nach der Schule ausgefragt. Sie versucht immer, mich dazu zu bringen, daß ich mich beklage, wie schwierig alles ist. Dann sagt sie zu Evi: »Siehst du! Wenn du so gescheit wärst wie die Inge, dann bräuchten wir uns keine Sorgen zu machen. Du mußt lernen, lernen, lernen, sonst schaffst du die Aufnahmeprüfung nie.«

Ich finde es nett von Evi, daß sie mich nicht verabscheut. Ich würd's wahrscheinlich tun, wenn ich sie wäre.

Evi-von-oben hat im ersten Schuljahr Diphtherie gehabt und dann noch die Mandeln herausgenommen bekommen; dadurch ist sie ein Jahr zurückgeworfen worden.

Diphtherie ist eine sehr schwere Krankheit, aber Evi hat gesagt, die Mandeloperation war viel schlimmer, weil sie gedacht hat, sie erstickt und muß sterben, als sie die Äthermaske auf dem Gesicht hatte. Ihre Eltern haben ihr vorher nicht einmal gesagt, daß sie operiert werden muß; sie haben gesagt, sie wird bloß untersucht im Krankenhaus. Evi-von-oben hat manchmal Alpträume davon, obwohl es schon so lange her ist.

Ich habe die ganze Zeit die Erklärung dafür verschoben, warum meine Eltern von einem bestimmten Zeitpunkt an gegen meine Freundschaft mit Lieselotte waren:

Damals waren wir zehn, und gerade aus den großen Ferien heimgekommen, ich mit meinen Eltern vom Mondsee, im Salzkammergut, und Lieselotte aus Oberbayern, gleich hinter der Grenze nach Deutschland. Wir erzählten uns von den Bergwanderungen, die wir gemacht hatten, von den Seen, in denen wir schwimmen waren, von den Blumen, die wir gefunden hatten. Lieselotte zeigte mir Fotos von einem Ausflug mit Heinz und ihren

Vettern, und sie brachte mir ein Lied bei, das sie von diesen Vettern gelernt hatte. Der Text ging so:

Die Fahne hoch, die Reihen fest geschlossen,
SA marschiert, mit ruhig festem Schritt,
Kameraden, die Rotfront und die Reaktion erschossen,
marschiern im Geist in unsern Reihen mit . . .

Die letzten beiden Zeilen wurden wiederholt.

»Was ist SA?« habe ich gefragt.

»So was ähnliches wie Soldaten.«

»Und was ist Rotfront?«

»Ich weiß nicht. Aber es ist ein toller Marsch, nicht?«

Mit zehn Jahren habe ich keine Ahnung von Politik gehabt. Ich weiß auch jetzt so gut wie nichts davon. Meine Eltern sind noch immer der Meinung, das sei kein Thema für mich, und sie diskutieren nie über Politik, wenn ich dabei bin. In der Schule hören wir in Geschichte nur von Ereignissen, die vor ewigen Zeiten, vor Hunderten von Jahren, passiert sind, und nichts von heute. Ich weiß noch nicht einmal genau, worum es im Weltkrieg ging; ich weiß nur, daß mein Vater damals Soldat war, und daß sein Bruder Richard, der sonst mein Onkel geworden wäre, gefallen ist, und daß Österreich den Krieg verloren hat und Deutschland auch.

Mit zehn Jahren wußte ich, daß Schuschnigg Kanzler von Österreich war und Hitler der von Deutschland, und daß wir froh sein konnten, weil wir Österreicher waren und keine Deutschen, weil Hitler sehr schlecht war und alle Juden haßt. Von Fotos in der Zeitung muß ich damals auch schon gewußt haben, wie Hitler ausschaute, denn ich erkannte ihn auf dem Bild wieder, das in einem vergoldeten Rahmen auf der Kommode im Schlafzimmer von Lieselottes Eltern stand; auf dem Bild lächelte er und hielt einen Blumenstrauß.

Ja, ich fand den Marsch auch toll. Die Worte klangen großartig. Die Melodie weckte Gefühle, die ich bisher nicht gekannt hatte. Ich wäre ganz gerne mitmarschiert, und die »Kameraden, die Rotfront und Reaktion erschossen« hatten, taten mir leid; ich versuchte, mir vorzustellen, wie ihre Hemden vorne rot vom Blut wurden.

Während Lieselotte mir das Lied beibrachte, phantasierte ich mir diese Szene zusammen: Ich bin in einer großen Menge; alle singen, und ich auch. Ich stehe ganz nahe bei Hitler, und er hört mich singen und sagt: »Das Mädchen singt aber hübsch! Komm mal her, Kind.« Ich gehe zu ihm, und er fragt: »Wie heißt du?« – »Inge Dornenwald.« Er runzelt die Stirn und sagt: »Das ist doch ein jüdischer Name, nicht wahr?« Ich antworte: »Ja«, und ich zeige ihm den kleinen silbernen Davidstern, den ich an einem Kettchen um den Hals trage. (In Wirklichkeit habe ich überhaupt keinen.) Hitler schlägt sich mit der Hand an die Stirn und sagt: »Ich habe mich geirrt, was die Juden angeht!« Und von da an mag er Juden und behandelt sie wie alle anderen Leute . . . bloß wegen mir!

Am Abend übte ich die Melodie daheim auf dem Klavier. Da kam Mama hereingestürzt.

»Was spielst du denn da?«

Ich griff ordentlich in die Tasten und fing schon an, bescheiden zu lächeln, weil ich damit rechnete, daß sie wieder so etwas Ähnliches sagte wie: »Ingelein, du bist so musikalisch, es ist wirklich zu schade, daß du einfach nicht mehr in die Klavierstunde gehen willst.«

Statt dessen knallte sie mir den Klavierdeckel beinahe auf die Finger. »Das ist ein Nazilied!«

Gleichzeitig kam schon mein Vater herein.

»Inge hat gerade das Horst-Wessel-Lied gespielt!« sagte Mama.

»Ich hab's gehört! Wo hast du das gelernt, Inge?«

»Du darfst dreimal raten. Sie hat schon wieder den ganzen Nachmittag bei den Vesselys verbracht.«

Sie warfen sich einen langen Blick zu.

»Inge, es wäre uns wirklich lieber, wenn du nicht so oft dorthin gehen würdest«, fuhr Mama fort.

»Warum nicht?«

»Weil ... also, du mußt verstehen ...«

»Weil wir es nicht wünschen!« sagte mein Vater.

»Aber Lieselotte ist meine allerbeste Freundin!«

Darauf sagten sie nichts, aber in ihren Gesichtern stand deutlich, was sie sich dachten: Dann such dir eben eine andere!

Bis zu diesem Augenblick hatte ich sie immer, mein ganzes Leben lang, für ungewöhnlich intelligente und verständnisvolle Eltern gehalten, auf die ich stolz sein konnte. Jetzt dachte ich mir: Sie begreifen überhaupt nichts!

»Ihr wißt nicht, was Freundschaft ist! Was würdet *ihr* dazu sagen, wenn *ich* verlangen würde, daß Tante Marianne und Onkel Herbert nicht mehr eure besten Freunde sein sollen?« (Ich nenne die beiden Tante und Onkel, weil meine Eltern schon seit ewigen Zeiten mit ihnen befreundet sind.)

»Sei nicht frech«, sagte mein Vater.

»Inge, du mußt doch verstehen ...« begann Mama.

»Ich versteh schon! Ihr meint, die Vesselys sind Nazis ...«

Mein Vater sagte: »Jetzt hör einmal gut zu, Inge, denn das ist wichtig: Hier bei uns in Österreich ist die Nazi-Partei verboten; es ist gegen das Gesetz, wenn jemand da Mitglied wird. Und wenn er erwischt wird, kommt er sogar ins Gefängnis. Wir sagen dir nur: Verbring nicht so viel Zeit mit Lieselotte. Du siehst sie jeden Morgen in der Schule; das genügt. Und wir meinen das ernst. Ist das klar, Inge?«

»So sonnenklar wie Mitternacht!« sprudelte ich heraus. »Lieselotte ist nicht jüdisch, und bloß deshalb wollt ihr nicht! Tante Marianne ist auch nicht jüdisch und trotzdem eure beste Freundin! So was ist nicht gerecht, es ist einfach nicht gerecht! Es ist genauso falsch, wie wenn Hitler gegen jemand ist, bloß *weil* jemand Jude ist!« Ich stampfte aus dem Zimmer und knallte die Tür hinter mir zu.

Am Abend gingen meine Eltern aus, ins Café Schottentor, wie üblich. Vorher kamen sie in mein Zimmer, um mir »gute Nacht«

zu sagen, und zum erstenmal im Leben habe ich es nicht über mich gebracht, ihnen auch einen Kuß zu geben.

Ich war wütend und enttäuscht, ich fühlte mich verraten, ich dachte: Heute abend höre ich auf, ein Kind zu sein. Kinder gehorchen ihren Eltern und tun, was sie ihnen sagen. Ich werds nicht tun, ich kann das nicht, denn sie verlangen etwas, das falsch ist. Lieselotte wird meine beste Freundin bleiben.

Sie blieb es auch, denn ich ging weiter zu ihr. Falls ihre Mutter ein Nazi war, so zeigte sie es jedenfalls nicht in der Art und Weise, wie sie mich behandelte. Und Herr Vessely war so gut wie nie daheim. Es stimmte, daß er offensichtlich nicht sehr entzückt war, wenn er mich hin und wieder und sehr selten doch einmal sah. Einmal sagte er vor mir zu Lieselotte: »Hast du keine anderen Freundinnen?« Er meinte: nicht-jüdische. Ich war so verlegen, daß ich so tat, als hätte ich das nicht gehört. Hinterher sagte Lieselotte zu mir: »Laß ihn reden und mach dir nichts daraus. Er ist eben so.«

Lieselotte kam auch genauso oft wie früher zu mir. Schließlich waren meine Eltern auch so gut wie nie daheim, weil sie beide berufstätig waren, und am Wochenende fuhren sie oft fort. Und Mizzi hatte nichts dagegen und hat es ihnen nie erzählt.

Nur eines änderte sich: Ich konnte Lieselotte nicht mehr zu meinen Geburtstagsgesellschaften einladen. Deshalb sagte ich meinen Eltern, ich hätte keine Lust mehr auf Geburtstagsgesellschaften und ich würde mich viel mehr freuen, wenn sie statt dessen mit mir ausgehen würden. Zu meinem elften Geburtstag gingen sie mit mir ins Theater, in ein nicht *zu* langweiliges Ballett von einer Märchenpuppe. Und letztes Jahr, an meinem zwölften Geburtstag, in die Spanische Hofreitschule zu einer Vorstellung der Lippizanerpferde. Das hätte Lieselotte auch gefallen. Die Lippizaner sind wundervolle Pferde, und so lange man sie nicht selbst gesehen hat, kann man sich einfach nicht vorstellen, daß ein Pferd so viel Anmut und Geschicklichkeit besitzt und solche eleganten und zierlichen Schritte machen kann, daß es ausschaut, als ob es tanzen würde.

Außerdem feierten Lieselotte und ich unseren Geburtstag jedesmal noch einmal mit Mizzi, aber davon wissen meine Eltern nichts. Vor zwei Jahren sind wir in die Nachmittagsvorstellung im Urania-Theater gegangen, in einen amerikanischen Film mit Shirley Temple. Und letztes Jahr in den Wurstelprater. Im Winter gehen nicht viele Leute dorthin, aber die meisten Karussels waren doch offen. Wir fuhren mit dem Riesenrad, natürlich, und mit der Geisterbahn und der Achterbahn; aber auf die Achterbahn traute Mizzi sich nicht. Es war großartig.

Lieselotte ist am Sonntag, dem 7. November, fortgefahren.

Jetzt ist Evi-von-oben schon wieder da. Und ich finde es so schwierig, von Lieselottes Abfahrt zu schreiben, daß ich es vielleicht niemals fertigbringe, wenn ich jetzt, wo ich einmal davon angefangen habe, nicht dabei bleibe. Deshalb habe ich zu Evi gesagt: »Du kannst dableiben, wenn du willst und wenn du mich nicht störst. Und frag mich auch nicht, was ich da mache; es ist wichtig und ich muß es unbedingt fertig machen.«

Evi hat gesagt: »Ich sag bestimmt nichts«, und hat sich »Die Biene Maja« genommen, und jetzt liegt sie auf dem Bauch auf meinem Bett und liest.

Ich ging schon gegen neun Uhr morgens zu Lieselotte. Meine Eltern schliefen noch. Frau Vessely war dabei, die letzten Nachtsachen einzupacken. Herr Vessely war schon vor einer Woche abgereist, und am nächsten Tag sollte der Spediteur kommen und die Möbel abholen.

»Die Wohnung schaut kahl aus«, sagte Heinz.

Das stimmte. Vor allem die hellen Stellen auf dem Fußboden und an den Wänden, wo die Teppiche gelegen und die Bilder gehangen hatten.

Frau Vessely wollte, daß wir die Reste aus der Speisekammer noch aufaßen, und wir setzten uns auf ein paar Koffer und teilten uns ein bißchen Leberwurst, ein paar saure Gurken, ein kaltes Schnitzel und ein bißchen Käse und tranken die letzte Milch aus.

»Beinahe wie bei einem Ausflug in den Wienerwald«, sagte Frau Vessely. »Sogar eine Fliege ist da!«

Eine späte Fliege hatte sich hereinverirrt, und die Sonne strömte durch die vorhanglosen Fenster.

»Also schaut nicht drein wie zehn Tage Regenwetter, Lieselotte und Inge! Wer weiß, vielleicht ziehen wir eines Tages wieder zurück nach Wien. Und vielleicht kann Inge uns einmal besuchen kommen.«

Aber wir wußten, daß sie das bloß sagte, um uns aufzumuntern.

Lieselotte gab mir ein Abschiedsgeschenk: Ein dickes, grün eingebundenes Buch mit einem Reiter auf dem Einband, eine Indianergeschichte.

»Schau nach, wo das Lesezeichen steckt. Ich hab was angestrichen«, sagte Lieselotte.

Ich schlug die Seite auf und las: »Dann zog Trapper Charlie sein zuverlässiges Jagdmesser aus der Scheide und schnitt sich damit in den Finger. Der edle Apache Schneller Adler machte es ebenso, ohne mit der Wimper zu zucken. Dann vermischten sie ihr Blut in einem Becher Feuerwasser, hakten einander unter, setzten den Becher an die Lippen und tranken. Und so kam es, daß diese beiden Blutsbrüder wurden, obwohl Welten sie voneinander trennten. Und Blutsbrüder blieben sie bis zu ihrer Sterbestunde.«

»Ich hab's ihr gegeben, damit sie es dir schenken kann«, sagte Heinz.

»Du meinst wohl, du hast es mir verkauft«, sagte Lieselotte. »Ich hab eine ganze Woche lang den Ascheneimer hinuntergetragen, obwohl du an der Reihe warst!«

»Das hättest du wirklich nicht tun sollen«, sagte ich. Ich war sehr gerührt.

»Ach, gern geschehen«, sagte Lieselotte.

Wir lachten, weil wir so steif miteinander redeten, und dann umarmten wir uns und weinten.

»Heulsusen!« sagte Heinz.

»*Du* hast auch schon mal geheult. Ich hab's selbst gesehen«, sagte Lieselotte.

»Einen Dreck hast du«, antwortete Heinz.

»Du Lausbub, wie redest du mit den Mädchen!« rief Frau Vesely. Sie saß auf einem Koffer und versuchte, ihn mit ihrem Gewicht zuzudrücken.

Ich hatte auch etwas für Lieselotte: eine silberne Anstecknadel, eine Schlittschuhläuferin mit einem weiten, kurzen Rock; die hatte ich einmal als zweiten Preis bei einem Wettbewerb im Kunstlauf gewonnen. Lieselotte steckte sie sich ans Kleid.

»Jetzt muß ich gehen.«

»Ich bring dich ein Stück«, sagte Lieselotte.

»Nein, dafür ist keine Zeit. Herr Hartmann kann jeden Moment hiersein«, sagte ihre Mutter. Herr Hartmann sollte sie nach München fahren.

Wir hatten uns schon umarmt. Ich sagte nur noch schnell »Servus« und ging. Als ich unten auf der Straße ankam, lehnte Lieselotte oben zum Fenster heraus und rief hinter mir her: »Inge, warte! Fang auf!«

Ich steckte mir das Buch vorn in den Mantel und hielt beide Hände auf. Ich konzentrierte mich ganz auf das, was Lieselotte da herunter warf, und ich fing es auch auf und griff nicht daneben, wie so oft beim Ballspielen. Es war klein und in Zeitungspapier eingewickelt, wie eine Münze, die man einem Straßenmusikanten hinunterwirft. Ich wickelte es aus: Lieselottes Glückskieselstein vom Himmel-und-Hölle-Spiel!

»Danke! Den werd ich immer aufheben!« rief ich hinauf, und dann rannte ich heim.

Mama war in der Küche und richtete das Frühstück; es war Mizzis freier Sonntag.

»Inge, bist du das? Wo warst du denn schon?«

Ich ging zu ihr hinein. »Ist was passiert?« fragte sie gleich. Sie muß es an meinem Gesicht gesehen haben.

Ich erzählte es ihr. Ich dachte mir: Wenn sie mich jetzt ausschimpft, weil ich doch mit Lieselotte befreundet geblieben bin, oder wenn sie eine Bemerkung macht wie: Nun ja, jetzt mußt du dir eben eine andere Freundin suchen – also dann kann ich immer noch einfach in mein Zimmer gehen und die Tür hinter mir zumachen.

Sie hörte zu; sie nahm die Zigarettendose aus der Tasche in ihrem Morgenrock und zündete sich eine Memphis an und zog mich dann an sich.

»Komm und frühstück mit Papa und mir.«

»Ich hab schon gefrühstückt.«

»Dann leist uns Gesellschaft.«

Papa war noch im Schlafanzug und machte seine Sonntagmorgengymnastik.

»Hör mal einen Moment auf, Franzl.« Mama erzählte ihm, wo ich gewesen war, und daß die Vesselys nach München zogen.

Es war keinem von beiden anzusehen, ob sie darüber froh oder erleichtert waren.

»Wißt ihr, was ich heut gern mal tun würde? Nach Schönbrunn hinausfahren. Wir waren schon seit einer Ewigkeit nicht mehr dort«, sagte mein Vater.

Sonst lassen sie sich sonntags immer sehr viel Zeit mit dem Frühstück; diesmal beeilten sie sich ausnahmsweise einmal und zogen sich gleich an, und dann fuhren wir hinaus. Wir waren im Palmenhaus und im Tiergarten; wir kauften Erdnüsse und fütterten den richtigen Schnurli Wurli, wie früher, als ich noch klein war. Wir stiegen auf die Gloriette hinauf und bewunderten die schöne Aussicht über den riesigen Park, die Blumenbeete, die Springbrunnen und das Schloß. Dann aßen wir im Restaurant Schinkensemmeln und Kuchen und tranken dazu Kaffee mit einem Berg aus Schlagobers darauf.

Trotzdem war es ein schrecklich langer Tag. Ich überlegte mir, ob von jetzt an vielleicht alle Tage so endlos sein würden.

(»Du, schau mal, es schneit wieder!« hat Evi gesagt. Sie ist so still gewesen, daß ich sie ganz vergessen hatte. »Bist du immer noch nicht fertig?«

»Fast.«)

Ich habe mich daran gewöhnt, daß Lieselotte nicht mehr da ist. Aber die letzten drei Monate sind mir viel länger vorgekommen als die sechseinhalb Jahre, die wir Freundinnen waren. Ich habe mich auch an den Gedanken gewöhnt, daß wir vielleicht gar nicht mehr Freundinnen sind.

Elf Uhr abends

Jetzt ist nur noch eine Stunde vom 12. Februar übrig, und ich bin nur noch eine Stunde lang zwölf Jahre alt!

Ich bin gerade erst von meinem Nachtmahl mit Opa Oskar heimgekommen. Ich bin ein Dummkopf: Warum hab ich bloß jemals gedacht, es sei schwierig, sich mit ihm zu unterhalten?

(Nebenbei: Ich schreibe das mit einem eleganten, neuen Füllfederhalter mit einer goldenen Feder! Er ist meerblau, und es ist genug Tinte darin für Seiten und Seiten. Ich werd meine alten hölzernen Federhalter und die kratzenden Stahlfedern sofort wegschmeißen; ich brauch sie nie wieder zu benutzen!)

Wir waren im *Rauchfangkehrer;* das ist Opa Oskars Lieblings-Beisel. Von der Decke haben überall rote, blaue, purpurne, rosa, grüne und gelbe Papierschlangen gehangen, weil jetzt Faschingszeit ist. Opa Oskar hat eine purpurne und eine rosafarbene heruntergezogen und sie mir um den Hals drapiert.

Der Besitzer vom *Rauchfangkehrer* hat uns an der Tür begrüßt und mir die Hand geküßt und gesagt, es ist ihm eine Ehre, daß ich an meinem Geburtstag zum Nachtmahl zu ihm komme. Der Koch hat uns auch begrüßt; er ist an unseren Tisch gekommen. Er stammt aus dem gleichen Ort in Böhmen wie Opa Oskar, und sie kennen sich seit ewigen Zeiten.

Ich geb zu, daß ich mir vorher Sorgen gemacht habe, worüber wir uns bloß den ganzen Abend lang unterhalten sollten, Opa Oskar und ich. Bis jetzt sind unsere Unterhaltungen ungefähr immer so gegangen: Opa Oskar: Na, was macht die Schule, Inge? Ich: Na, es geht. Opa Oskar: Was lernt ihr denn gerade? Ich: Oooooch, nichts Besonderes. Opa Oskar: Wirklich nicht? Ich: Nein. Und dann saßen wir beide fest und wußten nicht weiter.

Heute abend habe ich beschlossen, es mal anders herum zu versuchen, damit wir nicht wieder feststeckten. Und ich wollte bloß, ich wäre schon längst auf diese Idee gekommen! Ehe Opa Oskar fragen konnte, habe ich ihn gleich mit der Antwort begrüßt: »In der Schule ist nichts Besonderes los; in Latein müssen wir Texte von Cicero übersetzen, in Geometrie sind wir bei den gleichschenkligen Dreiecken, in Englisch haben wir einen Haufen Vokabeln zu pauken, und in Deutsch haben wir angefangen, *Nathan der Weise* von Lessing zu lesen. Außerdem müssen wir einen Hausaufsatz über ›Meine beste Freundin‹ schreiben.«

Das war genau das Richtige! Seine Augen, die oft so betrübt dreinschauen und mich an einen Bernhardiner erinnern, haben glücklich aufgeleuchtet. Er hat gesagt: »*Nathan der Weise* ist mein Lieblingsstück! Ich hab's schon vierzehnmal im Burgtheater gesehen. Und weißt du was? *Ich* pauke auch englische Vokabeln. Ich kann sogar schon Sätze! Hör zu: *I am hungry like a lion.* Also komm, beeilen wir uns.«

Auf dem Weg in die Stadt hat Opa Oskar mir erzählt, warum er mich immer nach der Schule fragt und sich so dafür interessiert, was ich gerade lerne: *Er* hat nur vier Jahre lang in die Volksschule gehen können! Er hat mir viele Dinge aus seinem Leben erzählt, von denen ich keine Ahnung hatte: wie klein und arm sein Heimatdorf in Böhmen war, und daß es dort gar keine Arbeitsplätze gab. Trotzdem wollte Opa Oskar nicht Gerber werden wie sein Vater, weil er den Gestank von den Tierhäuten nicht aushalten konnte. Und als er zwölf Jahre alt war, da ist er »ausgezogen, um sein Glück zu suchen«, wie es immer in den Märchen heißt, mit dem Segen seiner Eltern und einem Rucksack auf dem Rücken, in dem seine paar Habseligkeiten steckten. Er ist fast den ganzen weiten Weg bis Wien zu Fuß gewandert, denn für die Eisenbahn hat er kein Geld gehabt. Manchmal haben ihn irgendwelche Kutscher mit Pferdewagen ein Stück mitgenommen; Autos gab es damals noch nicht.

Als er glücklich in Wien angekommen war, da hat er sich nicht einmal ein Zimmer mieten können, bloß ein Bett, eine Schlafstelle bei einer armen Familie, in einem Haus, in dem ungefähr dreißig andere Familien gewohnt haben, und für alle zusammen war bloß ein einziges Klo da. Zustände! Aber er hat sofort Arbeit bei einer Bank gefunden, weil er so gut rechnen konnte; er hat den ganzen Tag lang Zahlen zusammenrechnen müssen. Andere Buben in seinem Alter, und Mädchen auch, haben damals in Fabriken gearbeitet, vierzehn Stunden am Tag und sogar noch länger. Mein Großvater hat zwölf Stunden arbeiten müssen, sechs Tage in der Woche, und er hat weniger verdient, als ich heute als Taschengeld bekomme.

Und jetzt ist er Abteilungsdirektor bei einer Versicherungsgesellschaft.

Er hat mir erklärt, wie das funktioniert, eine Versicherung, und wir haben uns darüber unterhalten, daß man sein Leben in Wirklichkeit überhaupt nicht versichern kann; gar nichts kann das. Man kann bloß das Geld sichern, und nicht einmal das ist restlos sicher in solchen Zeiten wie heutzutage.

Opa Oskar hat gesagt, die Zeiten sind schlecht, weil Hitler die ganze Welt erobern will, und anfangen wird er mit Österreich, die Frage ist bloß noch, wie schnell er zuschlägt.

»Papa ist sicher, er tut's nicht.«

»Ich weiß. Dein Vater ist ein sehr lieber, reizender Schwiegersohn, und ich habe ihn gern und schätze ihn. Aber wenn's um Politik geht . . .«

»Dann ist er immer Optimist«, habe ich eingeworfen.

»Mit anderen Worten: er hat Scheuklappen an.« Opa Oskar hat

nervös eine Semmel auseinandergezupft. »Warum müssen sie ausgerechnet an diesem Wochenende die Berge runter rasen!«

Opa Oskar hält nicht viel vom Skifahren; er hat nie Geld für solche Vergnügen gehabt, als er jung war.

Ich habe geantwortet: »Der Wetterbericht hat tollen Pulverschnee gemeldet. An diesem Wochenende werden eine Menge Leute zum Skifahren gehen. Sogar Schuschnigg ist zum Skifahren. Das hab ich im Radio gehört.«

»Wer's glaubt, wird selig.« Opa Oskar hat sich zu mir herüber gebeugt und die Stimme gesenkt. »Schuschnigg ist genauso wenig zum Skifahren wie ich! Er ist nach Berchtesgaden kommandiert worden, zu Hitler, und jetzt, während wir beide hier sitzen und Hühnersuppe essen, läßt er sich von Hitler fertigmachen und kriecht zu Kreuze.« Opa Oskars Stimme hat gleichzeitig besorgt und verächtlich geklungen.

»Wirklich?« Ich hab mir Mühe gegeben, auch besorgt zu sprechen. In Wirklichkeit hab ich es aufregend und erfreulich gefunden, weil er mich in solch einer wichtigen Angelegenheit ins Vertrauen zog und mit mir über Politik sprach wie mit einem Erwachsenen.

Opa Oskar ist überzeugt, daß Hitler damit droht, seine Soldaten und Panzer und Kanonen über die Grenze zu schicken; Deutschland hat tausendmal mehr als wir. Er wird Österreich einfach besetzen, falls Schuschnigg ihm diese Mühe nicht erspart.

»Wie meinst du denn das?« habe ich gefragt.

»Die Sache ist ganz einfach. Indem Schuschnigg Hitlers Forderungen erfüllt: Die Österreichische Nazi-Partei soll wieder erlaubt werden, und alle Nazis, die wegen Terrorismus und dergleichen im Gefängnis sitzen, sollen entlassen werden, und die anderen, die nach Deutschland verschwunden sind, ehe sie erwischt wurden, sollen wieder nach Österreich zurückkehren dürfen. Sie sollen wieder Versammlungen abhalten und in aller Öffentlichkeit werben dürfen für ihre schrecklichen Ziele.« Opa Oskar hat ein bitteres Lachen ausgestoßen. »Auf diese Weise wird Hitler Österreich im Handumdrehen bei der Gurgel haben, aber von innen, verstehst du? Und Hitler kann gemütlich zuschauen und abwarten, bis es eben so weit ist, und es wird gar nicht lange dauern.« Plötzlich reckte er den Arm und winkte. »Hermann, Klara!«

Ein kahler Mann und eine grauhaarige Dame sind an unseren Tisch gekommen. Mein Großvater ist aufgestanden, um sie zu begrüßen.

»Klara, Hermann, welch eine Überraschung, euch hier zu treffen! Bitte, möchtet ihr euch nicht zu uns setzen? Darf ich euch meine Enkelin vorstellen, Inge Dornenwald. Inge, das sind Herr und Frau Großbart, mein Kollege in der Versicherung.«

»Es freut uns, dich kennenzulernen; wir haben schon von dir gehört«, haben sie zu mir gesagt und sich zu uns gesetzt.

»Es freut mich«, habe ich auch sagen müssen, dabei hat es mich gar nicht gefreut, daß sie sich zu uns gesetzt haben.

Sie haben sich darüber unterhalten, wer wohl Generaldirektor werden wird, wenn der Herr Soundso in Pension geht, und über Herrn Großbarts Rheumatismus und Frau Großbarts Ischias und ihr reizendes Enkelkind und ihren lieben Hund, Putzi und Pucki; ich bin nicht dahinter gekommen, wer von den beiden was war, denn ich habe noch immer über das nachgedacht, was Opa Oskar mir vorher erklärt hatte. Ich hab sehr gehofft, daß er sich irrte und einfach zu pessimistisch war. Ich habe mir gedacht: Wie schrecklich, wenn Hitler unseren Kanzler Schuschnigg einfach so bedrohen kann.

Ich sollte viel besser informiert sein; ich sollte die Zeitung richtig lesen, anstatt bloß die Schlagzeilen, auch wenn die Artikel manchmal langweilig geschrieben sind. Dann wüßte ich wenigstens, worum es im Grunde geht, und könnte mitreden, wenn Susi König und Brigitte Wenzel in der Schule über Politik debattieren. Susi König ist für die Sozialisten, und Brigitte ist offensichtlich ein Nazi, auch wenn sie es nicht rundheraus zugeben will; sie findet Hitler großartig.

Eine Bemerkung von Opa Oskar ist mir im Kopf herumgegangen: Die Nazis, die abgehauen sind, sollen wieder zurückkommen dürfen. Ich weiß, daß das gar nicht gut für unser Land wäre, aber ich hab's mir trotzdem beinahe gewünscht. Weil dann Lieselotte und ihre Eltern ... nein, habe ich mir gesagt, es ist gescheiter, wenn ich darüber erst gar nicht nachdenke.

Als wir mit der Trambahn heimgefahren sind, hat Opa Oskar mich gefragt, ob ich den Aufsatz »Meine beste Freundin« in Tinte geschrieben abliefern muß. Ich habe mir gedacht, wie kann er so was Dummes fragen, in der Schule muß immer alles ordentlich mit Tinte geschrieben sein, und »Ja, natürlich« gesagt.

»Gut!« Er hat in die Tasche gegriffen und mir mein Geschenk ein bißchen vor der Zeit gegeben ... diesen Füllfederhalter!

Sonst vermeide ich es möglichst, ihm einen Kuß zu geben, weil er einen Schnurrbart hat, der ausschaut wie eine Putzbürste. Diesmal habe ich ihm sofort einen Kuß gegeben, vor allen anderen Leuten in der Tram, die die Landstraßer Hauptstraße hinunterratterte. Ich war gar nicht besonders verlegen, und der Schnurrbart hat auch gar nicht so gekratzt.

Sonntag, 13. Februar 1938!!!

Die Sonne scheint, die Luft ist leuchtend klar, gerade so, als ob das Wetter wüßte, welcher Tag heute ist! Als ich aufgewacht bin, habe ich die Nase gleich zum Fenster hinausgesteckt, und es hat beinahe nach Frühling gerochen!

Dann bin ich wieder unter meine Daunendecke gekrochen und habe das Gefühl genossen, das ich schon die ganze Nacht gehabt habe, sogar im Schlaf und im Traum und dazwischen, nämlich, daß heute etwas ganz Wundervolles passieren wird. Ja, genau heute! Ich war ganz sicher.

Dann muß ich wieder eingeschlafen sein. Auf einmal ist Mizzi dagestanden und hat mir mein Geburtstagsfrühstück auf einem silbernen Tablett im Bett serviert: heiße Schokolade und dazu einen kleinen Guglhupf mit Kerzen darauf. Guglhupf ist mein zweiter Lieblingskuchen.

Dann habe ich mich angezogen und Mizzi Bescheid gesagt, daß ich einen Spaziergang machen wollte.

»Ganz allein?« Mizzi findet es nicht richtig, daß man an seinem Geburtstag irgend etwas ganz allein macht.

»Warum nicht?«

»Wohin willst du denn?«

»Ach, ich werd einfach meiner Nasenspitze folgen.« In Wirklichkeit wollte ich meinem Irgendwas-Wundervolles-Gefühl folgen, wo immer es mich hinführen mochte.

Ich bin zur Landstraßer Hauptstraße hinüber gegangen, und an der Großmarkthalle vorbei bis in den Stadtpark. Ich bin über die matschigen Wege bis zum Wetterhäusel gelaufen, in dem alle möglichen Barometer, Thermometer und Instrumente anzeigen, aus welcher Richtung der Wind bläst. Heute ist er vom Westen gekommen. Gut, München liegt im Westen, habe ich gedacht. Und dann: Blödsinn. Ein Viertel von sämtlichen Orten auf Erden liegt westlich von hier.

Zwei kleine Mädchen von vielleicht sieben oder acht haben rund um das Wetterhaus Fangen gespielt. Eine ist gegen mich gerumpelt, als sie um die Ecke gesaust kam. »Laß mich vorbei!« hat sie gerufen.

»Hör mal, ich hab hier schon Fangen gespielt, wie du noch im Kinderwagen gelegen bist, du Zwergerl«, habe ich zu ihr gesagt.

Ich bin bis zum Teich gelaufen, der jetzt zum Teil mit wäßrigem, dünnen Eis bedeckt ist. Ich hatte eine alte Semmel mitgebracht, und ich habe sie in Stücke gebrochen und sie den Enten zugeworfen, die hungrig quakend angeschwommen kamen und sich darum gerauft haben.

Als ich nichts mehr für sie hatte, bin ich weitergegangen, am Johann-Strauß-Denkmal vorbei, wo beim Versteckspiel der, der gerade »dran« war, mit dem Kopf an den Sockel gelehnt stehen und bis hundert zählen mußte, und dann die Stufen zum Ufer der Wien hinunter. Die Wien ist eigentlich bloß ein schlammfarbener Bach, kein richtiger Fluß. Das Ufer ist ein angenehmer Ort, ruhig und windgeschützt, und der Weg ist glatt gepflastert.

Zufällig hatte ich ein Stück Kreide in der Tasche. Ich habe mich gebückt und einen Strich gezogen, bloß so, um zu sehen, ob der Boden trocken genug war. Und ehe ich wußte wie, hatte ich alle Quadrate für ein Himmel-und-Hölle-Spiel aufgezeichnet.

Der Kieselstein war auch noch in meiner Manteltasche, von dem Spiel mit Evi gestern. Ich habe ihn schnell in das erste Feld geworfen, bin hineingehüpft, habe ihn von dort ins zweite Feld geworfen, und dann immer so weiter. Ich bin mir ein bißchen komisch vorgekommen, wie ich da so ganz allein Himmel und Hölle gespielt habe, aber ich hatte mir schon überlegt, daß das Irgendwas-Wundervolles ganz bestimmt passierte, wenn es mir gelang, durch das ganze Spiel zu kommen, ohne den Kiesel ein einziges Mal daneben zu werfen.

Ich war schon beim achten Feld, das meistens mein Glücksfeld ist, da habe ich Schritte auf den Stufen gehört und mich umgeschaut . . . und daneben geworfen. Ein alter Herr und eine alte Dame und ein Schnauzer sind die Treppe heruntergekommen. Eine Störung, das zählt nicht, habe ich mir gedacht, aber das war auch Blödsinn. Ich habe das Spiel abgebrochen und bin heimgegangen, und hier sitze ich jetzt und bin gar nicht entmutigt. Es ist erst ein Uhr.

Später

Um drei Uhr ist Evi-von-oben heruntergekommen, in dem riesigen blauen Pullover, den sie immer anziehen muß, wenn sie Schlittschuhlaufen geht. Ihre Mutter schickt sie dreimal in der Woche zum Schlittschuhlaufen, weil das »gesund« ist. Meine hat das auch immer so gemacht, aus dem gleichen Grund, bis ich ins Gymnasium gekommen bin; seitdem darf ich mir selbst aussuchen, ob und wann ich Schlittschuhlaufen gehe.

Evi hat mir ein kleines weißes Schächtelchen mit einer silbernen Schnur gegeben. Ich war wirklich überrascht. Ich habe ihr noch nie etwas zum Geburtstag geschenkt, ich weiß nicht einmal, wann er ist.

In dem Kästchen ist auf weißer Watte ein silberner Davidstern gelegen, an einem dünnen silbernen Halskettchen. »Oh, ist der hübsch, Evi!«

»Magst du ihn nicht gleich tragen?«

Ich habe mir das Kettchen um den Hals gelegt. Als der Davidstern meine Haut berührt hat, ist mir plötzlich meine dumme Phantasiererei über meine Begegnung mit Hitler eingefallen, und ich hatte einen Augenblick das Gefühl, ich würde Unrecht tun.

»Gefällt er dir, Inge?«

»Oh, ja, und ich dank dir vielmals!«

Dann hat Mizzi uns in die Küche gerufen, und wir haben den Guglhupf aufgegessen.

Dann hat Evi mich gefragt: »Kommst du mit mir zum Schlittschuhlaufen?«

Ich hatte nicht die geringste Lust, aber ich weiß, wie das ist, wenn man ganz allein geht: im günstigsten Fall ist es langweilig; im ungünstigsten stellen die Buben einem ein Bein, und die großen Mädchen reißen einem die Wollmütze vom Kopf und machen sich über einen lustig, weil man allein da ist. Deshalb habe ich gesagt: »Gut, ich komm mit.«

Das Eis war gut, und das Stadion nicht zu überfüllt. Evi ist eine viel bessere Schlittschuhläuferin, als man vermuten würde, wenn man ihre kurzen Beine und ihre Knödelfigur betrachtet. Ich habe ihr den Schwan beigebracht; dabei gleitet man auf einem Fuß vorwärts, streckt die Arme wie Segel aus und hält das andere Bein in der Luft ausgestreckt. Sie hat es tatsächlich ganz schnell herausgehabt.

Dann haben wir Anni Hopf und Lisl Müller aus meiner Klasse getroffen und sind eine Weile mit ihnen gelaufen. Evi war so schüchtern, daß sie sich kaum getraut hat, den Mund aufzumachen.

Sie hält es für eine Ehre, mit drei Mädchen Schlittschuh zu laufen, die schon aufs Gymnasium gehen.

Dann sind Anni und Lisl heimgegangen.

Dann habe ich ihn gesehen. Er hatte eine blaue Baskenmütze auf, die er über das eine Ohr heruntergezogen trug. Sein hellbraunes Haar war kürzer geschnitten als früher, und deshalb schien das andere Ohr mehr abzustehen. Ich war noch zu weit weg, um auch seine grünen Augen zu erkennen. Er stand hinter dem Gitterzaun zur Straße, durch den die Leute auf dem Bürgersteig den Schlittschuhläufern zuschauen. Er hat mich genau angeschaut.

»Heinz!« habe ich gerufen, aber ich konnte nicht schnell genug bremsen, ich hatte zuviel Tempo drauf und bin an ihm vorbeigeschossen. »Laß mich los, Evi!« Ich habe meine Hand losgerissen, habe kehrtgemacht und bin zurückgesaust.

»Heinz, Heinz!« habe ich gerufen und mit beiden Armen gewinkt.

Er hat nicht zurückgewinkt.

»Heinz, ich bin's, Inge! Kennst du mich vielleicht nicht mehr?«

Er hat mich noch einen Augenblick angestarrt, dann hat er sich umgedreht und ist davongegangen.

»Heinz, Heinz, warte!«

Evi hat mich am Ärmel gezupft. »Wer ist das?«

»Laß mich los! Lauf allein weiter. Ich komm gleich wieder.« Ich bin schon weitergesaust.

»In die Richtung darfst du nicht, sie werden dich aufhalten«, hat Evi noch hinter mir hergerufen.

Ich bin vornübergebeugt und mit gesenktem Kopf wie der Wind an allen anderen vorbei. Ein Stadionwärter ist von der Mitte der Eisbahn her auf mich zugekommen, hat »Anders rum!« gebrummt und in die richtige Richtung gezeigt. Aber ich war schon an ihm vorbei, fast beim Ausgang.

Ich bin hinausgerannt, falls man das Rennen nennen kann, wenn man mit den Schlittschuhen an den Füßen über die Holzplanken poltert und dann über den Bürgersteig klirrt. Nur zwei Frauen mit einem Kinderwagen und ein alter Mann mit einem weißen Bart standen noch an der Stelle am Zaun. Ich habe die Straße hinauf und hinab geschaut. Von Heinz war nirgendwo etwas zu sehen.

Ich bin mir lächerlich und ungeschickt vorgekommen, und habe gespürt, wie die Leute mich beobachtet haben, als ich zum Eingang zurückstolperte.

Am Eingang habe ich der Frau am Schalter meine Mitgliedskarte gezeigt, die für das ganze Jahr gilt, und da hat sie mich wieder hineingelassen. Sie hat den Kopf geschüttelt und »Die Kinder heutzutage« gemurmelt.

Evi hat hinter dem Eingang auf mich gewartet. »Inge, wer war das?«

»Jemand. Bittschön, tu mir einen Gefallen und frag mich nichts.« Ich bin auf eine Bank zugesteuert.

»Wir sind erst seit einer Stunde hier! Hast du schon keine Lust mehr?«

Ich habe mich hingesetzt, und Evi ist mir gefolgt. Wir haben die Schlittschuhe ausgezogen und sind gegangen. Ich bin sehr schnell gelaufen. Evi hat Mühe gehabt, mitzukommen. »Inge, wart doch!«

Ich bin ein bißchen langsamer gelaufen, damit sie mich einholen konnte. Aber ich konnte nicht mit ihr reden; ich war restlos mit meinen eigenen Überlegungen beschäftigt. *Eine Fata Morgana* . . . in der Wüste sehen die Leute manchmal Palmen, Teiche, ganze Oasen in der Ferne vor sich auftauchen, aber wenn sie dann an die Stelle gelangen, dann ist gar nichts da, bloß noch mehr Sand. *Doppelgänger* . . . so etwas gibt es auch, daß zwei Menschen, die gar nicht miteinander verwandt sind, die sich nicht einmal kennen, genau gleich ausschauen. Aber niemand konnte Heinz derartig gleichen!

Was machte er in Wien? War er allein gekommen, nur zu Besuch, oder . . . oder . . . Ich wollte gar nicht über eine andere Möglichkeit nachdenken, aber ich konnte doch nicht anders. Und ich habe immerzu seinen ausdruckslosen Blick vor mir gesehen.

An der Ecke ist eine alte Maronifrau gestanden. Evi hat schon ein paar Groschen herausgeholt, um gebratene Maroni zu kaufen.

»Nicht für mich; ich werd nicht auf dich warten«, habe ich gesagt und bin weitergerannt.

Als wir vor unserem Haus angekommen waren, habe ich gesagt: »Es tut mir leid, weil ich so abscheulich war. Servus, bis später.«

»Gehst du nicht hinauf?«

»Nein, ich muß noch wo hin.« Zu Lieselottes alter Wohnung. Ich bin gerannt, bis ich außer Atem war; dann bin ich ein Stück gegangen, dann wieder gelaufen.

Lieselottes altes Fenster war geschlossen; niemand hat herausgeschaut. Natürlich nicht! Woher soll irgend jemand wissen, daß du hier ankommst? habe ich mich selbst ausgelacht.

Wenn bloß der Herr Magrutsch nicht herauskommt, habe ich gehofft, als ich ins Haus gegangen bin und den vertrauten Geruch von Terpentin und Bohnerwachs gespürt habe. Es ist seltsam, wie jeder Hausflur seinen bestimmten eigenen Geruch hat. Unserer riecht nach ewigem Gulasch. Ich habe mich gezwungen, an Hausflur-Düfte zu denken, um mich zu beruhigen, damit mein Herz nicht mehr so schnell klopfte.

Dann bin ich die Treppe hinaufgegangen, in den zweiten Stock, und vor ihrer alten Wohnungstür gestanden. Mein Herz hat noch immer geklopft. Ich habe geläutet.

Drinnen ist wütendes Gebell ausgebrochen. Ein Deutscher Schäferhund; die kann ich an der Stimme erkennen. Ich habe auf dem Absatz kehrtgemacht und bin davongerannt – ich kann nichts dafür, das ist ein Reflex, sobald ich bloß einen höre – die Treppe hinunter. Bis oben die Tür geöffnet wurde, war ich schon unten im Parterre.

»Na wart nur, das nächstemal erwisch ich dich«, hat eine Männerstimme geschrien. Er hat gedacht, ein paar Kinder vergnügen sich mit dem alten Spiel, an den Türen zu läuten und dann davonzulaufen.

Ob das Herr Vessely gewesen ist? Ich kenne seine Stimme nicht sehr gut. Nein, sicher doch nicht. Die Vesselys hatten sich bestimmt keinen Schäferhund angeschafft; Lieselotte hätte das nicht zugelassen, weil sie weiß, daß das die einzige Art Hund ist, vor der ich Angst habe. Und obendrein: Wie hätten sie ihre alte Wohnung so schnell und so leicht wiederkriegen können? habe ich mir überlegt, als ich mich wieder auf den Heimweg gemacht habe. Wohnungen sind knapp, und es war bestimmt längst eine andere Familie dort eingezogen. Wahrscheinlich hatten sie noch gar keine neue Wohnung und mußten erst eine suchen und so lange im Hotel wohnen. Dann ist mir eingefallen: Und im Hotel gibt's ein Telefon!

»Mizzi, hat jemand angerufen für mich?« habe ich atemlos im gleichen Augenblick gerufen, in dem ich zur Tür hereinkam und meinen Mantel heruntergerissen habe.

»Nein, gnädiges Fräulein!« Mizzi hat einen tiefen Knicks gemacht und gelacht. »Der Graf von Hohenlohe und die Baronin Frangipangi haben heute noch nicht angerufen, um sich nach dem Befinden des gnädigen Fräuleins zu erkundigen.«

Mit anderen Worten: seit wann ruft jemand mich an? So gut wie nie. Von den Mädchen in meiner Klasse, mit denen ich freundschaftlich verkehre, haben bloß Susi König und Anni Hopf daheim ein Telefon, und sie rufen einander viel öfter an als mich.

»Und seit wann schüttelst du deine Sachen einfach ab wie eine Schlange ihre Haut?« Mizzi hat meinen Mantel aufgehängt. »Was ist überhaupt los mit dir? Du schaust gräßlich aus! Wo hast du gesteckt? Ich hab Evi auf der Treppe gehört, sie ist schon vor über einer halben Stunde heimgekommen. Ich hab gedacht, ihr kommt zusammen!« Sie legte die Hand auf meinen Nacken und schob mich vor sich her in die Küche. »Und wenn du mit dem Nachtmahl noch so lange warten willst, bis deine Eltern heimkommen, dann mußt du jetzt einen kräftigen Happen vorab essen, damit du auf den Beinen bleibst.«

Ich habe ein bißchen Suppe vorab gegessen, und ich habe Mizzi erzählt, daß ich Heinz gesehen habe, und wie seltsam er sich benommen hat, und daß ich an ihrer alten Wohnung war. »Sie sind nicht da, Mizzi, aber ich glaube, sie sind wieder in Wien. Ich hab einfach so ein Gefühl!«

»Ach, geh weiter! Du bist auf dem Eis hingefallen und hast dir den Kopf angeschlagen, das hast du«, hat Mizzi gesagt. »Das kann der Heinz nicht gewesen sein, weil, sonst hätt' er dich doch gegrüßt. Und wenn sie wieder nach Wien kommen würden, dann hätte die Lieselotte dir das geschrieben.«

»Vielleicht konnte sie nicht; vielleicht hat sich das so plötzlich ergeben, daß sie gar keine Zeit mehr dazu hatte?«

»Wenn das Wörtchen wenn nicht wär, wär mein Vater Millionär.« Das ist eines von Mizzis Lieblingssprichworten; dabei hat sie nicht einmal einen Vater.

»Iß die Suppe auf. Dann kannst du mir Kartoffeln schälen helfen, wenn du magst.«

»Ich hab keine Zeit, ich muß morgen einen Aufsatz abliefern, und ich hab noch nicht mal angefangen!« Das war mir jetzt plötzlich wieder eingefallen. Es ragte vor mir auf wie ein steiler Berg, den ich hinaufklettern mußte.

Ich bin in mein Zimmer gegangen.

»Leg dich lieber ein bißchen hin, du schaust so müde aus«, hat Mizzi hinter mir hergerufen.

Ich habe mein Aufsatzheft und meinen neuen Füllfederhalter geholt und habe mich dann im Herrenzimmer an Vaters Schreibtisch gesetzt. Denn dort steht das Telefon. Ich habe im Aufsatzheft eine neue Seite aufgeschlagen und oben rechts *13. Februar 1938* hingeschrieben, und mitten auf die nächste Zeile *Meine beste Freundin.*

Ich habe das Telefon angeschaut und mir gedacht: Verdammt noch mal, nun läut doch schon!

Es hat mich angestarrt wie ein böses, schwarzes Vogelungeheuer mit einem runden, weit offenen schwarzen Schnabel, aus dem kein Ton herauskam, kein einziger Ton.

Dann konnte ich mich auf einmal auf gar nichts mehr besinnen. Mein Kopf war so leer wie die weiße Seite vor mir, wie die Stille um mich herum, so leer, wie die große leere Wüste leer sein mußte. Mir war auch zumute, als ob ich in einer Wüste wäre . . . mir war heiß, und meine Lippen und mein Hals waren wie ausgetrocknet. Und ich habe nur gedacht: Lieselotte hat sich verändert, sie mag mich nicht mehr, sie will mich nicht mehr wiedersehen.

Ich bin aufgestanden. Diese Gedanken schienen mir überall gleichzeitig wehzutun. Ich habe mir ein Glas Wasser geholt und mein Tagebuch und habe das alles aufgeschrieben.

Später, am schrecklichsten Tag meines Lebens

Es ist egoistisch, das den schrecklichsten Tag *meines* Lebens zu nennen, wenn meine Mutter solche schlimmen Schmerzen hat und nicht einmal mehr stehen kann. Es ist der schrecklichste Tag *ihres* Lebens.

Um Viertel nach acht hat das Telefon endlich geläutet. Ich war sofort wieder voll Hoffnung und habe den Hörer heruntergerissen. »Hallo . . . hier bei Dornenwald.«

»Inge . . .« Mein Vater! Meine Hoffnung ist zum Fenster hinausgeflogen, obwohl das Fenster geschlossen war.

Ich habe damit gerechnet, daß er jetzt fragt: Wieso hast du so schnell geantwortet? Denn er mag es nicht, wenn ich mich im Herrenzimmer an seinen Schreibtisch setze. Aber er hat nicht gefragt. Einen Augenblick lang war nur Knattern und Rauschen in der Leitung zu hören.

»Wie war der Schnee? War es schön? Von wo rufst du jetzt an, vom Bahnhof?«

»Ja. Und der Schnee war gut. Inge, hör mal, wir haben einen kleinen Unfall gehabt . . .«

Die Leitung hat schon wieder geknattert. Hals- und Beinbruch, so klang es beinahe für mich.

»Mama . . .«

Hat sich das Genick gebrochen, brüllte es in meinen Ohren, hat es in meinem Kopf gedonnert. »Was ist passiert?«

»Reg dich nicht auf, Ingelein. So schlimm ist es auch wieder nicht. Sie hat sich das Bein verletzt.«

»Ist es gebrochen?«

»Das wissen wir noch nicht. Der Onkel Herbert meint, daß es vielleicht nur eine Verrenkung sein könnte.« (Onkel Herbert ist Arzt.) »Wir haben Glück gehabt, weil er mit dabei war. Ich hab dich nur darauf vorbereiten wollen, damit es nicht solch ein Schreck ist.«

»Kann ich mit ihr sprechen?«

»Jetzt nicht; nachher, wenn wir heimkommen. Wir sind in einer Dreiviertelstunde da, ungefähr. Und es tut mir leid, weil ich dir den Geburtstag verdorben habe.«

»An den brauchst du nicht einmal zu denken!«

Mir ist zu gräßlich zumute, um auch noch aufzuschreiben, wie sie heimgekommen sind.

Montag, 14. Februar 1938

Ich hab die Grippe. Dr. Hecht war gerade da. Es ist so viel passiert, daß gestern schon eine Ewigkeit her zu sein scheint. Ich werd da anfangen, wo ich gestern aufgehört habe:

Mein Vater und Onkel Herbert haben sie hereingetragen. Tante Marianne und Tommi haben außer ihren eigenen auch noch die Skier und Skistöcke und Rucksäcke von meinen Eltern hereingebracht.

Das Gesicht meiner Mutter war so grau wie Löschpapier und ihre Augen wie eingesunken. Aber sie hat sich gezwungen zu lächeln. »Du hast leider eine sehr ungeschickte Skiläuferin als Mutter, Inge.«

Ich habe ihr einen Kuß gegeben. Ihre Wange war kalt und hat nach Schweiß geschmeckt. »Welches Bein ist es? Tut's sehr weh?«

»Alles Gute zum Geburtstag, Liebling . . . Autsch!« Sie hat

versucht, das Stöhnen zu unterdrücken, aber es ist ihr nicht gelungen, und ihr Gesicht hat sich verzerrt.

»Du gehörst schleunigst ins Bett«, hat mein Vater gesagt, und Mizzi hat ihm geholfen, sie ins Schlafzimmer zu tragen.

Ich bin mitgegangen. »Mama, kann ich irgendwas für dich tun?«

»Ja, geh hinaus und du auch, Franzl. Bedankt euch bei Herbert und Marianne für mich und laßt euch das Nachtmahl schmecken. Mizzi wird mir helfen.«

Onkel Herbert ist praktischer Arzt. Er hat sofort bei einem Röntgenarzt angerufen und Mama für heute morgen angemeldet. Tante Marianne wird sie hinbringen.

Tommi hat gesagt: »Ich hoffe, es ist nichts Ernstes.« Und dann zu mir: »Deine Mutter ist gar keine ungeschickte Skiläuferin.«

»Ich weiß«, habe ich gesagt.

»Ich weiß nicht, was wir ohne euch angefangen hätten, Herbert und Marianne, und ohne dich, Tommi«, hat mein Vater gesagt und angefangen, ihnen zu danken.

»Wozu sind Freunde denn da?« hat Tante Marianne gesagt, und dann sind sie gegangen.

Papa und ich haben uns zum Nachtmahl hingesetzt. Mizzi hatte das Tischtuch mit den Spitzen aufgelegt und das gute Silber genommen und das gute Rosenthal-Geschirr mit dem Goldrand. Das dritte Gedeck hat sie wieder abgeräumt. Der Tisch hat groß und leer ausgeschaut.

Es hat Rehbraten gegeben; das ist angeblich das beste Fleisch, das es überhaupt gibt, und man kann es nur kaufen, wenn Jagdzeit ist. Dazu gab es Pilzsauce und Kartoffelbrei und Endiviensalat.

»Mizzi hat sich wieder einmal selbst übertroffen«, hat mein Vater gesagt.

»Hmmm.« Ich habe nur einen Bissen von allem genommen.

Er hat mir erzählt, wie der Unfall passiert ist. Meine Mutter ist in Schußfahrt einen sehr steilen Hang hinunter; mein Vater vermutet, daß sie ein bißchen angeben wollte und zeigen, was sie konnte. Jedenfalls ist sie viel zu schnell gefahren. Und dann ist sie mit den Skiern auf einen Felsbrocken geraten, der unter dem Schnee verborgen lag.

Mein Vater hat ein paarmal wiederholt, ich sollte mir keine Sorgen machen, das Bein würde schon wieder in Ordnung kommen.

Nach dem Essen habe ich den Tisch abgeräumt. Dann sind wir zu Mama ins Schlafzimmer gegangen.

Mama ist auf Kissen aufgestützt im Bett gesessen. Ihr Lächeln war noch heller als zuvor.

Auf Vaters Nachtkasten stand noch eine Geburtstagstorte, eine Nußtorte, mein erster Lieblingskuchen. Mizzi hat sie heute morgen, als ich spazieren war, gebacken und versteckt.

Mamas Nachtkasten hatte sich in meinen Geburtstagstisch verwandelt, auf dem sich die Geschenke häuften. Sie hat gesagt: »Das wollt ich mir doch auf keinen Fall entgehen lassen.«

Das bedeutete, daß sie vom Bahnhof aus sofort ins Spital gefahren wäre, wenn ich heute nicht gerade Geburtstag gehabt hätte, und dann wäre ihr Bein jetzt schon im Gipsverband oder irgendwas und würde nicht mehr so wehtun.

Die Geschenke waren genau das, was ich mir gewünscht hatte: ein in braunes Leder gebundenes Notizbuch, das ich in einem Schaufenster in der Kärntnerstraße bewundert hatte; ein blauer Pullover; ein Tintenfaß aus Kristallglas, in dem ich meinen neuen Füllfederhalter füllen konnte; ein Buch mit Gedichten von Heinrich Heine, auch in Leder gebunden; und noch ein Geschenk, das ich nicht einmal im Traum erwartet hätte, so lange ich nicht mindestens vierzehn war: eine Karte für die Oper, für die Staatsoper! Die ist so berühmt, daß die Leute aus der ganzen Welt nach Wien kommen, bloß um einmal eine Vorstellung dort zu sehen. Meine Eltern gehen ziemlich oft in die Oper, und ich beneide sie jedesmal. Und jedesmal, wenn ich an der Staatsoper vorbeikomme – es ist ein sehr majestätisches Gebäude mit vielen Bogen und dekorativen Statuen in Nischen –, male ich mir aus, wie das sein wird, wenn meine Eltern mich endlich einmal mitnehmen.

Die Karte ist für den 8. März, für den *Rosenkavalier*. Das ist die Lieblingsoper meiner Mutter. Ich habe die Karte in der Hand gehalten und gar nichts gesagt. Meine Eltern haben gedacht, ich sei sprachlos vor Überraschung. Ja, aber die Überraschung war, daß ich mich überhaupt nicht gefreut habe, daß ich gar keine Lust gehabt habe, hinzugehen!

»Ich werd dich begleiten, es sei denn, du hast bis dahin schon einen anderen Verehrer gefunden«, hat mein Vater gesagt und gezwungen gelächelt.

»Es sei denn, daß ich bis dahin wieder auf den Beinen bin, und dann geh *ich*«, hat Mama übertrieben munter gesagt. Ihre Zigarette hat im Aschenbecher gebrannt. Anstatt zu rauchen, hat meine Mutter immer wieder die Hände ineinander verkrampft, so sehr hat das Bein geschmerzt.

Ich habe mich zu ihr auf den Bettrand gesetzt. Sie hat meine Hand umklammert und gestreichelt.

Früher habe ich immer gesagt: »Das ist der schönste Geburtstag meines Lebens«, wenn meine Eltern mir meine Geschenke gegeben hatten. Ich habe gespürt, wie meine Mutter darauf wartete, daß ich das jetzt auch sage. Das Zimmer war so still, daß man gehört hat, wie das Laken raschelte, als sie sich bewegte.

»Jetzt fliegt ein Engel vorbei, dein Schutzengel, Inge«, hat Mizzi gesagt.

Nein, das ist mein Teufel, hätte ich am liebsten gesagt. Mir war so gräßlich zumute, so gräßlich! Ich habe gedacht: Das ist der gräßlichste Geburtstag meines Lebens!

»Vielen Dank für all die Geschenke«, habe ich dann doch herausgebracht. Meine Lippen fühlten sich rauh an und mein Mund ausgedörrt und der ganze Rest von mir, als ob ich brennen würde, und in meinem Kopf hat es geklopft.

Meine Mutter hat mir seit eh und je eingetrichtert, daß ich es ihr immer sofort sagen soll, wenn ich mich irgendwie nicht wohl fühle. Aber diesmal habe ich nichts gesagt; meine Eltern hatten schon genug Sorgen. Ich habe ihnen einen Gutenachtkuß gegeben, ganz schnell und oben auf die Stirn, damit sie nicht merken konnten, wie heiß meine Backen waren. Dann habe ich meine Geschenke genommen, bin in mein Zimmer gegangen, habe angefangen, alles aufzuschreiben, und gleich wieder aufgehört, weil mir zu elend war, und bin ins Bett gegangen.

Als ich heute morgen aufgewacht bin, waren sie fort. Mizzi hat mir gesagt, daß meine Mutter solche Schmerzen gehabt hat, daß mein Vater um Viertel vor sechs ein Taxi bestellt und sie in das Spital gebracht hat, in dem Onkel Herbert arbeitet.

»Du schaust auch krank aus.« Mizzi hat das Thermometer geholt, und dann gleich Dr. Hecht angerufen, weil ich Fieber hatte.

Ich bin hinübergegangen und hab mich in Mamas Bett gelegt, so wie früher, als ich noch klein war.

Mizzi hat mir einen Kamillentee gebracht; sie glaubt, der heilt alles. Ich hatte keine Lust zum Lesen oder Schreiben. Mizzi hat das Radio eingeschaltet, das Morgenkonzert, aber ich bin eingeschlafen, ehe die Symphonie zu Ende war und der Sprecher gesagt hat, von wem sie war.

Dann habe ich noch halb im Schlaf eine Stimme gehört: ». . . nicht beim Skilaufen, wie allgemein angenommen . . .« und voll Erleichterung gedacht: Gott sei Dank, dann hat sie auch keinen Unfall gehabt, ich hab das bloß geträumt!

Aber das waren die Nachrichten, und der Ansager hat von Schuschnigg gesprochen, nicht von meinen Eltern. Schuschnigg war wirklich bei Hitler in Berchtesgaden, genau wie Opa Oskar gesagt hatte. »Einzelheiten des Gespräches sind noch nicht bekannt«, hat der Sprecher gesagt.

Mizzi ist hereingekommen und hat das Radio abgestellt. »Dein Vater hat angerufen, als du geschlafen hast. Er hat gesagt, deiner Mutter geht's schon besser.«

»Hat sie sich das Bein gebrochen?«

»Nein.«

Dann ist der Ferdl vorbeigekommen. »Du kommst gerade richtig, sie schmort«, hat Mizzi zum Spaß gesagt. Ferdl hat einen eingebildeten Feuerwehrschlauch auf mich gerichtet und ein Geräusch wie strömendes Wasser von sich gegeben, um mich aufzumuntern, deshalb habe ich gelacht.

Mizzi hat das Radio wieder eingeschaltet, um die Nachrichten zu Ende zu hören. »Die Gespräche zwischen dem Kanzler des Deutschen Reiches und dem Kanzler der Republik Österreich sind außerordentlich zufriedenstellend verlaufen . . .« hat der Nachrichtensprecher gesagt.

»Na, das kann ich mir genau vorstellen«, hat Ferdl gesagt. »Das wird für den Schuschnigg genauso ein Vergnügen gewesen sein, wie nackt durch den Schlamm krabbeln.« Bloß hat er nicht *Schlamm* gesagt, sondern etwas anderes.

»Wir werden dir den Mund mit Seife auswaschen«, hat Mizzi gesagt und doch gelacht.

»Du wirst noch an meine Worte denken, wenn bis zum Frühling alle Leut ein Hakenkreuz an der Jacken stecken haben«, hat der Ferdl gesagt.

»Woher willst du so gescheit sein und das alles so genau wissen?« hat Mizzi ihn geneckt.

»Ich bin vielleicht nicht so gescheit, aber ich weiß, was weich und rund ist«, hat Ferdl gesagt und sie in den Po gezwickt. Mizzi hat gekichert.

Ich habe wieder eine Weile geschlafen, wieder Kamillentee getrunken, das Fieber ist ein wenig heruntergegangen, und der Tag hat sich hingezogen.

Endlich ist mein Vater heimgekommen. Er hat mir erzählt, daß Mama ein nettes Zimmer hat und die Schwestern freundlich sind und Onkel Herbert sie besucht hat und es ihr »besser geht als gestern«. Trotz all dieser guten Nachrichten hat er nicht gelächelt. Sicher war er sehr müde.

»Kann ich sie bald besuchen?«

»Leider nicht, Ingelein. Besucher unter vierzehn sind nicht erlaubt im Spital.«

Dienstag, 15. Februar 1938

Ich habe kein Fieber mehr, aber Dr. Hecht hat gesagt, ich muß trotzdem heute noch im Bett bleiben. Ich langweile mich, ich bin schlechter Laune, und ich hab zu gar nichts Lust . . .

Später

Das Telefon hat geläutet.

»Wer war das?« habe ich Mizzi gefragt.

»N . . . niemand.«

»Nun sag's schon! Wer war's?«

»Du solltest was essen. Magst du ein Brot mit Gänseschmalz?«

»Du willst mich bloß ablenken. Nun erzähl's schon.«

Mizzi hat den Kopf geschüttelt.

»Dann erzähl ich meinem Vater, daß der Ferdl schon wieder hier war, und daß er dich gezwickt hat und so weiter.«

»Na gut, erzähl ich's eben. Es war dein Vater. Deine Mutter hat sich nicht das Bein gebrochen, sie hat sich die ganze Hüfte gebrochen. Die linke. Und sie müssen das aufschneiden und sie wieder zusammennageln. Mit zwei Nägeln aus Stahl, einem großen und einem kleinen. Es ist eine ganz neue Operation. Und es gibt in Wien bloß einen Arzt, der das kann, der Dr. Feuerwerker. Er macht's gerade, und dein Vater ruft wieder an, wenn er fertig ist. Er hat gesagt, ich soll's dir nicht sagen . . .«

Mizzi ist auf mein Bett gesunken und in Tränen ausgebrochen. Ich habe ihr den Kopf getätschelt. Sie hat sich vor kurzem eine Dauerwelle machen lassen; ihr Haar fühlt sich kraus und drahtig an. Dann hat sie sich wieder aufgesetzt und sich die Augen gewischt und gesagt: »*Du* solltest weinen.«

»Ich weiß.« Ich wollte auch, aber ich konnte nicht. Wenn man ganz dringend verschwinden muß, kann man auch nicht, wenn jemand dabei ist und wartet.

Mizzi hat ihren Rosenkranz aus der Schürzentasche gezogen und ein Ave Maria gemurmelt und dabei die Perlen abgezählt.

Dann hat sie gesagt: »Ich muß meine Arbeit getan kriegen. Macht's dir was aus, wenn du allein bist?«

»Nein.«

Wie lange dauert so eine Operation? Ich gebe mir Mühe, nicht zu blinzeln. Denn wenn ich es tu, dann sehe ich meine Mutter mit geschlossenen Augen daliegen, Scheinwerfer brennen auf sie herunter, und Ärzte in weißen Gewändern stehen wie Gespenster um sie herum, mit Instrumenten in den Händen. Mama, Mama, du mußt wieder gesund werden! Ich würde das tausendmal schreiben, wenn es ihr helfen würde.

Ich glaube, ich sollte ihr Porträt schreiben:

Hannah Reichmann Dornenwald.

Sie ist nie krank. Sie kriegt nie eine Erkältung oder die Grippe. Sie kriegt nicht einmal Kopfweh. Sie ist sehr energisch und legt Wert darauf, daß alles immer sofort erledigt wird, was zu tun ist. Sie verabscheut es bestimmt, still liegen zu müssen; sie wird auch die Äthermaske verabscheut haben, mit der man dann gar nichts mehr spürt. Ich kann mir nicht vorstellen, wie das ist, und ich will es erst gar nicht versuchen.

Sie ist sechsunddreißig Jahre alt und noch immer schön. Sie hat sehr dunkelbraune, beinahe schwarze Augen, ein wenig mandelförmig, und dichte, kurze Wimpern. Früher waren sie sehr lang, aber sie sind versengt, weil sie sich immerzu Zigaretten anzündet; das hat sie mir erzählt. Sie hat eine zierliche Nase und einen glatten, hellen Teint und so gut wie noch gar keine Fältchen. Sie ist nicht viel größer als ich und hat eine wunderbare schlanke Figur, nicht mager wie ich. Ihr Haar ist dunkel, dunkelbraun, und vorn hat sie schon ein paar graue Haare. Sie läßt sie einfach. Das freut mich; ich mag kein gefärbtes Haar. Sie zupft sich auch nicht die Augenbrauen zu dünnen, hauchdünnen Bogen aus so wie manche Damen, die ausschauen möchten wie die Mannequins in den Modezeitschriften.

Als ich klein war, stellte ich mich immer im Badezimmer auf einen Stuhl und schaute zu, wenn sie sich abends zum Ausgehen fertig machte. Ich war fasziniert davon, wie sie sich Wasserwellen ins Haar machte und wie geschickt sie Rouge und ein wenig Lippenstift auflegte. Am allerbesten gefiel mir ihr Lächeln, mit dem sie zum Schluß, wenn sie fertig war, in den Spiegel schaute. Dann war sie für mich sozusagen doppelt vorhanden, einmal vor und einmal im Spiegel, und das tröstete mich dafür, daß ich sie nun den ganzen Abend lang nicht mehr sehen würde, weil sie ausgegangen war.

Sie liebt die Perfektion; sie findet, daß man eine Sache entweder ordentlich oder überhaupt nicht machen soll. Das verbarg sie allerdings gut, als ich Skilaufen lernte; sie ermunterte mich immer wieder, obwohl ich zweidutzendmal hingeflogen bin und mich so ungeschickt anstellte, als ob ich zwei linke Beine hätte.

Früher hat sie Geige gespielt, aber eines Tages ist ihr in einem Konzert auf einmal aufgegangen, welch ein Unterschied zwischen *ihrem* Geigenspiel und dem Spiel ihres Lieblingssolisten bestand, und da hat sie ihre Geige verschenkt. Sie hat gesagt, das war kindisch von ihr, aber sie ist trotzdem froh darüber, denn sie hat auch so schon genug zu tun, mit ihrer Arbeit im Huber Verlag und damit, meine Mutter zu sein.

Als sie in meinem Alter war, hat es in Wien nur zwei humanistische Gymnasien für Mädchen gegeben. Meine Mutter war auf dem einen. Man hat ganz besonders gescheit sein müssen, um da aufgenommen zu werden. Sie prahlt nie damit, aber das war so.

Meine Mutter war erst vierzehn, als Großmutter Ida gestorben ist. Großmutter Ida wäre selbst gern Physikerin oder irgend etwas dergleichen geworden, aber zu ihrer Zeit war das so gut wie unmöglich für eine Frau. Sie wäre sehr stolz gewesen, wenn sie erlebt hätte, daß meine Mutter auf die Universität gegangen ist und Literatur studiert hat und jetzt Lektorin beim Huber Verlag ist. Das ist eine ziemlich ungewöhnliche Position für eine Frau. Meine Mutter ist auch stolz darauf, und sie hängt sehr an ihrer Arbeit.

Ich glaube, sie hat einen Haufen Verehrer gehabt, als sie ein junges Mädchen war und ehe sie meinen Vater kennenlernte. Sie hat mir einmal ein paar alte Ballprogramme gezeigt, die sie zum Andenken aufbewahrt hat, und da waren alle unbedruckten Stellen mit Namen von jungen Männern vollgeschrieben, die sich für einen Tanz mit ihr angemeldet hatten; das war damals so Sitte.

Meinen Vater hat sie auf einem Berggipfel kennengelernt. Ich habe mir das immer so vorgestellt: sie sind von verschiedenen Seiten hinaufgeklettert, haben sich oben erspäht, sind sich um den Hals gefallen und dann zusammen wieder heruntergestiegen, die Arme umeinander gelegt.

Sie sind schon fünfzehn Jahre miteinander verheiratet.

Als ich geboren wurde, hat sie ein halbes Jahr lang nicht gearbeitet, aber dann ist sie wieder in den Verlag gegangen.

Als ich klein war, wünschte ich mir immer, wir hätten kein Dienstmädchen, und meine Mutter würde daheim bleiben und saubermachen und einkaufen gehen und kochen und dergleichen.

Jetzt wünsche ich mir nur noch, daß sie schon wieder gesund wäre. Und daß ich »Hals- und Beinbruch« gesagt hätte, als sie abgefahren sind. Und daß die Operation vorbei wäre und ich zu ihr dürfte . . .

Mizzi ist gekommen und hat mir Gesellschaft geleistet. Dann hat mein Vater endlich, endlich wieder angerufen. Die Operation war gelungen! Der Arzt hat gesagt, in ungefähr einem Monat ist ihre Hüfte wieder so gut wie neu, und sie wird wieder herumhupfen wie ein Osterhase.

Später

Morgen kann ich wieder in die Schule gehen. Also sollte ich lieber meinen Aufsatz schreiben.

Noch später

Ich habe mein Aufsatzheft auf der Seite aufgeschlagen, auf der das Datum vom Sonntag stand, und die Überschrift *Meine beste Freundin.* Ich habe darüber nachgedacht, was der Sonntag mir gebracht hat und was er nicht gebracht hat.

Er hat mir Lieselotte nicht zurückgebracht. Wenn sie jemals wiederkommt, wird sie verändert sein. Vielleicht wird sie sich genauso verhalten wie Heinz.

Als ich mir das alles eingestanden hatte, habe ich mich innerlich ganz leer gefühlt, aber nach außen war ich ruhig und gelassen. Ich habe die Seite herausgerissen, habe das Datum von heute hingeschrieben und noch einmal den Titel, und dann habe ich meinen Aufsatz geschrieben . . . über Evi-von-oben. Wie sie ausschaut (ich habe nicht geschrieben, daß sie eine Figur wie ein Knödel hat; ich habe geschrieben, sie sei ein bißchen pummelig); wie lange ich sie schon kenne; daß sie Diphtherie und eine Mandeloperation gehabt hat, als sie klein war; daß sie und ihre Eltern immer sehr nett zu mir sind; daß es ein Glück ist, wenn man eine Freundin hat, die im gleichen Haus wohnt und die man jederzeit treffen kann. Und so weiter.

Es ist auf dreieinhalb Seiten gekommen, ordentlich und alltäglich.

Und jetzt werde ich dieses Tagebuch in meine PRIVAT-ÖFFNEN-NICHT-GESTATTET-Schachtel legen, ehe ich schlafen gehe.

2. Teil

Samstag, 5. März 1938

Liebes Tagebuch, das Opa Oskar mir zu Chanukka geschenkt hat: Es ist beinahe drei Wochen her, seit ich zum letztenmal in Dir geschrieben habe . . .

Das ist ein Schmarrn, denn dieses Tagebuch ist nicht lebendig, und ich werd auch nicht so tun, als ob es das wäre. Aber ich hab es doch vermißt.

Eine Bemerkung, die Opa Oskar heute morgen gemacht hat, ist Schuld daran, daß ich wieder weiterschreibe.

Ich habe mich am Franz-Josefs-Kai mit ihm getroffen, um mit ihm in die Synagoge zu gehen. Es war windig am Kai. Sein Hut ist davongeflogen und in einem Blumenbeet gelandet. Ich habe ihn aufgehoben und dabei einen gelben Krokus entdeckt. »Schau mal, Opa Oskar, es wird Frühling.«

»*Indeed*«, hat er in seinem wienerisch klingenden Englisch geantwortet, »*a season of storms, no?*«, denn er übt jetzt immer Englisch mit mir. »*Be so kind and correct me if I have maked a mistake.*«

Made, die Vergangenheit des unregelmäßigen Verbes *to make* heißt *made;* Mister Cookson, unser englischer Englischlehrer in der Schule, hätte sich gleich darauf gestürzt, aber ich habe gesagt: »*No mistake,* Opa Oskar.«

»Ich dank dir schön.« Opa Oskar hat sich gefreut. Und dann hat er gesagt: »Der Frühling ist die richtige Zeit, um zu emigrieren. Ich hoffe nur, ihr geht auch. Findest du, daß das komisch klingt?«

»Nein, nicht komisch.« Aber bei dem Wort *emigrieren* schaudert es mich.

Opa Oskar ist schon einmal in seinem Leben ausgewandert; damals, als er als Bub von Böhmen nach Wien kam. Jetzt muß er es noch einmal tun.

Er hat schon vor einem Jahr einen Antrag auf Einwanderung in Amerika gestellt, weil er schon damals überzeugt war, daß die Deutschen Österreich besetzen werden und daß es dann hier genauso schlimm wird wie in Deutschland. Jetzt hat Opa Oskar sein Visum bekommen und darf in Amerika einreisen. Er hat seinen österreichischen Paß, sein Ausreisevisum und ein Transitvisum für Italien, denn er wird in Genua aufs Schiff gehen. Wenn er in Amerika landet, wird er sogar schon einen Posten haben, denn die Versicherungsgesellschaft, bei der er arbeitet, ist eine amerikanische Firma und hat ihr Hauptbüro in New York.

Letzte Woche hat Opa Oskar seine Wohnung aufgegeben. Seine Möbel sind bei einem Spediteur eingelagert und sollen nachgeschickt werden, sobald er in New York eine Wohnung gefunden hat. Jetzt wohnt er bei uns, im Herrenzimmer, und wartet auf zwei Dinge:

Erstens, daß meine Mutter wieder auf den Beinen ist und wieder gehen kann, wenigstens ein wenig; und zweitens, daß mein Vater ebenfalls einen Antrag auf Einwanderung in Amerika stellt.

Aber mein Vater will nicht. Er sagt immer, er sieht nicht ein, warum er sein Geschäft, unsere gemütliche Wohnung, unsere ganze gewohnte Lebensweise einfach aufgeben soll. Er meint, daß vielleicht doch noch alles gut wird für Österreich, denn schließlich tut Schuschnigg, was er nur kann, um unserem Land seine Unabhängigkeit zu bewahren. Und wenn es zum Schlimmsten kommt und wir wirklich fliehen müssen, dann möchte mein Vater viel lieber in irgendein Nachbarland gehen, in die Schweiz oder in die Tschechoslowakei zum Beispiel, wo alles doch ungefähr so ist wie hier bei uns, und wo es für ihn sicher nicht so schwierig wäre, den Lebensunterhalt zu verdienen, wie in der »Neuen Welt«. Mein Vater glaubt, daß er nicht nach Amerika paßt und sich dort nicht wohl fühlen würde.

»Mach dir nichts vor«, sagt Opa Oskar dann immer. »Du weißt genau, daß die Schweiz und die Tschechei schon jetzt kaum noch Flüchtlinge aus Deutschland hereinlassen. Sie werden ihre Grenzen völlig dichtmachen, wenn auch noch Flüchtlinge aus Österreich kommen. Außerdem werden beide Länder auch nicht mehr lange sicher vor Hitler sein.«

Opa Oskar und Papa diskutieren immerzu darüber. Mama stimmt immer mehr mit Opa Oskar überein. Ich weiß nicht, auf wessen Seite ich bin. Natürlich hoffe ich, Papa hat recht. Es ist unheimlich, wenn man sich vorstellt, daß man alles einpacken und fortgehen muß, irgendwohin, an einen ganz fremden Ort. Aber irgendwie ist das auch aufregend, und manchmal wünsche ich mir, wir würden fortgehen.

Jedenfalls bin ich heute morgen bloß in die Synagoge gegangen, weil Opa Oskar mich gebeten hatte, mitzukommen. Ich war gar nicht an der Reihe.

Das muß ich erklären. Wir sind neun jüdische Mädchen in meiner Klasse, und wir müssen jeden Sonnabend in die Synagoge gehen und hinterher in der Schule einen Zettel abliefern, der beweist, daß wir auch wirklich dort gewesen sind. Aber wir haben ein altes und bewährtes und ganz gescheites System, nach dem jeden Sonnabend bloß drei von uns in die Synagoge gehen: Anstatt uns gleich hinzusetzen, schleichen wir uns unbemerkt zur Seitentür wieder hinaus, kommen zum Hauptportal wieder herein, und gehen noch einmal hinaus, bis wir genug Teilnahmezettel für alle beisammen haben. Manchmal denke ich mir, daß die Gemeindediener, die die Zettel an die Schüler verteilen, nicht ganz so blind sind, wie sie sich anstellen, und uns den Gefallen erweisen, weil sie vielleicht früher, als sie selbst aufs Gymnasium gegangen sind, auch solch ein System hatten. Jedenfalls funktioniert es.

Ich habe es Opa Oskar erzählt. Er hat gelacht und gesagt: »Das beweist nur, daß es viele verschiedene Wege gibt, Jude zu sein.«

»Was meinst du denn damit?«

»Nun, einerseits ist es jüdisch, daß man gern in die Synagoge geht. Aber andererseits ist es auch jüdisch, daß man keine Lust dazu hat, wenn man es nicht aus seinem eigenen freien Willen tut. Also ist es nicht sehr un-jüdisch, wenn man ein System erfindet, um dem Zwang zu entgehen. Findest du nicht auch?«

Ich war erleichtert, weil Opa Oskar es so sah.

Jedenfalls ist es in der Synagoge anders, besser, wenn man mit jemand ist, der wirklich gerne hingeht. Vielleicht lag es auch daran, daß unser Rabbiner, der Herr Dr. Taglicht, eine sehr interessante Predigt gehalten hat: über Kain und Abel. Er hat erklärt, daß man am springenden Punkt dieser Geschichte vorbeigehe, wenn man sich darüber streitet, ob die beiden denn überhaupt tatsächlich einmal gelebt haben, und falls ja, wann und wo. Der springende Punkt sei: Ein Bruder hat seinen Bruder ermordet, und obwohl die Welt seitdem einen weiten Weg zurückgelegt hat, gibt es noch immer Brudermorde, heute sogar mehr als je.

Dann hat er von der Judenverfolgung in Deutschland gesprochen: Dort werden Kinder aus den Schulen und die jungen Leute von den Universitäten gejagt, und die Erwachsenen verlieren ihre Arbeitsstellen, nur weil sie jüdischen Glaubens sind. Man nimmt ihnen die Geschäfte weg und verbietet ihnen, ihren Beruf auszuüben. Rabbiner Taglicht sagte, wir müßten uns darüber klar sein, daß uns hier das gleiche Schicksal erwarte, wenn Österreich seine Unabhängigkeit verliert und an Deutschland angeschlossen wird. Trotzdem dürften wir unseren Glauben an die Menschheit und an Gott nicht verlieren. Und wenn das widersinnig sei, nun, dann sei das jedenfalls nicht die erste Widersinnigkeit in der Geschichte der Juden.

Opa Oskar ist mit Herrn Dr. Taglicht bekannt. Er ist nach dem Gottesdienst zu ihm gegangen und hat ihn begrüßt und mich ihm vorgestellt. Vielleicht gehe ich nächsten Sonnabend wieder hin, obwohl ich noch immer nicht an der Reihe bin.

Auf dem Heimweg habe ich die Hände in die Manteltasche gesteckt und dabei gemerkt, daß der Glückskiesel noch immer da war. Das hat mir einen Stich gegeben, aber nicht sehr stark. Im Vergleich zu Kain und Abel war es nicht mehr solch eine riesige Tragödie, eine Freundin zu verlieren, sogar solch eine wie Liese-lotte.

»Opa Oskar, schau!« habe ich geflüstert. Ein Mann mit einem schwarz-weiß-roten Hakenkreuzabzeichen am Jackenrevers ist uns entgegengekommen.

Ich habe gewartet, bis er vorbei war und erst dann gefragt: »Sind die Abzeichen denn nicht mehr verboten?«

»Offiziell schon, aber die Polizei drückt beide Augen zu. Hierbei auch.« Opa Oskar hat auf eine Mauer gezeigt.

Juden, verreckt! stand da in roten, beinahe einen Meter hohen Buchstaben. Ich habe schnell wieder weggeschaut. Dann wollte ich noch einmal hinschauen, aber ich hab's dann doch nicht getan. Ich habe vor mich hin auf den Boden geschaut.

Ich habe schon öfter solche Schmierereien gesehen, und jedesmal möchte ich gleichzeitig hinschauen und die Augen davor zumachen. Ich habe es Opa Oskar gesagt.

»Hmmm«, hat er gemacht und nachgedacht. »Möchtest du meinen Rat hören?«

»Ja.«

»Du solltest hinschauen. Du solltest gründlich und genau hinschauen, damit du weißt, was du da siehst. Und dann solltest du es aufschreiben.«

»Warum?« Ich bin plötzlich verlegen geworden. Mir ist mein allererster Schreibversuch eingefallen, die Geschichte vom Teufel, mit all den Fehlern darin. Ob Mama ihm das erzählt hat? Ich habe gespürt, wie meine Ohren rot geworden sind.

Opa Oskar hat gedacht, sie wären bloß von der Kälte rot. Er hat seinen grauen Seidenschal abgenommen und hat ihn mir über den Kopf gelegt und unter dem Kinn verknotet. »So.« Er hat seinen Mantelkragen gegen den Wind hochgeschlagen. »Es ist gut, wenn man aufschreibt, was man sieht, und auch, was man darüber denkt.

Das hilft einem, die Dinge besser zu verstehen. Und später hilft es einem, sich zu erinnern.«

»Manchmal schreibe ich was auf. In das Tagebuch, das du mir geschenkt hast.«

Opa Oskar hat die Hände auf dem Rücken verschränkt und ist schneller ausgeschritten. »Sind noch leere Seiten darin?«

»Ja.«

»Dann schreib sie voll.«

Ein rot und weiß gestrichener Dampfer tuckerte auf dem blaugrünlichen, mit weißen Schaumkronen getupften Donau-Kanal westwärts und blies weißen Rauch in die blaue Luft. Ein Schwarm Möwen folgte ihm flatternd und kreischend und beschrieb wunderschöne Schleifen und Kurven in der Luft. Ich erwähne das weil es zu diesem Morgen gehörte. Und weil ich nicht nur schreckliche Dinge aufschreiben möchte, wie zum Beispiel, wie viele Nazi-Parteiabzeichen und wie viele antisemitischen Hetzparolen ich gesehen habe.

Später

Ein wichtiges Ereignis, das ich hier notieren muß: Am Montag ist Mama aus dem Spital heimgekommen. Ich werde erst gar nicht versuchen, in Worten auszudrücken, wie mir zumute war, als ich sie wiedergesehen habe.

Papa hat ein Spitalbett für sie gemietet. Das Kopfende kann höhergestellt oder gesenkt werden, und am Fußende sind mit Rollen und Stricken verschiedene Gewichte befestigt, mit denen Mama Übungen machen muß. Das Bett paßt nicht in ihr Schlafzimmer, deshalb steht es im Wohnzimmer, das nun eine Mischung aus allem ist: Spital, wenn der Arzt Visite macht und wenn Mama Übungen mit dem Bein macht; Büro, wenn sie ihre Arbeit für den Huber Verlag erledigt; ein sommersprossiger Laufbursche namens Gustl bringt ihr jede Woche die Manuskripte ins Haus; ein Kaffeehaus, wenn die Freunde zu Besuch kommen.

Der Herr Dr. Feuerwerker war am Dienstag bei ihr. Er hat ein paar Krücken bestellt, für später, und gesagt, daß die Hüfte gut, aber langsam heilt. Mama muß der Sache Zeit lassen. Sie darf noch mindestens zwei Wochen lang nicht einmal versuchen, einen Schritt zu machen.

Das Wohnzimmer schaut auch aus wie ein Wintergarten, weil so viele Besucher Blumen mitbringen. Wir haben schon nicht mehr genug Vasen.

Jetzt ist es elf Uhr abends und wir haben Besuch: Onkel Herbert und Tante Marianne Löwenberg, das Ehepaar Plattau und Frau Kronisch.

Es war ein Abschiedsessen für Frau Kronisch. Herr Kronisch ist in Amerika; er ist hingefahren, um Gastvorlesungen zu geben, und nun hat die Universität dort ihn eingeladen, ganz dazubleiben. Deshalb kann Frau Kronisch jetzt mit den Kindern zu ihm fahren; sie braucht nicht erst auf ein Einwanderungsvisum zu warten. Sie ist sehr froh darüber.

»Sie haben wirklich Glück«, hat Frau Plattau gesagt.

Sie haben von der Nazi-Demonstration gesprochen, die letzte Woche in Graz ausgebrochen ist, als Truppen dorthin verlegt wurden. Und morgen wird in Linz eine noch viel größere Versammlung stattfinden, und Schuschnigg wird gar nichts dagegen machen können, wegen Seyss-Inquart, hat Herr Plattau gesagt. (Herr Plattau ist der Geschäftspartner meines Vaters.)

Seyß-Inquart ist der neue Innenminister und ein Nazi (ich lese die Zeitungen jetzt immer richtig, daher weiß ich das). Also wird er der Polizei befehlen, die Nazi-Demonstration zu dulden und sogar zu schützen.

Weil sich aus seinem Namen leicht ein bestimmtes Wort machen läßt, das man nicht sagen soll, gibt es eine Menge Spottgedichte und Witze über ihn. Onkel Herbert wollte einen erzählen, aber Herr Plattau hat ihn sofort unterbrochen: »Bitte, seien Sie nicht kindisch. Dieser Seyß-Inquart ist keine Witzfigur. Er liefert unser Land an Hitler aus!«

»Aber Maxl, ich bitt dich, wo ist dein Sinn für Humor geblieben?« hat mein Vater gesagt.

»Den hab ich in der langen, langen Schlange von Menschen verloren, die jeden Tag vor dem Amerikanischen Generalkonsulat wartet!« hat Herr Plattau zurückgegeben.

»Da hörst du's, Franz! Und du, du dickköpfiger Maulesel, du hast noch immer keinen Antrag auf ein Visum gestellt!« hat meine Mutter geagt.

»Weil ich ein komisches Gerücht gehört habe: in Amerika sind die Straßen gar nicht alle mit Gold gepflastert. Und vor allem: wer sagt denn, daß es wirklich aus ist mit Österreich?« hat mein Vater gesagt und allen einen Kognak angeboten.

Sie haben darüber debattiert, ob Italien, Frankreich und England jetzt Österreich wirklich zu Hilfe kommen werden, so wie sie das in Verträgen versprochen haben. Dann hat Onkel Herbert einen Hitler-Witz erzählt.

»In Deutschland kommen Menschen für solch einen Witz ins Konzentrationslager und werden umgebracht!« hat Herr Plattau gesagt.

»Ach, Sie sind wirklich ein richtiger Pessimist«, hat Onkel Herbert gesagt.

Sie reden und reden, und mir tut die Hand weh, weil ich versuche, alles aufzuschreiben. Jetzt langt mir's. Diesmal möchte ich ausnahmsweise, daß endlich einmal irgend etwas passiert. Und wenn schon etwas Schlimmes kommen muß, dann soll es lieber gleich kommen, damit wir es hinter uns haben!

Sonntag morgen, 6. März 1938

Nein, das nehme ich zurück, das hab ich nicht ernst gemeint! Toi, toi, toi und klopf auf Holz! Bis mindestens 2. April soll bitte gar nichts passieren!

Mizzi ist mitten in der Nacht in mein Zimmer gekommen und hat die Lampe auf meinem Nachtkasten eingeschaltet, und ich habe mir die Daunendecke bis zur Nase heraufgezogen und versucht, weiterzuschlafen.

»Wach auf, du Murmeltier!« Mizzi hat mir die Daunendecke weggezogen. »Hier, schau dir das an!« Sie hat mir die linke Hand hingehalten. Am Ringfinger hat ein goldener Ring gesteckt. Mizzi hat die Hand bewegt, damit das Licht darauf fiel. »Was sagst du dazu?«

Ich habe geblinzelt und mir die Augen gerieben. »Der ist aber schön! Bist du jetzt verlobt? Wirst du heiraten?«

»Wie kommst du denn darauf?« Ihre Augen haben noch mehr gefunkelt als der Ring.

»Den Ferdl?«

»Nein, den Kaiser von China!«

»Wann?«

»Am 1. April! Der Ferdl hat immer gesagt, nur Dummköpfe, die auf Aprilscherze hereinfallen, heiraten überhaupt, also deshalb ist das doch genau der richtige Tag, oder?«

»Ich gratulier dir, Mizzi! Aber was werden *wir* dann anfangen?«

»Ach, ihr findet jemand anderen.«

»Nein, wir werden nie wieder so jemanden wie dich finden.«

»Aber natürlich. Es gibt Hunderte von jungen Mädchen vom Land, die dringend eine Arbeitsstelle suchen. Inge, hör mal . . .«

»Ja?«

»Möchtest du nicht meine Brautjungfer sein?«

»Ich? Meinst du das ernst?«

»Nein. Ich hab bloß so gefragt, weil ich es nicht ernst meine!«

»Oh, Mizzi, furchtbar gern!«

»Psssst, du wirst deine Mutter aufwecken.«

Ich bin im Bett gesessen, und Mizzi hat sich zu mir gesetzt und ihre Wange an meine gelegt. »Also, das ist ausgemacht.« Dann hat sie mich aufs Kopfkissen gedrückt. »Jetzt schlaf weiter.«

Es wird großartig werden! Vielleicht werde ich ein neues Kleid dafür kriegen; Mizzi kann es nähen, und ich hoffe, daß ich mir den Stoff selbst aussuchen darf. Mizzi wird ihre Mondseer Sonntagstracht tragen. Oh, ich wollte nur, es wäre schon soweit!

Die Trauung wird in der Kirche am Kolonitzplatz sein, gleich hinter meiner früheren Schule, am Vormittag (ich muß mir schulfrei geben lassen!). Hinterher gibt es ein Hochzeitsfrühstück mit Champagner und Kuchen bei Ferdls Eltern, und dazu bin ich natürlich auch eingeladen.

Noch sechsundzwanzig Tage. Wenn bloß nichts dazwischenkommt!

Später

Mama hat diese Neuigkeit in sehr schlechte Laune versetzt. Natürlich nicht vor Mizzi. Sie hat ihr sogar herzlich gratuliert. Aber sobald Mizzi außer Hörweite war, hat sie gesagt: »Das hat mir gerade noch gefehlt! Ich lieg auf der Nase und kann mich nicht rühren und soll ein neues Mädchen, frisch vom Land, anlernen!«

»Du hast Mizzi noch einen Monat, und bis dahin hupfst du wieder herum«, hat mein Vater gesagt. Aber er war auch in sehr finsterer Stimmung.

Das Radio lief, und auf einmal wurde die Nationalhymne gespielt . . . unsere österreichische, habe ich gedacht. Aber dann haben sie zu der gleichen Melodie gesungen: »Deutschland, Deutschland über alles, über alles in der Welt . . .«

Ich habe gefragt: »Wieso spielen sie im österreichischen Rundfunk die deutsche Nationalhymne?« Ich wußte schon, daß sie dort die gleiche Melodie hatten wie wir.

»Das ist genau das gleiche wie mit den Hakenkreuzabzeichen am Jackenrevers; es ist jetzt erlaubt«, hat Opa Oskar mir geantwortet.

»Inge, das Wetter hellt sich auf; geh ein bißchen an die Luft« hat mein Vater gesagt.

»Du solltest sie die Nachrichten hören lassen, Franz«, hat Opa Oskar gesagt.

»Vater, bitte laß *mich* entscheiden, was für meine Tochter am besten ist.«

»Inge, warum gehst du nicht zum Schlittschuhlaufen?« hat Mama gefragt. »Die Saison ist fast vorbei, du solltest die letzten Tage noch nutzen.« Sie hob und senkte das Bein und versuchte, eines der Gewichte damit hochzuziehen. »Frag Evi, ob sie mitkommen möchte.«

»Evi mag immer, aber ich nicht.« Ich beobachtete, wie sie versuchte, das Bein noch zwei Zentimeter tiefer zu senken. Schweiß lief ihr über die Stirn. Ihr gezwungenes Lächeln verwandelte sich in eine Grimasse.

»Na gut, ich geh ja schon.«

Oben bei den Frieds lief ebenfalls das Radio. »Hier ist Radio Linz in Oberösterreich. Wir feiern heute den Deutschen Tag, wir marschieren, hunderttausend Mann stark, wir . . .« Und im Hintergrund hörte man die Menge »Sieg Heil, Sieg Heil!« schreien. Dann begann jemand eine Rede: »Volksgenossen und Volksgenossinnen . . .«

»Wer ist das? Seyß-Inquart?« habe ich gefragt.

Herr Fried hat die Brauen gerunzelt. Er ist sogar noch schlimmer als mein Vater; er ist der Meinung, daß Kinder keine Ahnung von dem haben sollten, was in der Welt los ist. »Nun geht schon! Hört euch das nicht an, geht lieber Schlittschuhlaufen, das ist gescheiter.«

»Aber seid vorsichtig, lauft nicht zu schnell, damit euch nichts passiert«, hat Frau Fried gesagt.

Evi ist sogar noch ahnungsloser, als ich in ihrem Alter war. Sie hat buchstäblich keinen Schimmer einer Ahnung. Auf dem Weg zum Eisstadion sind wir an einer Putzerei vorbeigekommen, bei der *Judenschwein* auf das Schaufenster geschrieben worden war. Evi hat gedacht, daß der Besitzer dieser chemischen Reinigung irgend jemand etwas ganz Schlimmes angetan hat, der ihn nun so haßt, daß er ihm aus Rache so etwas auf das Schaufenster schmiert.

»Aber Evi, hast du denn wirklich noch nie etwas von Antisemitismus gehört? Der Putzer da hat keinem Menschen was *getan.* Er ist bloß Jude, und die Nazis ...« Ich habe versucht, es ihr zu erklären.

»Reden wir lieber von etwas anderem«, hat Evi gesagt.

MONTAG, 7. MÄRZ 1938

Heute morgen auf dem Schulweg habe ich zum erstenmal eine Gruppe Nazis in Aktion gesehen. Ich habe mich hinter einem Zeitungskiosk versteckt. Zuerst war ich zu erschrocken, um sie zu beobachten, aber dann habe ich mich dazu gezwungen, und je mehr ich gesehen habe, desto wütender bin ich geworden. Es ist um die Flaggen und den Girlandenschmuck gegangen. Letzte Woche hat Schuschnigg eine Rede gehalten und alle Österreicher aufgerufen, die Vaterländische Front zu unterstützen, die für die Unabhängigkeit des Landes eintritt. Daraufhin haben die Leute die Häuser mit Fahnen geschmückt und die ganze Ringstraße entlang von einem Gebäude zum anderen rot-weiße Girlanden aufgehängt. Als ich heute morgen zu der Ecke Ringstraße und Dr.-Karl-Lueger-Platz gekommen bin, wo ich meistens die Straße überquere, da waren ein paar Männer dabei, die Girlanden herunterzureißen. Zuerst haben sie nur ausgeschaut wie Akrobaten; die dünneren Männer standen auf den Schultern der kräftigeren Leute, weil die Girlanden so hoch hingen. Als ich näher gekommen bin, habe ich gesehen, daß die Männer alle Hakenkreuz-Armbinden trugen. Im nächsten Augenblick ist ein offener Lastwagen angebraust gekommen und eine Gruppe Männer ist heruntergesprungen. Sie hatten rot-weiße Armbinden; sie gehörten zur Vaterländischen Front. Sie haben sich auf die Nazis gestürzt und versucht, die Männer oben von den

Schultern der Untermänner herunterzuziehen. Einer ist mit einem lauten Knall auf dem Pflaster gelandet. Es hat sich angehört, als ob er sich den Kopf eingeschlagen hätte. Aber im nächsten Augenblick ist er schon wieder auf den Beinen gewesen und hat dem Mann, der ihn heruntergezogen hatte, solch einen Boxhieb gegeben, daß *der* auf den Boden gestürzt ist. Dann haben sie alle angefangen, sich zu prügeln, und dann ist schon die Polizei gekommen. Ich habe gedacht: ein Glück, weil ich geglaubt habe, die Polizei ist dazu da, die Bürger und das Recht zu schützen. Die Polizisten hatten Schutzhelme und Gummiknüppel, und sie haben sich ebenfalls auf die Männer von der Vaterländischen Front gestürzt! Einen Augenblick lang hätte ich am liebsten geschrien: Das dürfen Sie doch nicht! Natürlich habe ich doch nichts gerufen. Ich bin hinter dem Kiosk geblieben und habe zugeschaut, wie sie die Männer von der Vaterländischen Front in den Polizeiwagen gestoßen haben, während die Nazis alle ungehindert davongelaufen sind.

Sobald der Polizeiwagen fort war, sind die Nazis wieder aufgetaucht; sie haben gelacht und geschrien und sich gegenseitig auf die Schultern geklopft, und dann haben sie weiter Girlanden und Fahnen heruntergerissen. Niemand hat sie daran gehindert. Ein paar Passanten haben die Köpfe geschüttelt. Manche haben getan, als würden sie's nicht sehen.

Eine Straße vor meiner Schule habe ich Susi König und Gerda Weidenau getroffen. Sie haben heftig debattiert. Susi hat am Burgring genau solch einen Zusammenstoß zwischen Nazis und Vaterländischen gesehen, und auch da hat die Polizei die patriotischen Österreicher verhaftet und die Nazis laufenlassen.

»Du spinnst«, hat Gerda gesagt. »So was ist doch unmöglich; so was darf die Polizei doch gar nicht.«

In diesem Moment ist ausgerechnet Herta Kröger dahergekommen und hat sich gleich eingemischt; die hatte uns gerade noch gefehlt.

»Die Leute von der Vaterländischen Front sind lauter Rowdys«, hat sie gesagt. Und dann hat sie uns erzählt, sie hätte selbst gesehen, wie mindestens zehn Vaterländler ohne jeden Grund einen Streit mit bloß vier oder vielleicht höchstens sechs Männern angefangen hätten, die Hakenkreuz-Armbinden trugen und im Volksgarten dabei waren, die Tauben zu füttern.

»Du lügst«, hat Susi gesagt.

»Nein, aber du lügst«, hat Herta gesagt. »Sie lügt doch, nicht wahr, Gerda?«

Gerda hat »Ja« gesagt und sich hinter Herta gestellt.

Ich bin näher an Susi herangerückt, um zu zeigen, daß ich auf ihrer Seite war.

Herta hat ausgeholt; ihre Faust war schon ein paar Zentimeter vor Susis Kinn, da hat Gerda ausgestoßen: »Die Frau Direktor kommt!« und Susi hat den Arm im letzten Moment wieder sinken lassen.

Frau Direktor Waldemar ist gekommen. Sie trägt eine sehr dicke Brille, aber sogar damit sieht sie nicht gut.

»Guten Morgen, Frau Direktor«, haben wir gesagt, nachdem wir alle schnell ein anderes Gesicht aufgesetzt hatten.

Wenn sie uns beim Streit erwischt hätte, dann hätten wir alle nachsitzen müssen, und das wäre gerade heute sehr blöd gewesen, weil Mizzi mich nach der Schule abholen und mit mir zu Gerngroß gehen wollte.

Gerngroß ist das größte Kaufhaus in ganz Wien.

Wir haben Ballen und Ballen von allen möglichen Stoffen angeschaut und dann den allerschönsten ausgesucht: schimmernden, raschelnden, blauen Taft für mein Brautjungfernkleid. Und dazu blaues Samtband für eine Schärpe, und Haken und Ösen und Seidenband. Meine Eltern haben das bezahlt, natürlich. Das Kleid wird lang und fließend und bekommt eine richtige Taille!

Es ist zu schade, daß nicht irgendwelche guten Feen es über Nacht fertig nähen können! Denn morgen abend gehe ich in die Oper, und ich wollte, ich könnte es anziehen. So muß ich eben mein altes »Gutes« wieder anziehen; es ist aus braunem Samt und hat einen niedlichen kleinen weißen Piquékragen, und ich schau darin aus wie elfeinhalb, allerhöchstens.

Davon abgesehen, wie ich ausschauen werde; ich freue mich jetzt darauf, daß ich in die Oper gehen darf. Ich habe mich an meinem Geburtstag bloß deshalb nicht gleich über die Opernkarte gefreut, weil mir so gräßlich zumute war wegen Mamas Unfall und wegen der Grippe. Jetzt zähle ich schon die Stunden bis morgen abend. Ich habe auch das Libretto schon gelesen. Ich wollte nur, Mama könnte mitkommen; ich habe sie gefragt, ob es ihr sehr viel ausmacht, weil sie diese Aufführung verpaßt.

»Ach nein, ich habe den *Rosenkavalier* schließlich schon so oft gesehen«, hat sie gesagt. Aber es macht ihr doch etwas aus. »Es wird dir sicher sehr gefallen, Inge. Es wird sicher der aufregendste Abend deines Lebens!«

Mittwoch, 9. März 1938

Es ist tatsächlich der aufregendste Abend meines Lebens geworden, aber nicht so, wie meine Mutter sich das vorgestellt hat!

Immerhin bin ich jetzt ein »Backfisch«. Das ist eine blöde Bezeichnung, aber so wird man genannt, wenn man zwar schon groß genug ist, um in die Oper zu gehen und dergleichen, aber doch noch immer nicht richtig erwachsen ist. Und meine linke Hand habe ich auch noch immer nicht gewaschen . . .

Die Staatsoper liegt an der Ecke vom Opernring und der Kärntnerstraße. Das ist die eleganteste Straße von Wien, vor allem am Abend, wenn die Taxis und die Privatautos vorfahren und Leute in großer Abendtoilette aussteigen, um in die Oper und in die teuren Restaurants zu gehen.

Nun, gestern abend gab es keine Taxis, keine Privatautos, überhaupt keinen Verkehr in der Kärntnerstraße; es war schönes Wetter, deshalb sind wir zu Fuß gegangen. Die ganze breite Straße war voll von Menschen, vierzig oder noch mehr nebeneinander, und sie kamen aus der Richtung anmarschiert, in die wir wollten; manche gingen Hand in Hand oder hatten einander untergehakt. Sie riefen immer wieder im Sprechchor; zuerst konnten wir nicht verstehen, was sie schrien, und ich habe inständig gedacht: wenn es bloß keine Nazis sind! Mein Vater muß das gleiche gedacht haben; er hat mich beim Arm gepackt. Dann waren sie näher heran, und wir konnten sie richtig hören: »Rot-Weiß-Rot bis in den Tod!« und »Für ein freies, unabhängiges Österreich!« und »Es lebe Schuschnigg!«

»Inge, Inge, hör dir das an!« Papas Stimme war voll Erleichterung und Stolz.

Ich war begeistert; ich habe ihn am Arm gezogen, denn ich war sicher, daß er auch mit ihnen marschieren wollte. Er hat mich mit einem Ruck zurückgehalten und mich bei der Schulter genommen und herumgedreht. »Nein!«

»Aber wir sind doch auch dafür! Wir müssen mit ihnen marschieren!«

»Inge, das hier ist nichts für Kinder, das ist eine todernste Angelegenheit, und ich muß zuerst an deine Sicherheit denken. Und widersprich nicht.« Er schob mich weiter in die Richtung, aus der wir gekommen waren.

»Und was wird mit der Oper? Können wir nicht hingehen?«

»Nein. Wahrscheinlich ist die Vorstellung abgesagt worden.«

Wir sind gerade zu einer kleinen Seitenstraße gekommen, und plötzlich haben wir noch mehr Lärm und Schreien gehört.

»Schnell, da hinein!« Mein Vater hat mich in einen Toreingang geschoben. Im nächsten Augenblick sind aus dieser Seitenstraße ein paar Meter vor uns eine Masse Leute gestürzt und den Demonstranten entgegengerannt. Sie haben geschrien: »Nieder mit Schuschnigg!«

Papa hat mich an sich gezogen, aber ich hatte schon gesehen, wie die Fausthiebe auf Köpfe und Schultern und Magengruben prasselten. Und ich hörte den dumpfen Aufschlag, mit dem Menschen zu Boden stürzten.

In ein paar Minuten war alles vorüber. Die Nazis haben sich davongemacht; die Vaterländischen marschierten weiter. Ein paar Verletzte blieben zurück.

»Siehst du, was dabei passieren kann? Jetzt halte dich dicht an den Hausmauern und komm schnell.« Aber plötzlich ist mein Vater herumgewirbelt und ich auch. Jemand hat uns gerufen. »Onkel Franz! In-ge!« Die Stimme ist mitten in meinem Namen umgekippt.

»Was machst *du* denn hier? Willst du dich umbringen lassen?« Mein Vater und ich sind auf ihn zugerannt, auf einen großen, mageren Burschen . . . nein, einen Buben, der schon vornüber fiel. Mein Vater hat ihn gerade noch aufgefangen. »Ich hab dich, Tommi.«

Blut tropfte über Tommi Löwenbergs Stirn; er hatte auch Blut am Mund und auf dem Kinn.

Papa hat alle Hände voll zu tun gehabt, um Tommi aufrecht zu halten, deshalb habe ich ein Taschentuch aus seiner Manteltasche geholt und Tommi das Gesicht abgewischt. Er hatte einen Schnitt über der linken Augenbraue, aber nicht tief. Und das Blut am Mund und am Kinn war nur vom Nasenbluten.

»Leg den Kopf zurück, Tommi«, habe ich gesagt. Zu meiner eigenen Überraschung hat meine Stimme ganz ruhig geklungen, als ob ich es gewohnt sei, mit Leuten umzugehen, die bei einer Straßenschlacht verletzt worden waren.

Tommi hat den Kopf zurückgelegt, und ich habe ihm das Taschentuch auf die Nase gehalten, bis das Blut nicht mehr lief.

»Inge, lauf hinüber zum Neuen Markt und schau zu, daß du ein Taxi erwischst. Wir kommen langsam hinterher«, hat mein Vater gesagt.

Der Neue Markt war gleich um die Ecke. Ich bin losgerannt und habe mit beiden Armen nach einem großen, schwarzen Taxi gewinkt, und es hielt an.

Mein Vater hat Tommi halb getragen und halb gezogen und ihn ins Taxi gesetzt. Wir stiegen auch ein, und ich habe das Fenster heruntergekurbelt. Mein Vater hat Tommi Luft zugefächelt und ihn gefragt: »Bist du sonst noch wo verletzt, außer im Gesicht?«

»Jemand hat mich getreten, hier ...« Tommi hat gezeigt wo, und dann ist er ohnmächtig geworden.

»Chauffeur, bitte schnell ...« Mein Vater hat ihm Tommis Adresse gegeben.

Sobald das Taxi sich in Bewegung gesetzt hatte, hat Tommi die Augen schon wieder aufgemacht. Das Deckenlicht hat noch gebrannt, und so konnte ich seine Augen sehen. Sie sind hellgrau. Sie schauen aus wie Silber. Und sie haben einen schwarzen Rand rund um die Pupillen und dichte, lange, schwarze Wimpern. Ich muß Tommi noch nie zuvor richtig angeschaut haben, sonst hätte ich das doch bemerken müssen.

Tommi hat ganz auf die Seite gesunken gesessen, und als er wieder zu sich gekommen ist, hat er als erstes gesehen, daß ich da saß und ihn angeschaut habe.

»Wie geht es dir?« hat mein Vater ihn gefragt.

»Danke, besser, Onkel Franz. Es tut mir leid, daß ich dir so viel Scherereien mache.«

»Red keinen Unsinn. Dank dem lieben Gott, weil dir sonst nichts passiert ist!« Dann hat mein Vater ihn ausgescholten, als ob er sein Sohn wäre. »Wie bist du bloß auf die dumme Idee gekommen, da mitzumachen, ein halbwüchsiger Bub wie du?«

»Ich war längst nicht der jüngste«, hat Tommi stolz gesagt. »Es sind eine Menge Schüler dabeigewesen, die noch jünger waren als ich. Und ich hab's meinen Freunden versprochen gehabt, daß ich mitkomme; sie sind schon auf der Uni. Wir müssen alle mitmachen und protestieren, Onkel Franz! Wenn wir's nicht tun, dann wird's morgen zu spät sein, dann nehmen uns die Nazis unser Land weg, sie haben schon angefangen ...«

»Ja!« Ich fand, das sei die mutigste Rede, die ich jemals gehört hatte.

»Tommi, beruhige dich«, hat mein Vater gesagt. »Ich nehme an, du hast deinen Eltern nicht gesagt, wo du heute abend hingehst?«

»Nein.«

»Dann ist es gescheiter, ich bereite sie darauf vor. Chauffeur, bitte halten Sie einen Augenblick.« Das Taxi hat am Bürgersteig gehalten. »Warten Sie hier, ich bin gleich wieder da.« Mein Vater ist in ein Kaffeehaus gegangen, um zu telefonieren.

Der Chauffeur hatte das Deckenlicht ausgeschaltet. Er hat sich zurückgelehnt und leise vor sich hingepfiffen. Bis auf das schwache Licht einer Straßenlaterne und von den Scheinwerfern der vorübergehenden Autos war es dunkel im Taxi.

»Meine Eltern werden wütend sein«, hat Tommi gesagt.

»Und froh, weil dir nichts Schlimmeres passiert ist«, habe ich geantwortet.

Dann haben wir eine Weile geschwiegen.

Dann hat Tommi gesagt: »Es war wirklich ein Glück . . .« er hat mich angeschaut ». . . daß dein Vater gerade dahergekommen ist.«

Mir war zumute, als ob ich von einem Berg heruntergefallen sei.

»Und daß du gekommen bist«, hat Tommi gesagt.

Das Herz hat mir bis zum Hals geklopft.

»Weißt du was? Du bist nett«, hat Tommi gesagt, und dann hat er seine Hand auf die meine gelegt. Bloß eine Sekunde. Jetzt weiß ich, was gemeint ist, wenn es in Romanen heißt, daß jemand *die Sinne geschwunden* sind. Meine waren plötzlich weg . . . aber doch nicht richtig. Sie schienen sich in dieser Sekunde bloß alle in meiner Hand zusammenzuziehen, so daß meine Hand sich anfühlte, als ob sie mein ganzes Ich wäre. Aber sie hat sich auch angefühlt, wie kein Teil von mir sich jemals gefühlt hat. Als ob Funken hindurchfliegen würden. Als ob sie in Flammen aufgehen könnte.

Dann hat Tommi seine Hand zurückgezogen, und ich habe alles wieder gesehen und den Chauffeur pfeifen hören. Es war die Melodie von »Dein ist mein ganzes Herz, wo du nicht bist, kann ich nicht sein . . .«

Inzwischen ist es zwanzig Stunden später. Ich habe die Melodie noch immer im Ohr. Und meine Hand schaut allmählich gräulich aus. Ich werd sie ziemlich bald waschen müssen.

(Es ist ein Glück, daß dieses Tagebuch sich nicht von selbst auf der Seite mit meiner dummen Beschreibung von Tommi aufschlagen kann, die ich geschrieben habe, ehe ich wußte, wie er wirklich ist.)

Seine Eltern haben schon vor dem Haus auf ihn gewartet. Tante Marianne hat Tommis Kopf zu sich heruntergezogen und ihr Gesicht in seinem zerzausten Haar versteckt, und dann hat sie ihn abgeküßt, und dann hat sie ihn angeschrien: »Du Lausbub, du dummer Kerl, wie kannst du bloß so was machen, du weißt doch, daß wir schon genug Sorgen haben!« Die Tränen sind ihr über das Gesicht gelaufen.

Onkel Herbert hat sie alle beide in die Arme genommen. Dann hat Tante Marianne meinen Vater und mich an sich gezogen. Die Passanten werden sich gewundert haben, warum sich da fünf Leute so aneinandergedrängt haben.

»Wie sollen wir dir nur danken?« hat Tante Marianne gesagt.

»Wozu sind Freunde da?« hat mein Vater sie zitiert.

Als wir heimgekommen sind, bin ich sofort in mein Zimmer gegangen, damit ich allein mit meinen Gedanken sein konnte.

»Das arme Häschen, was für eine Enttäuschung für sie«, habe ich Mama sagen hören. Im ersten Augenblick wußte ich gar nicht, wovon sie redete. Ach ja, die Oper!

Es hat sich so viel ereignet, was ich aufschreiben wollte, daß ich gar nicht dazu gekommen bin, auch noch die Volksbefragung zu erwähnen. Das werde ich morgen nachholen.

DONNERSTAG, 10. MÄRZ 1938

Eine große Neuigkeit: Es wird eine Volksbefragung geben. Bundeskanzler Schuschnigg hat das gestern in Innsbruck in einer Rede angekündigt, und alle haben gejubelt, alle sind dafür. Sie wird am nächsten Sonntag sein, am 13. März.

Die ganze Stadt ist schon dafür geschmückt wie für ein Fest. Die Leute von der Vaterländischen Front müssen die ganze Nacht gearbeitet haben, um all die Fahnen und Girlanden aufzuhängen und überall die riesigen Plakate anzukleben mit: WÄHLE JA, JA, JA FÜR ÖSTERREICH! Und: ES LEBE ÖSTERREICH! Viele Plakate sind ein Porträtfoto von Bundeskanzler Schuschnigg, hundertmal größer als lebensgroß, mit funkelnden Brillengläsern und würdevollem, zuversichtlichem Gesichtsausdruck. Flugzeuge haben einen Schneesturm von Flugzetteln auf die Stadt herabschneien lassen; sie liegen überall auf den Fahrbahnen und den Bürgersteigen und wirbeln im Wind herum. Es gibt sogar rot-weiß-rotes Konfetti. Alles ist so patriotisch! In der Herrengasse gibt es ein Palais, in dem jetzt Büros sind und vor dem zwei Löwen aus Stein den Eingang bewachen, und heute morgen, als ich auf dem Schulweg dort vorbeigekommen bin, da hatten sogar die beiden Löwen österreichische Fahnen im Maul stecken.

Und die Leute auf der Straße haben auch nicht so mürrisch dreingeschaut wie meistens sonst morgens früh auf dem Weg zur Arbeit. Viele haben vor sich hingelächelt, und die Männer haben die Hüte gezogen und freundlich gegrüßt. Und – Hokuspokus! – über Nacht waren alle antisemitischen Schmierereien auf den Mauern verschwunden.

Die Polizei hat die ganze Ringstraße abgesperrt, um »Unruhen« zu vermeiden. Aber es sind gar keine Nazi-Gruppen mehr unterwegs! Ich muß inzwischen an den Anblick von Hakenkreuz-Abzeichen und Armbinden gewohnt sein, denn heute morgen auf dem Schulweg ist mir aufgefallen, daß ich *kein* einziges gesehen habe. Das war direkt seltsam. Dann habe ich mir gedacht – wahrscheinlich bin ich ein Optimist – ein Glück, sie sind alle nach Deutschland gegangen; sie haben sicher eingesehen, daß es doch genügt, wenn Deutschland ihnen gehört, und sie lassen Österreich in Ruhe.

Ich weiß nicht, ob es bloß ein Zufall war, aber Herta und Brigitte, die beiden größten Nazis in unserer Klasse, haben heute gefehlt.

Susi König findet das unheilverkündend. Ihr Vater ist Journalist und Korrespondent einer Schweizer Zeitung, und er ist der Meinung, daß die Nazis nicht fortgegangen sind, sondern sich nur irgendwo verstecken und etwas ausbrüten und auf neue Befehle aus Deutschland warten.

Fräulein Pappenheim schien diese Meinung nicht zu teilen. Sie war in guter Stimmung und hat eine Klassenarbeit verschoben, die wir eigentlich schreiben sollten, und hat statt dessen mit uns über die Volksbefragung gesprochen. Denn das ist ein historisches Ereignis. In der ganzen Geschichte Österreichs hat es noch nie zuvor eine gegeben, und sie wird ein gutes Beispiel in angewandter Demokratie sein. Jeder erwachsene Österreicher hat eine Stimme: *Ja* für ein freies, unabhängiges Österreich. Oder *Nein*, wenn er dagegen ist. Aber wer wird schon mit *Nein* stimmen? So wie diese Frage formuliert ist, werden sogar die eingefleischten Nazis zuerst als Österreicher wählen und *Ja* sagen. Fräulein Pappenheim sagt uns nur sehr selten ihre private Meinung über irgend etwas, aber sie ist sicher, daß das Wahlergebnis fünfundneunzig Prozent *Ja* sein wird, vielleicht sogar noch mehr. Das wird Hitler und der ganzen Welt zeigen, was Österreich wirklich will; dann wird Hitler es nicht mehr wagen, von einem »Anschluß« Österreichs an Deutschland zu reden. Das ist einfach unmöglich!

Am Ende der Stunde haben wir in der Klasse eine Volksbefragung abgehalten. Das Ergebnis war einstimmig *Ja*.

Heute war die Schule schon um elf Uhr aus, damit die Großen aus den Oberklassen und die Lehrer mehr Zeit haben, als Wahlhelfer für das Volksbefragungskomitee zu arbeiten, wenn sie wollen.

Susi König, Anni Hopf und ich sind gerade die Herrengasse hinuntergegangen, als ein Flugzeug dicht darüber hinweggeflogen ist. Wir haben uns geduckt; es klang, als ob es gleich über unseren Köpfen wäre. Es hat einen Regen von Flugzetteln heruntergeworfen, die auf den Dächern, den Fenstersimsen und auf der Straße gelandet sind. Ein Taubenschwarm ist mit lautem Gurrem aufgeflogen. Wir haben ganze Bündel von Zetteln aufgeklaubt . . . JA für Österreich . . . ist darauf gestanden . . . und wir haben uns damit an der nächsten Kreuzung hingestellt und haben sie an die Passanten verteilt. Die meisten Leute hatten schon einen, aber sie haben aus Freundlichkeit noch einen genommen.

»Fein, daß du so früh heimkommst!« Mizzi hatte ihren neuen Hut mit dem Büschel künstlicher Kirschen auf. »Ich muß aufs Postamt. Wenn ich heimkomme, hab ich eine Überraschung für dich.«

»Was, Mizzi? Geh, sag's mir lieber gleich, du kommst doch an deinem freien Nachmittag nie vor Mitternacht heim!«

»Jetzt hab ich keine Zeit mehr dafür.« Mizzi ist zur Tür hinausgeeilt.

Ich bin in ihr Zimmer gegangen, um nachzuschauen, ob nicht irgend etwas Verräterisches herumlag. Damit hatte Mizzi offensichtlich gerechnet und ihren Nähtisch und die Nähmaschine mit einem alten Bettlaken zugehängt. Ich wollte gerade einen Zipfel hochheben und darunterschauen, da hat es an der Tür geläutet.

Es war Gustl, der Laufbursche vom Verlag, der Mama neue Manuskripte brachte und die fertigen abholte.

Ich war gerade wieder in Mizzis Zimmer gegangen, da hat es schon wieder geläutet. Diesmal hat ein Laufbursche ein großes langes Paket abgegeben; es waren die Krücken, die der Herr Dr. Feuerwerker bestellt hatte.

»Die kommen gerade im richtigen Moment«, hat Mama gesagt und sie sofort ausprobiert. Ich habe ihr geholfen, die gepolsterten Stützen richtig unter die Armhöhlen zu schieben. Ich habe die

Arme ausgebreitet und gehofft, ich würde sie auffangen können, falls etwas schiefging.

»Schau, ich schaff es, Inge!« Sie war ganz aufgeregt. Dann noch ein Schritt, und noch einer und noch einer. Sie ist vom Bett bis zur Couch am anderen Ende des Wohnzimmers gehumpelt. Ich bin dicht neben ihr gegangen.

»Das brauchst du nicht, Inge, ich schaff es schon!« Sie hat versucht, schneller zu humpeln. Mir war noch nie zuvor aufgefallen, wie groß unser Wohnzimmer ist. Meine Mutter war schon halb wieder zurück; sie hat einen Augenblick innegehalten, um auszuruhen. Ich bin zu ihr gegangen.

»Nein, hilf mir nicht.« Sie hat den Rest des Weges auch noch allein geschafft und hat sich erschöpft aber glücklich wieder ins Bett gelegt.

Später, als mein Vater heimgekommen war, ist sie hinaus in den Flur gehumpelt. »Eine Überraschung!«

Er hat sie in die Arme genommen und hat sie zurücktragen wollen, aber sie hat ihn nicht gelassen, und mein Vater hat sie ausgescholten: »Du bist unfolgsam! Der Arzt hat dir verboten, jetzt schon das Gehen zu probieren! Er hat gesagt, nicht vor der nächsten Woche.«

Mama hat gelacht: »Ja, aber da hat er auch noch nicht gewußt, daß es eine Volksbefragung gibt! Ich muß ein bißchen üben, damit ich wählen gehen kann.«

Das Wahllokal für unsere Straße wird in meiner alten Schule in der Löwengasse sein; das ist drei Straßen weit von uns.

»Es ist viel zu weit, Hannerl. Aber das Wahlkomitee organisiert schon etwas, damit auch die Leute wählen können, die nicht bis ins Wahllokal laufen können. Sie werden einen Rollstuhl schicken, wir müssen nur rechtzeitig Bescheid geben.«

»Nicht für mich! Ich geh auf meinen eigenen zwei Beinen wählen!«

»Bestimmt nicht, wenn du es heute schon übertreibst«, hat mein Vater gesagt.

Dann ist Oma Sofie mit Usch und einer Tasche voll Essen gekommen. Usch hat das Nachtmahl für uns gerichtet. Ich habe keine Gelegenheit mehr gehabt, um in Mizzis Zimmer herumzuschnüffeln, denn es liegt hinter der Küche, und Usch hätte wissen wollen, was ich darin verloren habe.

Es hat Roastbeef gegeben, so zäh wie Schuhleder, und beim Essen haben alle nur von der Volksbefragung gesprochen. Oma Sofie hat am meisten geredet, vielleicht weil sie besser an Uschs Kocherei gewöhnt ist und deshalb schneller kauen konnte als wir. Sie ist so glücklich und erleichtert, weil sie jetzt, dank der Volksbefragung, doch daheim in Wien bleiben kann, in ihrer geliebten Wohnung, zwischen ihren eigenen Sachen und zusammen mit Usch, die sie auch schrecklich vermißt hätte, und nicht nach Zürich zu Tante Emmi und Onkel Hugo ziehen muß.

Ich habe den Nachtisch herumgereicht (sehr trockener Pflaumenkuchen). Jetzt war die Gelegenheit.

Ich bin in Mizzis Zimmer gegangen, habe das Laken heruntergezogen, und da hat mein neues Kleid gelegen und in all seiner Pracht geschimmert! Vorsichtig, vorsichtig, falls ein Stück davon vielleicht nur erst zusammengereiht war, habe ich es hochgenommen. Ich bin vor Mizzis Schrank gegangen, in dem innen an der Tür ein hoher Spiegel ist. Ich habe mir das Kleid vorgehalten und mich betrachtet.

Plötzlich ist Usch im Spiegel hinter mir aufgetaucht. »Ich hab mich gewundert, wo du hin bist, so gerade rechtzeitig, damit du nicht helfen mußt, den Tisch abzuräumen. Was hast du denn da?«

Ich habe ihr sagen müssen, warum ich ein neues Kleid bekomme, und wen Mizzi heiratet, und wann und wo.

»Hmmm!« hat Usch gemacht und den Kopf geschüttelt; entweder über den Einfall, am 1. April zu heiraten, oder darüber, daß ich Brautjungfer sein sollte, oder über beides.

Ich habe das Kleid wieder auf den Nähtisch gelegt und das Laken so darüber gezogen, wie es vorher war.

Mizzi ist heute früher heimgekommen als sonst. Ich war noch auf. Sie ist mit einer flachen Schachtel unter dem Arm in mein Zimmer gekommen. »Rat mal, was darin ist.«

Es war ihre Sonntagstracht. Ihre Schwester hat sie ihr aus Mondsee geschickt, aber herzeigen wollte Mizzi sie nicht.

Wenn wir im Sommer dort in den Ferien sind, sehe ich sonntags jede Menge Feiertagstrachten, wenn die Leute morgens in die Kirche gehen. Und jetzt wollte Mizzi mir ihre Tracht nicht zeigen, weil sie auf einmal ein Hochzeitskleid war, und weil irgendein Mädchen aus der Nachbarschaft ihr eingeredet hat, daß es Unglück bringt, wenn man ein Hochzeitskleid vorher herumzeigt.

»Aber du hast doch gesagt, du hättest eine Überraschung für mich?« Ich habe so getan, als ob ich es nicht längst wüßte.

»Komm mit.« Sie hat mich mit in ihr Zimmer genommen. Ich habe es mir nicht anmerken lassen, daß ich schon dort gewesen war.

»Siehst du? Es ist schon fertig, bis auf den Saum.«

»Oh, es ist wunderschön, Mizzi!«

»Probier's mal an, wie du darin ausschaust.«

Es paßt mir genau, bloß oben herum ist es ein bißchen weit. Mizzi hat gesagt: »Das macht nix. Du hast noch drei Wochen, um dich ein bißchen auszupolstern.«

Dann bin ich zu Bett gegangen, aber ich habe nicht schlafen können.

Es ist wirklich dumm, so abergläubisch zu sein, und wenn es jetzt nicht mitten in der Nacht wäre, dann würde ich das wahrscheinlich auch nicht aufschreiben, aber ich wollte, Schuschnigg hätte ein anderes Datum ausgesucht. Ich muß immerzu an den letzten Dreizehnten denken, und was für ein schlechter Tag das war.

Freitag, 11. März 1938

Susi König hat ihre Geburtstagsgesellschaft abgesagt.

Mama liegt wieder flach auf dem Rücken und hat Schmerzen. Sie hätte sich nicht so viel bewegen dürfen. Sie hätte sowieso niemals auf Krücken bis zum Wahllokal gehen können. Obendrein ist die Volksbefragung auch abgesagt worden.

Heute morgen, als ich in die Schule gegangen bin, haben noch überall die Plakate mit WÄHLE JA und den Schuschnigg-Bildern gehangen,und alles hat so ausgeschaut wie gestern. Aber dann bin ich an einem Zeitungskiosk vorbeigekommen und habe die riesigen Schlagzeilen gesehen: BLUTIGE UNRUHEN IN WIEN! CHAOS IN ÖSTERREICH!

Ich habe Angst bekommen. Ich habe gedacht, daß ich gleich hinter der nächsten Ecke noch schlimmere Straßenkämpfe als je zuvor sehen würde und vielleicht Blut im Rinnstein fließen. Ich habe mir überlegt, daß ich beim ersten Anzeichen einer Menschenansammlung kehrtmachen und heimrennen würde.

Aber die Straßen waren völlig friedlich. Auf dem ganzen Schulweg hat sich überhaupt nichts ereignet.

Lisl Müller und Ilse Holtzer haben sich über die Schlagzeilen unterhalten. Ich habe sie gefragt, ob sie irgendwelche Unruhen in den Straßen gesehen haben. Sie hatten genauso wenig gesehen wie ich.

»Es stimmt aber«, hat Brigitte sich aufgeregt eingemischt. »Die Sozialdemokraten wollen eine Revolution anfangen!«

»Ja, genau wie in Rußland«, hat Gerda gesagt.

»Das ist ein ausgemachter Schmarrn und bloß Nazi-Propaganda«, hat Susi König gesagt, die gerade mit Anni Hopf gekommen war. »Die Nazis verbreiten alle diese Lügen, damit Hitler einen Vorwand hat und sagen kann: Nun, wenn in Österreich das Chaos herrscht, dann bleibt mir leider nichts anderes übrig, dann muß ich eben einmarschieren und für Ordnung sorgen.«

»Dein Vater ist ein Roter, also zählt deine Meinung nicht«, hat

Brigitte gesagt. »Ich werd nachher Fräulein Pappenheim fragen, dann wirst du schon sehen.«

Fräulein Pappenheim hat düster dreingeschaut. Sie trägt immer gedämpfte Farben, Dunkelblau, Grau oder Braun. Heute war sie ganz in Schwarz.

»Fräulein Pappenheim, es stimmt doch, daß die Sozialdemokraten Unruhen angefangen haben, nicht wahr?« hat Brigitte sofort gefragt, nachdem die Namen aufgerufen worden waren.

Fräulein Pappenheim hat schmale Lippen, wie zwei Bleistiftstriche. Wenn sie die Lippen schürzt, verschwinden sie völlig. »Ich bin kein politischer Kommentator«, war das einzige, das sie diesmal sagen wollte.

Mister Cookson, unser Englischlehrer, ist nicht erschienen, um seine Stunde zu geben. In der Schule gehen Gerüchte um, er sei Hals über Kopf heim nach England gefahren. Fräulein Pappenheim hat die Klasse übernommen. Ihr Akzent im Englischen ist sogar noch schlimmer als Opa Oskars.

In Latein mußte Lisl Müller diesen Satz aus Ciceros Briefen an Atticus übersetzen: »Bis jetzt bin ich noch keinem Mann begegnet, der nicht lieber Cäsars Forderungen nachgeben würde, anstatt zu kämpfen . . .« Frau Professor de Graaf hat laut geschnieft, und wir haben gesehen, daß sie Tränen in den Augen hatte.

Dann ist Frau Vollmer hereingekommen, die Sekretärin von Frau Direktor Waldemar, und hat bekanntgegeben: »Der Unterricht ist für heute beendet. Die Schule bleibt bis auf weiteres geschlossen. Alle Schülerinnen müssen auf dem kürzesten Weg und so schnell wie nur möglich nach Hause gehen. Frau Direktor Waldemar wünscht, daß auf gar keinen Fall in den Straßen herumgelungert wird.« Frau Vollmer ist wieder gegangen.

Einen Augenblick lang hat tiefe Stille geherrscht, dann begann ein Murmeln und Flüstern, und plötzlich ist Herta von ihrem Platz aufgesprungen und hat geschrien: »Hurra, es ist soweit!« Und Brigitte hat angefangen: »Heil Hit . . .«

Fräulein Pappenheim hat mit dem Zeigestock auf ihr Pult geschlagen. »Ruhe! Die Stunde ist noch nicht abgeschlossen! So, und nun packt eure Mappen zusammen und geht mit Anstand!«

Zu meiner ungeheuren Erleichterung hat Mizzi schon draußen auf mich gewartet. Das Radio hat angekündigt, daß die Schulen geschlossen werden, und da hat Mama sie sofort losgeschickt. Ich brauchte nicht allein heimzugehen.

In den Straßen hat es so ausgeschaut wie in den Wochenschauen, die ich von Berlin und von anderen deutschen Städten gesehen habe. Der Verkehr war so gut wie lahmgelegt, so viele Nazis marschierten überall herum, in Lederstiefeln bis zu den Knien und braunen und schwarzen Uniformen und Pistolen am Gürtel.

»Mizzi, sind das lauter Deutsche? Sind sie wirklich in Österreich einmarschiert?«

»Nein, das sind unsere eigenen Nazis, das sind genauso Österreicher wie der Hund da drüben am Wasserhydranten, und wie die Flöhe, die er hat! Die Deutschen sind noch nicht einmarschiert, aber sie werden bald kommen!« Mizzi hat geschluckt und angefangen zu weinen. »Schuschnigg hat die Reservesoldaten einberufen! Der Ferdl ist schon fort, auf dem Weg zur Kaserne, zu seinem Regiment und von dort weiß Gott wohin. Der Krieg kann jeden Moment ausbrechen, mit Maschinengewehren und Giftgas und Gott weiß was sonst noch, das riesige Deutschland gegen uns kleines Österreich, und mein Ferdl wird . . .«

»Mizzi, sag's nicht!« Ich habe ihr die Hand auf den Mund gelegt.

Es gab keine Trambahnen; wir mußten zu Fuß gehen. Mizzi hat den ganzen Heimweg geweint. Als wir daheim die Wohnungstür aufgeschlossen haben, ist der Ferdl dagestanden . . . in Zivil! »Gott sei Dank!« hat Mizzi ausgestoßen und die Arme um ihn geschlungen. Der Einberufungsbefehl für die Reserve war schon wieder zurückgenommen worden.

»Inge, bist du da?« hat meine Mutter aus dem Wohnzimmer gerufen.

Mein Vater und Opa Oskar und Oma Sofie und Usch waren da,

und das Radio lief. Ich habe mich zu Mama auf den Bettrand gesetzt und auch zugehört: »Die Entwicklung der Regierungskrise ... Hitler verlangt den Rücktritt von Bundeskanzler Schuschnigg ... Schuschnigg erwartet eine Entscheidung von Bundespräsident Miklas ... Wenn keine unvorhergesehenen Umstände eintreten, scheint eine Kapitulation unvermeidlich ...«

Zwischen den Nachrichten wurde Musik gesendet, Märsche und etwas, das nach Mozart oder Haydn klang.

Dann ist eine Reportage direkt vom Ballhausplatz gekommen, vor dem Bundeskanzleramt. »Eine Menge von Tausenden von Menschen hat sich hier versammelt«, hat der Sprecher gesagt. Dann schwoll ein Brüllen an: »Sieg Heil, Sieg Heil!« und dann kam ein Schrei: »Schuschnigg an die Laterne!«

Ich war entsetzt. »Ob sie so was wirklich tun würden?« habe ich gefragt.

Meine Mutter hat genickt.

»Ich versteh nicht, was los ist. Kann denn niemand etwas tun? Wird die Regierung stürzen?«

Alle haben mir gesagt, ich soll still sein, denn es wurde eine neue Meldung vorgelesen.

Opa Oskar hat auf die Armlehne seines Sessels geklopft. Ich habe mich zu ihm gesetzt, und er hat mir die Lage erklärt: Hitler wollte keine Volksbefragung in Österreich, weil er genau wußte, daß die Nazis, die den Anschluß an Deutschland wollen, in der Minderheit sind und sich nur mit Gewalt durchsetzen können, aber nicht in einer demokratischen Wahl. Deshalb hat Hitler unserem Bundeskanzler Schuschnigg ein Ultimatum gestellt: entweder er setzt die Volksbefragung wieder ab, oder die deutschen Truppen marschieren ein. Und Schuschnigg hat nachgegeben. Aber wenn man jemand wie Hitler den kleinen Finger gibt, dann will er auch noch die ganze Hand und den Arm und den ganzen Rest noch dazu. Jetzt verlangt Hitler, daß die ganze österreichische Regierung zurücktritt und der Nazi Seyß-Inquart Kanzler wird. Aber Bundespräsident Miklas, der ein sehr tapferer Mann ist, weigert sich,

Schuschniggs Rücktritt anzunehmen und Seyß-Inquart an seiner Stelle zu ernennen. Es wird ihm aber gar nichts anderes übrig bleiben. Es sei denn, daß Italien und Frankreich und England uns doch noch im allerletzten Moment zur Hilfe kommen. Aber daran glaubt Opa Oskar nicht mehr.

»Reichsfeldmarschall Göring berät sich wieder telefonisch mit Herrn Dr. Seyß-Inquart . . .« meldete das Radio gerade, als es an der Tür läutete.

»Warum geht diese Mizzi nicht hin und schaut nach, wer das ist?« hat Usch gesagt.

Weil Ferdl da ist und sie im Moment was Wichtigeres zu tun haben, hätte ich Usch gerne geantwortet, bloß geht sie das alles gar nichts an. Ich bin zur Tür gegangen.

Es war Evi. »Meine Eltern wollen nicht, daß ich Radio höre. Sie sagen, das ist nichts für Kinder.«

»Komm und hör bei uns mit«, wollte ich sagen.

»Komm mit hinunter in den Hof«, hat Evi gesagt.

Sie ist wirklich noch ein Baby, habe ich mir gedacht, und dann zu meiner eigenen Überraschung: und *ich* auch, manchmal! Aber vielleicht sollte ich dem Radio und den verzweifelten Gesichtern und dem ständigen Pst-sei-still wirklich lieber eine Weile entgehen. Ich habe gesagt: »Gut, ich komme mit.«

Und wenn mich später einmal jemand fragen wird, was ich an dem Tag gemacht habe, an dem Österreich starb, dann werde ich zugeben müssen, daß ich mindestens eine Stunde lang damit verbracht habe, einen Kieselstein in Kreidekästchen auf dem Boden zu werfen, hinter ihm her zu hupfen und ihn dann weiter zu werfen. Ich habe mit Evi-von-oben Himmel und Hölle gespielt.

Ich habe nichts versäumt. Die Nachricht, daß die Regierung gefallen war, ist erst um acht Uhr abends gekommen.

Da ist mir dieses Bild durch den Kopf gezuckt: Bundespräsident Miklas (nebenbei: er hat vierzehn Kinder!) und Kanzler Schuschnigg und alle Minister haben auf dem Ballhausplatz auf dem Pflaster gelegen, alle erschossen, und Männer in braunen und schwarzen Uniformen haben ihre Gewehre wieder auf die Schulter genommen.

Aber das ist nicht passiert. Niemand ist erschossen worden.

Der Nachrichtensprecher hat angekündigt, daß Bundeskanzler Schuschnigg eine Rede halten wird. Ich habe Mizzi aus der Küche geholt: »Komm schnell, das mußt du auch hören!«

»Meine österreichischen Mitbürger . . .« Seine Stimme klang, als ob er weinen würde! Das hat mich sehr überrascht. Ich hätte nie gedacht, daß Menschen wie Bundeskanzler und dergleichen auch weinen. Er hat gesagt, daß er der Gewalt weicht und zurücktritt. Seyß-Inquart wird der neue Kanzler sein. Schuschnigg hat gesagt, er schwört vor der ganzen Welt, daß die Gerüchte über Unruhen und Blutvergießen »von A bis Z erfunden sind«. Aber es würde tatsächlich Blut vergossen werden, wenn er im Amt bliebe. Dann hat er richtig geweint, als er sagte: »Ich verabschiede mich in dieser Stunde von dem österreichischen Volke mit einem deutschen Wort und einem Herzenswunsch: Gott schütze Österreich!«

Mein Vater ist zu Oma Sofie gegangen. Sie hat die Arme um ihn gelegt und den Kopf an seine Brust gedrückt. Er hat ihr über das Haar und die Schultern gestreichelt. Dann hat er ihre Arme gelöst und ist zu Mama gegangen und hat sie getröstet und dann mich.

Oma Sofie hat sich an Usch geklammert.

»Jessas Maria!« Mizzi ist in Schluchzen ausgebrochen und hat sich bekreuzigt. »Was soll jetzt aus uns werden?«

»Beruhige dich doch, du dummes Mädchen«, hat Usch gesagt. »Dir passiert doch nix!«

Und uns? habe ich mich im stillen gefragt. Ich hatte Angst, ich war traurig, natürlich, aber im geheimen war ich auch aufgeregt. »Kommt jetzt der Anschluß?«

»Ja«, haben Papa und Opa Oskar geantwortet.

»Und wirst du jetzt ein Einwanderungsvisum beantragen, Franzl?« hat Mama gefragt.

»Ja, jetzt schon«, hat mein Vater gesagt.

»Das ist die erste und einzige gute Nachricht, die ich heute gehört habe. *Mazel tov*«*, hat Opa Oskar gesagt.

Samstag, 12. März 1938

Gott hat Österreich nicht geschützt. Nicht einmal seinen Namen. Es wird jetzt »die Ostmark« genannt, und es gehört zu Deutschland.

Ich schäme mich für das, was ich gestern geschrieben habe, daß ich das alles im geheimen sehr aufregend finde. Ich habe nicht gewußt . . .

Heute ist etwas passiert, das ein Loch in die Welt gerissen hat, so hat es sich jedenfalls angefühlt. Gestern hätte ich mir nicht einmal im Traum vorstellen können, daß es so etwas überhaupt geben kann. Ich werde alles ganz ruhig aufschreiben, sonst öffnet sich das Loch wieder und mir wird wieder zumute sein, als ob es mich gleich verschlingen würde.

Heute morgen hat es lange und laut bei uns geläutet; ich habe gedacht, es ist mitten in der Nacht, aber es war Viertel vor sechs. Ich habe gehört, wie Mizzi zur Wohnungstür gerannt ist, und ich bin auch aufgestanden und habe meine Zimmertür einen Spalt aufgemacht.

Drei Männer in braunen SA-Uniformen und schwarzen Stiefeln haben sich in unseren Flur gedrängt.

»Heil Hitler, Fräulein«, haben sie zu Mizzi gesagt. Ihre Stimmen klangen wienerisch.

Mizzi hat sich die Augen gerieben und das Umschlagtuch fester um ihre Schultern gezogen und nicht zurückgegrüßt.

»Was ist los, Fräulein, haben Sie die Sprache verloren?« hat der eine scherzend gefragt.

* Mazel tov = soviel wie »viel Glück«.

»Was möchten Sie hier?« hat Mizzi gefragt.

»Sie genügen«, hat der zweite gesagt, auch wie im Scherz.

»Klaus, benimm dich«, hat der dritte gesagt. »Wir sind im Dienst. Wir wollen diesen Juden, Oskar Reichmann.«

»Herrn Reichmann? Warum?«

Ich habe Vaters Schritte in dem kleinen Flur vom Schlafzimmer her gehört. Er hat bemerkt, daß meine Tür einen Spalt aufstand, und hat sie im Vorbeigehen zugezogen. Ich bin ganz still dahinter stehengeblieben und habe gelauscht.

»Sind Sie Reichmann?« hat ein SA-Mann gefragt.

»Nein. Herr Reichmann schläft noch. Ich bin sein Schwiegersohn. Kann ich Ihnen behilflich sein?« hat mein Vater sehr höflich geantwortet.

»Das können Sie. Ziehen Sie sich an und holen Sie Ihre Zahnbürste. Aber Reichmann muß auch ›behilflich‹ sein, also wecken Sie ihn auf. Wenn Sie nicht wollen, machen wir das.«

Inzwischen war Mama aufgewacht und hat an die Wand zu meinem Zimmer geklopft, um mich zu rufen. Von meinem Zimmer führt eine zweite Tür direkt ins Wohnzimmer. Ich bin hinübergegangen und habe ihr berichtet, was ich gesehen und gehört hatte. »Mama, warum nehmen sie Papa und Opa mit? Und wohin? Wann kommen sie wieder?«

Mama hat den Kopf geschüttelt.

Vielleicht nie.

Sie hat es nicht gesagt, aber ich habe es in ihrem Gesicht gelesen.

»Pa . . .« habe ich angefangen zu schreien. Meine Mutter hat mir die Hand auf den Mund gepreßt. Ich habe mit den Zähnen geklappert. Sie hat mich zu sich ins Bett gezogen, und ich habe mich an sie gedrückt. Sie war warm, aber ich habe gezittert, und konnte nicht aufhören.

Wir haben gehört, wie mein Vater nebenan an die Tür des Herrenzimmers geklopft hat: »Vater, wach auf . . .«

Nach einer Weile ist mein Vater zu uns hereingekommen. Er war gekleidet, als ob er ins Büro gehen würde. Er hat gesagt: »Macht euch keine Sorgen. Sie holen uns nur zum Straßenfegen, das ist alles.« Er hat Mama einen Kuß gegeben, dann mir. »Wir kommen sicher bald wieder.«

Dann hat Opa Oskar hereingeschaut. Er hatte sich angezogen wie für die Synagoge. Er hat gesagt: »Keine Sorge, wir kommen wieder«, und die Hand grüßend gehoben und die Tür hinter sich zugezogen.

Dann haben wir gehört, wie die Wohnungstür zugefallen ist.

Dann hat Mama ihr Kopfkissen zusammengeknäult und mit den Fäusten darauf geschlagen und mit ersticktem Flüstern in das Kissen hineingesagt: »Sie werden nicht wiederkommen. Wir werden sie nie wieder sehen.«

Sie hat so heftig geschluchzt, daß das Bett gebebt hat. Mir war zumute wie in einem Alptraum. Gleichzeitig bin ich sehr wütend geworden; ich hätte sie am liebsten gebeutelt und geschrien: *Du* bist die Mutter, *du* mußt mich trösten!

Einen Augenblick habe ich gedacht, daß ich das vielleicht wirklich geschrien habe, denn meine Mutter hat aufgehört zu schluchzen und sich zu mir herumgedreht und versucht, sich wieder zu beherrschen. »Bitte, reich mir meine Zigaretten und das Feuerzeug her.«

Ich habe ihr beides gegeben. Sie hat eine Zigarette aus dem Etui genommen, das Feuerzeug angezündet, einen Zug genommen ... und schien wieder sie selbst zu sein. »Inge, vergiß, daß du mich so gesehen hast. Sie kommen wieder. Natürlich kommen sie wieder heim.«

Mizzi ist hereingekommen. »Gnädige Frau ... gnädige Frau ... und *ich* hab die Tür aufgemacht ...« Mizzi hat sich das Gesicht mit dem Schürzenzipfel abgewischt.

»Natürlich. Erstens hast du keine Ahnung gehabt, wer davor steht. Und wenn du es geahnt und *nicht* aufgemacht hättest, dann hätten sie die Tür wahrscheinlich eingeschlagen. Also mach dir keine Vorwürfe, Mizzi. Hilf mir jetzt ins Badezimmer.«

Mama hat sich gewaschen und angezogen und ich auch. Mizzi hat uns das Frühstück gebracht. Wir haben Zucker in den Kaffee gegeben und umgerührt, wir haben Butter und Marillenmarmelade auf die Brotscheiben gestrichen, nur um etwas zu tun zu haben.

»Inge, schalt das Radio an.«

». . . heute kehrt Adolf Hitler in das Land seiner Geburt heim«, hat der Radiosprecher gesagt, mit überglücklicher Stimme. »In Braunau am Inn, der kleinen Geburtsstadt des Führers, wartet die Menge schon auf ihn, bereit, den ganzen Tag lang zu warten, wenn es sein muß, und sie haben die Arme voll Blumen und die Herzen voller Liebe. Und überall in der ganzen deutschen Ostmark stößt die Bevölkerung Seufzer der Erleichterung aus, weil durch das Eingreifen der Kampftruppen unseres Fühers, der SA und der SS, die Unordnung und das Blutvergießen beendet und die Ruhe wieder hergestellt wurden. Überall herrscht Jubel und . . .«

»Schalt wieder aus!« Mama hat die Beine aus dem Bett geschoben. »Gib mir meine Krücken. Ich werde ein paar Telefonanrufe machen.«

»Wen willst du anrufen?« Ich bin ihr ins Herrenzimmer gefolgt.

»Jeden, der vielleicht irgend etwas weiß. Zuerst die Polizei. Schließlich sind wir noch immer Bürger dieses Landes, es gibt in Österreich noch keine Ausnahmegesetze, so wie in Deutschland, die uns unsere Bürgerrechte nehmen. Aber vielleicht haben sie diese Ausnahmegesetze über Nacht eingeführt? Nun, das wird sich zeigen.« Sie hat sich eine neue Zigarette angezündet und im Polizeipräsidium angerufen. Ihre Stimme hat ganz sicher geklungen. Während sie darauf gewartet hat, daß die Zentrale sie mit dem richtigen Büro verbindet, hat sie mich gebeten: »Würdest du mir mein Adreßbuch holen? Es ist in der kleinen Schublade in meinem Nachttisch.«

In dieser Schublade hebt sie auch ihre Vorräte an Memphis-Zigaretten und ihre zahlreichen Feuerzeuge auf.

Ich habe das Adreßbuch herausgenommen. Und auch eine

schon offene Packung Zigaretten. Ich habe eine Zigarette herausgezogen und sie auf dem Handrücken aufgeklopft, so wie meine Mutter das immer macht. Ich habe sie mir in den Mund gesteckt und mir gedacht, wenn sie ihr irgendwie helfen, dann mir vielleicht auch. Ich habe das kleine Rädchen am Feuerzeug gedreht. Die Flamme ist hochgeschossen, unten blau und oben gelb. Ich habe die Zigarette hineingehalten und gezogen. Sie hat gebrannt! Ich habe einen Mundvoll Rauch ausgeblasen ... wie ein richtiger Raucher! Ich habe noch einmal gezogen und den Rauch im Mund herumschweben lassen, ehe ich ihn wieder ausgeblasen und dabei gedacht habe: so, das kann ich auch!

Aber meine Mutter behält den Rauch nicht bloß im Mund; sie atmet ihn bis in den Hals hinunter ein. Das habe ich auch versucht, aber es ging nicht, mein Hals hat sich verschlossen, als ob er eine Tür hätte. Ich habe ihn aufgezwungen und mit Gewalt einen Schluck Rauch heruntergeatmet. Es hat so geschmeckt wie ein Misthaufen riecht. Sogar noch schlimmer. Es ist mir hochgekommen; ich habe gehustet und gehustet und gedacht, ich werde den Geschmack nie wieder los.

Die Zigarette hat weiter gebrannt, die Asche ist auf den Boden gefallen, ich hätte mir beinahe die Finger verbrannt, und habe sie im Aschenbecher ausgedrückt. In dem Moment ist Mizzi hereingekommen.

»Was fällt dir denn ein? Bist du verrückt geworden? Das sag ich deiner Mutter, wenn ich dich noch einmal dabei erwische, und ich hoffe, sie gibt dir dann eins hinter die Ohren!«

Es klingt verrückt, aber daß Mizzi mich ausgeschimpft hat, das war das erste normale Ereignis an diesem Tag, und ich hätte sie am liebsten dafür umarmt.

»Wo bleibst du mit dem Adreßbuch?« hat meine Mutter gerufen.

Sie ist bald wieder ins Bett gehumpelt; bei der Polizei haben sie ihr gesagt, sie bedauerten außerordentlich, aber gegen die SA könnten sie leider nichts unternehmen. Dann hat sie reihum bei unseren Bekannten angerufen und erfahren, daß mein Vater und mein Großvater nicht die einzigen waren. SA-Männer hatten auch den alten Herrn Großbart geholt und unseren Rabbiner, Herrn Dr. Taglicht, und Herrn Plattaus Bruder. Bei ihm haben sie sogar die Schränke und Schubladen durchwühlt und das Tafelsilber und andere Dinge gestohlen.

»Ein Glück, daß sie das hier nicht auch gemacht haben«, hat Mizzi gesagt.

Meine Mutter hat die Schultern gezuckt. »Das sind nur tote Gegenstände.«

Nach einer Weile ist Onkel Herbert gekommen. Er hat mit den Armen gegen den Rauch im Zimmer angewedelt und das Fenster weit aufgerissen und Mama ausgescholten, weil sie raucht wie ein Schlot; aber dabei hat er den Arm um sie gelegt.

»Herbert, ich hab solche Angst!« Nachdem er jetzt da war, ließ sie sich wieder gehen. »Ich hab solche Angst! Sie haben ihre Zahnbürsten mitnehmen müssen, und du weißt, wohin Leute geschickt werden, die ihre Zahnbürsten mitnehmen müssen!«

»Hannerl, beruhige dich und mal dir nicht alles noch schlimmer aus, als es sowieso schon ist. Franz hat Recht gehabt: Die SA zwingt die jüdischen Männer und sogar einige Frauen, die Straßen zu putzen. Ich habe es auf dem Weg hierher mit eigenen Augen gesehen. Und sie zwingen manche, das mit einer Zahnbürste zu machen. Die SA-Leute finden so was lustig.«

Onkel Herbert hat sich zu ihr auf das Bett gesetzt und ihre Hand genommen und gestreichelt, damit sie wenigstens ein paar Minuten stillhält und nicht raucht.

Meine Mutter wollte mich zu Mizzi schicken, damit sie einen Kaffee macht.

»Nein, danke, ich muß leider wieder gehen, ich habe keine Zeit«, hat Onkel Herbert gesagt.

»Herbert, was werden wir nur ohne dich anfangen?« hat meine Mutter mit einer Art Stöhnen gesagt; als ob er für immer fortgehen würde.

Ich war sicher, daß er jetzt »Mach dir keine überflüssigen Sorgen« oder irgend etwas dergleichen sagen würde. Er hat »Auf Wiederschaun bis morgen« gesagt, aber erst nach einer Weile. Und während dieses Momentes hat er schrecklich traurig ausgeschaut.

Dann hat er plötzlich ein gezwungenes Lächeln aufgesetzt. »Kennt ihr schon den Allerneuesten?« Und dann hat er den urältesten Graf-Bobby-Witz erzählt, den es überhaupt gibt: Der zerstreute Graf Bobby schüttet sich eine Schüssel voll Spinat über den Kopf, und als sein Freund ihn fragt, warum er das macht, da sagt er: ›Ach du liebe Zeit, ich habe gedacht, es ist Nudelsuppe!‹

»Nein, den haben wir noch nicht gekannt«, habe ich gesagt, und das war beinahe eher ein Witz als der Witz. Und wir haben es sogar fertiggebracht, ein bißchen zu lachen.

Dann mußte er gehen. Ich habe ihn zur Tür begleitet. Er hat die Hand auf meine Schulter gelegt und gesagt: »Dein Vater und dein Großvater werden wieder heimkommen.« Seine Stimme klang, als ob er das wirklich glauben würde. Aber er hat noch immer sehr traurig ausgeschaut.

»Onkel Herbert, weißt du etwas, was du mir nicht gesagt hast?«

»Ja, aber es hat nichts mit ihnen zu tun, also mach dir keine Sorgen.«

Ich habe ihn gebeten, es mir doch zu sagen. Aber er hat keine Zeit mehr gehabt; er hat nur gesagt, ich würde es noch früh genug erfahren.

Wie haben wir den Rest des Tages hinter uns gebracht? Wir haben alle möglichen Spiele gemacht; mein altes Tier-Lotto, obwohl dabei keiner gewinnen kann, weil drei Karten fehlen, das Nilpferd, das Zebra und der Kakadu. Dann Dame und Halma und Schach.

Ich habe immerzu verloren. Mein Gehirn hat sich geweigert, über so etwas Schwieriges wie Schach nachzudenken. Ich war schon vollauf damit beschäftigt, Dinge beiseite zu schieben, zum Beispiel die Frage: *Wohin* werden die Leute geschickt, die ihre Zahnbürste mitnehmen müssen? Dabei wußte ich die Antwort schon, oder ich habe wenigstens geglaubt, daß ich sie schon weiß: nach Dachau. Dachau ist ein Konzentrationslager. Aber ich habe auch schon gehört, daß die Leute nicht wieder zurückkommen von dort . . .

Um zehn vor sechs sind Opa Oskar und mein Vater heimgekommen. Im ersten Augenblick habe ich sie nicht wiedererkannt. Ich habe gedacht, es sind zwei alte Bettler. Dann bin ich Papa um den Hals gefallen und habe ihn so gedrückt, daß er gesagt hat: »Laß mich los, ich krieg keine Luft mehr.«

Ihre Mäntel waren zerknautscht und mit Schlamm bespritzt. Opa Oskars Hut war verbeult; jemand hatte darauf herumgetrampelt. Opa Oskar ging ganz vornübergebeugt, wie ein alter, kranker Mann von neunzig Jahren. Papas Augen waren rot und verquollen, er konnte kaum noch sehen. Seine Hände haben gezittert; sogar sein Mund hat beim Sprechen gezittert.

Die SA-Männer haben Opa Oskar geholt, weil sie im Büro der Jüdischen Gemeinde eine Spendenliste mit den Namen der Leute gefunden hatten, die Geld für das Volksbefragungskomitee gestiftet haben. Sie haben Opa Oskar und meinen Vater auf einen Lastwagen voll anderer Juden geladen, und sie sind mit ihnen zur Synagoge in der Seitenstettengasse gefahren. In diesem Viertel klebten besonders viele Plakate für die Volksbefragung an den Hausmauern. Die SA-Leute haben die jüdischen Männer gezwungen, die Plakate mit den Fingernägeln herunterzukratzen und den Leim abzuschrubben. Dann mußten sie den Bürgersteig und die Straße putzen, zum Teil tatsächlich mit den Zahnbürsten; für die SA war das eine Gaudi. Die SA-Leute haben auch eimerweise Salmiakgeist und anderes Zeug, das die Haut verbrennt und die Augen zum Tränen bringt, über die Bürgersteige gekippt und gelacht, wenn sie es dann »aus Versehen« den Männern über die Hände geschüttet haben und es ihnen manchmal ins Gesicht gespritzt ist.

Opa Oskar, der Rabbiner Taglicht und mein Vater und etliche andere haben sich gedacht, wenn sie schon Mauern abschrubben müssen, dann sollten sie in einem Aufwasch auch die Schmierereien wegputzen, die unter den Wahlplakaten zum Vorschein gekommen sind . . . JUDEN RAUS und dergleichen . . . Aber die Farbe ist nicht abgegangen. Außerdem sind die SA-Leute sofort über sie hergefallen und haben sie geschlagen und getreten und gezwungen, wieder den Bürgersteig zu putzen. Für meinen Vater war der größte Schock, wie viele Passanten, ganze Menschenmassen, stehengeblieben sind, um sich das Schauspiel anzuschauen, und wie sie Witze darüber gemacht und die Juden verhöhnt haben. Kein einziger hat auch nur ein einziges Wort dagegen gesagt. »Entschuldigt mich einen Moment«, hat mein Vater mitten im Satz gesagt, als er das erzählt hat, und ist ins Badezimmer gerannt.

»Wißt ihr, was Rabbiner Taglicht gesagt hat, wie er da auf den Knien den Bürgersteig aufwischen mußte? ›Ich putze Gottes Erde.‹ Das haben wir uns dann auch gedacht«, hat Opa Oskar berichtet. Und dann sind ihm die Augen zugefallen, und er ist im Sitzen eingeschlafen, da auf der Couch neben dem Ofen, mit allen Sachen an.

Nach einer Weile hat mein Vater ihm die Schuhe ausgezogen, und ich habe ihn mit der Kniedecke zugedeckt, die immer am Fußende der Couch liegt. Sie ist aus Plüsch und fühlt sich wie Pelz an. Opa Oskar hat es nicht gemerkt und weiter geschlafen und gleichmäßig geschnarcht.

Sonntag, 13. März 1938

Irgendwann in der Nacht ist Opa Oskar auf die Couch im Herrenzimmer umgezogen. Er und Papa sind heute morgen sehr spät aufgestanden; sie haben wieder besser ausgeschaut und waren so hungrig, daß sie zweimal soviel wie sonst zum Frühstück gegessen haben.

Um elf Uhr hat Onkel Herbert angerufen. Papa hat mit ihm gesprochen und dann gesagt: »Sie werden alle drei in einer Viertelstunde hier sein.«

»Was ist los?« habe ich gefragt. Sie kommen sonst nie am Sonntagmorgen zu Besuch.

»Zum Abschied. Sie fahren fort.«

Das hatte Onkel Herbert also gemeint!

Peng! Meine Mutter hat eines von den Gewichten an den Bettrahmen geknallt und ein Wort gesagt, das sie sonst nie benutzt.

»Hannerl, Hannerl, das erleichtert, aber es ändert nichts«, hat mein Vater gesagt. »Inge, komm mit in die Küche.«

Normalerweise geht mein Vater überhaupt nie in die Küche! Er kann nicht einmal einen Kaffee aufbrühen oder ein Ei kochen.

Aber jetzt ist er in die Küche gegangen, und ich bin ihm gefolgt. Er hat einen Laib Brot aus dem Brotkasten genommen. »Wo ist ein Brett, auf dem man das schneiden kann? Und ein Messer?«

Ich habe ihm beides gegeben. Er hat angefangen, Brot zu schneiden. »Onkel Herbert hat gesagt, der Zug geht um halb eins. Sie haben gestern über all den Aufregungen vergessen, noch etwas einzukaufen und nichts im Haus. Ich habe ihm gesagt, er kann bei uns eine Jause mitnehmen.«

»Wohin fahren sie?«

»Nach Zagreb.«

Das ist in Jugoslawien. »Für wie lange?«

»Für immer.«

»Warum?«

»Onkel Herbert hat dort einen Vetter, der ebenfalls Arzt ist und ihm behilflich sein kann, damit er eine Stelle an einem Spital findet.«

»Und was ist mit seinem Spital hier? Und seinen Patienten? Warum gehen sie so plötzlich fort, so von einem Tag zum anderen? Sie sind nicht einmal Juden, wenigstens Tante Marianne nicht.«

»Es ist eine sehr komplizierte Sache. Schau, Ingelein, ich kann so etwas nicht gut erklären, also dräng mich nicht. Schau mal nach, ob noch Salami und Käse von gestern da ist. Und haben wir Senf?«

Ich habe in der Speisekammer nachgeschaut, und Mizzi ist

heimgekommen. Sie hat an diesem Sonntag nicht den ganzen Tag frei gehabt, sie war bloß in die Kirche gegangen. »Jessas, Herr Dornenwald! Was machen Sie denn in meiner Küche?« Sie wäre auch nicht überraschter gewesen, wenn da ein Elefant gestanden hätte, mit dem Brotmesser im Rüssel. »Bittschön, das mach ich schon!«

»Bitte, gerne!« Mein Vater hat sie gebeten, belegte Brote mit allem zu machen, was eben im Haus war, und dazu Obst und Kuchen einzupacken, von allem genug, damit es für ein Mittagessen für drei Personen reicht und für eine Jause.

»Jessas, Herr Dornenwald, Sie werden doch nicht . . .?«

»Nein, nein, Mizzi, wir nicht, wir fahren nicht fort. Es ist für Herrn und Frau Löwenberg. Inge, helf der Mizzi.« Er ist hinausgegangen.

Mizzi hat im Eisschrank gekramt. Ich wollte das Senfglas aus dem Wandfach nehmen. Es ist mir aus der Hand gerutscht und auf den Boden gefallen und geborsten.

»Du ungeschicktes Ding! Solche Hilfe brauch ich nicht. Tu mir einen Gefallen und verschwind aus meiner Küche!« Mizzi war wirklich wütend.

»*Du* hast auch schon oft was fallen gelassen und kaputt gemacht!« Ich bin in Tränen ausgebrochen und aus »ihrer« Küche gerannt.

Dann sind sie gekommen. Nur für zehn Minuten, hat Onkel Herbert gesagt. Er hat das Taxi unten warten lassen. Sie haben nicht einmal die Mäntel ausgezogen.

Papa und ich waren beide zur Tür gegangen. Onkel Herbert und Tante Marianne sind sofort zu meiner Mutter hineingegangen. Tommi und ich sind allein im Flur zurückgeblieben. »Komm in mein Zimmer.« Ich habe ziemlich lange gebraucht, bis ich genug Mut hatte, um das zu sagen.

Tommi hat sich auf die Kante meines Schreibtisches gesetzt. Und ich auf die Bettkante. Ich habe auf meine Bettdecke gestarrt, als ob ich sie noch nie zuvor gesehen hätte. Ich wünschte, sie würde sich in ein richtiges Feld voll richtiger Blumen verwandeln. Ich wünschte, ich würde neben Tommi im Zug sitzen und zum Fenster hinaus auf richtige Felder schauen . . . dabei blühen im März gar keine Mohnblumen, keine Margeriten und Kornblumen.

»Warum geht ihr so plötzlich fort?«

»Weil mein Vater jeden Moment seinen Posten im Spital verlieren und im Gefängnis oder in einem Konzentrationslager landen kann, und weil meine Mutter das alles nicht mehr aushält, und weil ich vielleicht hingehe und dem Burschen den Schädel einschlage, der . . . wenn ich bloß wüßte, wer es ist!« Tommi hat mit der Faust auf den Schreibtisch geschlagen.

»Der . . . was hat er getan, Tommi?«

»Vielleicht sind es mehrere. Sie schreiben meiner Mutter anonyme Briefe. Jeden Tag einen, schon seit Wochen. Mit Hakenkreuzen oben drüber und einem Totenschädel und Knochen unten drunter, und Gemeinheiten in der Mitte.«

»Was wollen sie von ihr?«

»Sie schreiben, mein Vater sei ein kommunistischer Agitator, der Unruhen organisiert, und ein Metzger mit einem Skalpell. Es ist so schwachsinnig, daß es komisch klingen würde, wenn es nicht gleichzeitig so niederträchtig wäre. Mein Vater ist Sozialdemokrat, schon immer. Und er hat praktisch noch nie ein Skalpell in der Hand gehabt, weil er Internist ist! Meine Mutter soll sich von ihm scheiden lassen, sonst . . . Sie drohen ihr mit Gewalttaten. Auf die ersten Briefe hat meine Mutter gar nicht reagiert, dann hat sie sich geärgert, und dann hat sie doch Angst bekommen. Sie hat die Sache bei der Polizei angezeigt, aber die haben bloß mit den Achseln gezuckt und gesagt: ›Aber bitte sehr, gnädige Frau, mit so etwas müssen Sie doch rechnen, heutzutage, und in Ihrer gesellschaftlichen Stellung . . .‹ Und ihre Eltern . . . meine Großeltern, die ich immer so gern gehabt habe . . .« Tommis Stimme hat versagt, er mußte sich räuspern. »Sie sind genauso schlimm! Weißt du, als ich klein war, da haben sie mich immer in die Ferien mitgenommen, nach Baden, nach Ischl, und sie haben mich überall mitgeschleppt und vorgeführt, sie waren so stolz auf mich, und ich auf sie. Ich hab sie immer für solch noble Menschen gehalten, beinahe wie Aristokraten. Und jetzt wollen sie, daß meine Mutter sich scheiden läßt! Dann soll ich mit ihr bei den Großeltern leben, und sie wollen in ihrer Güte ein Auge zudrücken, weil ich Halbjude bin.«

Tommi hat das Zimmer durchquert und ist vor mir gestanden. »Inge, es tut mir leid, weil ich dir das alles erzählt habe. Es ist zu häßlich.«

Seine Nähe machte mich schwindelig. »Oh, doch, so etwas muß ich wissen«, habe ich gemurmelt.

Er hat mich beim Kinn gefaßt. »Ich hoffe, wir sehen uns wieder.«

Dann sind unsere Eltern hereingekommen; auch Mama auf ihren Krücken. Sie hatten alle vier nasse Gesichter. Wir sind in den Flur gegangen.

Die Erwachsenen haben sich geküßt. Onkel Herbert und Tante Marianne haben mir auch einen Kuß gegeben.

Tommi und ich haben uns die Hand gegeben und »Servus« gesagt. Und genau wie in meinen Träumen haben unsere Augen etwas anderes gesagt. Das glaube ich wenigstens.

Papa ist mit ihnen zum Bahnhof gefahren.

Ich wäre auch gerne mitgefahren, und gleichzeitig doch lieber nicht, damit ich auf dem Weg nicht irgend etwas kindisch Klingendes sagte, das den erwachsenen Abschied verdarb, den wir voneinander genommen hatten.

Als Tante Marianne und Onkel Herbert zur Tür hinausgegangen sind, hat Mama außerdem zu mir gesagt: »Erinnerst du dich an den Tag, an dem wir nach Schönbrunn hinaus gefahren sind? Heute ist mir so zumute wie dir damals.«

Natürlich habe ich mich daran erinnert, und wie nett meine Eltern da zu mir waren. Also war es nur richtig, daß ich jetzt bei ihr daheim blieb. Wir haben von Trennungen und Abschieden gesprochen. Ich habe sie gefragt, ob wir auch nach Jugoslawien gehen, wenn wir fortmüssen.

»Wir müßten erst ein Visum bekommen, und das ist nicht so einfach.«

»Aber Onkel Herbert hat es doch auch bekommen.«

»Nein, Nichtjuden brauchen keines.«

»Ich habe immer gedacht, Onkel Herbert wäre auch Jude.«

»Er stammt aus einer jüdischen Familie, aber er war nie religiös eingestellt, genau wie wir. Er hat sich taufen lassen, ehe er Tante Marianne geheiratet hat, weil ihre Eltern zu unglücklich gewesen wären, wenn sie ohne Pfarrer und ohne Trauung in der Kirche nur auf dem Standesamt geheiratet hätte.«

3. Teil

Montag, 14. März 1938

Ein Pfarrer, eine Kirche . . . das ist der Grund, warum Mizzi so schlechte Laune hat.

Als ich heute früh in die Küche gekommen bin, hat sie mir das Frühstück auf den Tisch geknallt, ohne auch nur guten Morgen zu sagen oder wenigstens zu lächeln. Dann hat sie gemurmelt: »Heut kommt der Teufel nach Wien.«

Ich habe mein ganzes Kipferl in die Tasse fallen lassen, und der Kaffee ist über den Tisch gespritzt. »Du hast geschnüffelt!« habe ich sie beschuldigt. »Das hast du in meinem Tagebuch gelesen!«

»Spinnst du? Das hab ich in keinem Buch gelesen! Das weiß jeder! Heut kommt der Hitler nach Wien! Jetzt schau dir an, was du da wieder angerichtet hast, du ungeschicktes Ding.« Sie hat einen Putzlumpen genommen und den Tisch abgewischt. Sie ist Linkshänderin, und deshalb habe ich dabei gesehen, daß sie ihren Verlobungsring nicht mehr am Finger hatte.

»Mizzi, wo ist dein Ring?«

»In seiner Schachtel. Ich werd ihn zurückgeben. Falls ich den Ferdl noch einmal zu sehen krieg.«

»Warum?«

»Weil *ich* kein Heide bin. Ich werd in einer Kirche heiraten oder überhaupt nicht.«

»Was ist denn passiert?«

Mizzi hat es mir erzählt: sie haben sich gestritten.

Der Ferdl ist nicht so fromm wie sie und geht am Sonntagmorgen gern woanders hin als in die Kirche. Aber gestern hat er Mizzi begleitet. Schließlich war ihr Aufgebot schon veröffentlicht, und es hätte einen schlechten Eindruck gemacht, wenn er so kurz vor der Trauung nicht zur Messe gegangen wäre. Aber wie sie zur Kirche gekommen sind, da hat über dem Portal eine riesige Hakenkreuzfahne gehangen. Und der Ferdl hat sofort gesagt: »Da geh ich nicht rein!«

»Du mußt, was soll der Herr Pfarrer sagen, wenn ich allein ankomme?« hat Mizzi gesagt und ihn mitgezogen.

Der Ferdl ist mit hineingegangen, aber er ist nicht lange drin geblieben. Denn der Pfarrer hat in der Predigt gesagt, alle guten Katholiken müßten dafür sein, daß Österreich an Deutschland angeschlossen wird, und Hitler in Wien willkommen heißen.

»*Ich* nicht!« hat der Ferdl Mizzi zugeflüstert. »Der kann mich mal an meinem gut katholischen . . .« Und dann ist er einfach mitten in der Predigt hinausgegangen.

Er hat draußen auf Mizzi gewartet und ihr gesagt, daß er nie wieder einen Fuß in diese Kirche setzt, oder in sonst eine andere, in der der Pfarrer für die Nazis predigt.

»Und wo sollen wir dann heiraten?« hat Mizzi gesagt. »Vielleicht in einem Kaffeehaus?«

»Bitte sehr, soll mir recht sein.«

»Aber mir nicht!« Und dann hat Mizzi ihn einfach stehengelassen und ist davongerannt. Und Ferdl ist nicht hinterhergekommen.

»Das ist gräßlich, Mizzi. Ihr müßt euch wieder vertragen!« habe ich gesagt.

»Ach du, du hast bloß Angst, daß du dein neues Kleid nicht anziehen kannst und keine Brautjungfer wirst!«

Das hat mich wirklich sehr gekränkt, und ich habe geschaut, daß ich aus der Küche gekommen bin. Ich bin zu Mama hinübergegangen. Sie ist im Bett gesessen und hat an einem Manuskript gearbeitet. Ich habe das Radio eingeschaltet.

». . . die Blumen auf den Weg streuen, den der offene Wagen des

Führers nehmen wird«, hat es daraus getönt. »Unsere Kinder und unsere Kindeskinder werden in den Geschichtsbüchern der Zukunft von diesem unvergeßlichen, diesem triumphalen Tag lesen und . . .«

Meine Mutter hat ein Geräusch gemacht, als ob sie sich übergeben müßte. »Schalt den Kasten aus!«

Ich habe auf den Knopf gedrückt. »Wann werden sie hier sein?«

»Woher soll ich das wissen?«

»Ich fühl mich eingesperrt, Mama. Ich möcht ein bißchen hinaus.«

»Spinnst du? Ausgerechnet heute, wenn die Nazis in Wien die Macht übernehmen! An solch einem Tag bleibt ein Jude daheim.«

»Warum ist Papa dann ausgegangen? Wo ist er überhaupt?«

»Zu Herrn Plattau.«

»Warum? Den sieht er doch im Büro oft genug.«

»Sei nicht so vorlaut. Hast du keine Hausaufgaben zu machen?«

»Nein.«

»Dann kontrolliere dieses Manuskript für mich.« Sie hat mir einen dicken Schnellhefter (dreihundert Seiten) mit teilweise mit der Maschine und teilweise unleserlich mit der Hand geschriebenen Seiten über das Leben am Hof von Kaiser Franz Joseph gegeben. »Schau nach, ob die Seiten alle richtig durchnumeriert sind und ob jedes Kapitel einen Titel hat.«

Dann hat das Telefon geläutet. Opa Oskar war im Herrenzimmer und hat geantwortet. Es war nur eine sehr kurze Unterhaltung. Eine Minute später ist er zu uns herübergekommen. »Inge, das war für dich.«

»Warum hast du mich dann nicht gerufen? Wer war das?«

»Ein Mädchen namens Anni Hopf. Sie hat mich ausdrücklich gebeten, ich möchte dir nur etwas ausrichten, und es sei nicht nötig, daß ich dich extra hole. Sie möchte sich nachher auf dem Stephansplatz mit dir treffen.«

»Kommt nicht in Frage«, hat Mama gesagt.

»Ich werd sie anrufen.« Ich wollte schon hinüber ins Herrenzimmer.

»Nein, das möchte sie nicht. Du sollst auf keinen Fall zurückrufen«, hat Opa Oskar gesagt.

Hm, das war seltsam. Anni Hopf ruft mich so selten an, daß man meinen sollte, sie würde auch mit mir selbst sprechen wollen, wenn sie schon einmal anruft. Dann ist mir eingefallen, daß ihre Eltern ihr wahrscheinlich auch nicht erlauben, heute in die Stadt zu gehen. (Sie sind keine Juden, aber restlos gegen die Nazis.) Also durften sie es nicht merken, wenn ... ja, das war's: Anni Hopf und Susi König hatten sich heimlich verabredet, um doch dabei zu sein, wenn »... der offene Wagen und seine Begleitung« in Wien einfuhren. Ich war beinahe gerührt, so nett habe ich es von den beiden gefunden, daß sie mich auch mitnehmen wollten.

Ich habe meiner Mutter das Manuskript über Kaiser Franz Joseph zurückgegeben. »Das werd ich nachher prüfen. Kann ich eine Weile zu Evi hinaufgehen?«

»Gut.«

Ich bin auf dem allerkürzesten Weg in die Innenstadt gelaufen. Sie war überall geschmückt, aber anders als vorher.

Die Plakate mit Schuschniggs Bild und JA FÜR ÖSTERREICH waren verschwunden. Dafür stand – Hokuspokus über Nacht – wieder JUDEN RAUS und JUDA VERRECKE auf den Mauern. Und von allen Mauern hat Hitlers Gesicht heruntergestarrt, mit Augen so groß wie Suppenschüsseln. Die rot-weiß-roten österreichischen Fahnen und Girlanden waren ebenfalls verschwunden. Statt dessen gab es überall rote Fahnen mit einem weißen Kreis und einem schwarzen Hakenkreuz in der Mitte. Und überall hat es von braunen Uniformen gewimmelt. Wer keine Uniform trug, hat mindestens eine Hakenkreuz-Armbinde oder ein Abzeichen am Revers gehabt. Die Kinder haben kleine Hakenkreuz-Papierfähnchen geschwenkt.

Ich habe vor mich hin geschaut und bin zum Stephansplatz geeilt. Es ist eigentlich ein ziemlich kleiner Platz, und man braucht auch bloß ein paar Minuten, um um den ganzen Dom herumzulaufen. Man kann dort kaum jemand verpassen, wenn man verabredet ist, aber ich fand es doch seltsam, daß Anni Hopf nicht gesagt hatte, auf welcher Seite wir uns treffen sollten.

Über dem riesigen Hauptportal des Stephansdomes haben drei Hakenkreuzfahnen gehangen.

Ich bin um den Dom herum bis zur Rückseite gegangen. Dort bin ich stehengeblieben und habe den Kopf zurückgelegt und hinaufgeschaut, vorbei an den Wasserspeiern und den Türmchen bis hinauf zur Turmspitze.

»Es ist ein Wunder, daß er uns nicht auf die Köpfe fällt«, hat eine Stimme hinter mir gesagt.

Ich habe mich herumgedreht.

Und alles hat sich mit mir gedreht. Die ganze Welt hat eine Extra-Umdrehung gemacht. Lieselotte ist mit ausgestreckter Hand auf mich zugekommen.

Der Turm des Stephansdomes hätte einstürzen oder sonst irgend etwas dergleichen passieren müssen, um mich daran zu hindern, ihre Hand zu nehmen.

Sie ist ungefähr drei Zentimeter gewachsen; ihr alter grüner Lodenmantel ist jetzt ein bißchen zu kurz. Darunter hat ein Kleid hervorgeschaut, an das ich mich noch gut erinnere, mit Maßliebchen. Und ihr Haar . . . sie hat es geschnitten, nicht ganz kurz, aber kürzer, als es früher war.

Ich habe daran gezupft. »Jetzt wirst du nie darauf sitzen können!«

»Das stimmt.«

Die Sachen, die man sagt, wenn man sich so lange nicht gesehen hat! Wir haben gelacht, und wir haben uns umarmt, und dabei hat mich auf einmal etwas Kühles und Feuchtes am Fußgelenk angestupst. Ich habe hinunter geschaut. Es war eine Schnauze, die zu einem langen, rotbraunen Langhaardackel gehörte. Ich habe gesagt: »Er schaut genau aus wie der Dackel auf der Postkarte ... ich hab mir doch gleich gedacht, daß die von dir war!«

»Ja, ich wollte dir zeigen, was ich zu Weihnachten bekommen habe! Schnackerl, schau ...« Lieselotte hat ihn auf den Arm genommen. »... das ist sie, das ist Inge!«

Sie hat ihn mir hingehalten, und ich habe seine Pfote genommen. »Er ist so hübsch.«

»Oh, ich bin so froh, weil das geklappt hat und du meine Nachricht bekommen hast, Inge!«

»Welche Nachricht? Auf der Karte war keine ...«

»Ich weiß. Ich meine jetzt, am Telefon.«

»Nein. Bloß Anni Hopf hat mich angerufen. Ich soll sie hier irgendwo treffen.«

»Das war ich! Das war die Nachricht! Und jetzt bist du wirklich da!« Wir haben uns gepackt und herumgewirbelt, bis Schnackerls Leine sich um unsere Beine gewickelt und er gebellt hat und wir beinahe über ihn gefallen wären.

Lieselotte hat die Leine auseinandergedreht. Sie hat gesagt: »Wir sind erst vorgestern abend sehr spät angekommen, meine Mutter und ich. Heinz und mein Vater sind schon seit zwei Wochen wieder da. Wir haben ein Telefon in unserer neuen Wohnung, ich hätte dich am liebsten sofort angerufen! Aber ich hab mich nicht getraut. Es steht im Flur, und irgend jemand läuft immer vorbei. Heute nachmittag waren sie endlich einmal alle miteinander weg. Natürlich habe ich nicht sagen können, daß ich das bin, und ich hab mich auch nicht getraut zu warten, bis du ans Telefon kommst. Wenn mein Vater dann plötzlich zurückgekommen wäre und mich erwischt hätte ...« Der Satz blieb in der Luft hängen wie ein Vorhang.

Lieselotte hat eine Handbewegung gemacht, als ob sie ihn aus dem Weg schieben wollte. »Ich muß dir so viel erzählen! Wir wohnen jetzt am Schwedenplatz, und es ist eine wunderschöne Wohnung, du wirst staunen, wenn ...« du sie siehst, hat Lieselotte sagen wollen, aber natürlich würde ich sie niemals dort besuchen.

»Und ich komm wieder in unser Gymnasium! Ich kann's noch immer nicht glauben!«

»Ich auch nicht!«

»Es ist aber wirklich wahr!«

Wir sind in die Luft gesprungen, wieder wie kleine Mädchen.

»Aber Lieselotte, wieso hast du mir eine Karte aus Regensburg geschickt? Was hast du dort gemacht? Und warum hast du meine Adresse in Druckbuchstaben geschrieben, anstatt in deiner Schrift, die ich kenne, und kein einziges Wort auf die Karte?«

Bis jetzt hatten wir einander unverwandt angeschaut. Nun sah Lieselotte vor sich hin auf den Bürgersteig. »Ich war mit den Jungmädeln dort, zu einer großen Versammlung. Ich hab dir davon geschrieben, aber . . .« In ihrem Gesicht hat sich auf einmal etwas verändert. Ich kann es nicht beschreiben. Ich kann nur beschreiben, wie mir dadurch zumute wurde: verlegen vor ihr, wie ich es noch nie zuvor gewesen war. Ich habe auf einmal Angst gehabt, etwas Falsches zu sagen.

»Ich habe dir viele Briefe geschrieben«, hat Lieselotte gesagt und mich noch immer nicht angeschaut.

»Ich hab bloß einen einzigen bekommen.«

»Ich weiß. Du wirst sie noch bekommen. Aber frag mich jetzt nicht danach, bitte.«

»Gut. Aber hast du meinen Brief bekommen, den ich an die Adresse von deiner Schule geschickt habe?«

»Und ob!« Lieselotte hat ihr altes Lachen gelacht. Sie hat sich auf die Stirn geschlagen. »Das war ein schöner Schlamassel!«

Dann haben wir uns die Ohren zuhalten müssen, weil oben im Turm die Glocken angeschlagen haben. »Vier Uhr! Schnackerl, komm!« Lieselotte hat an seiner Leine gezogen. »Ich muß heim und mich umziehen, Uniform! Und dann muß ich zum Dienst, Blumen streuen für Du-weißt-schon-Wen.« Sie hat mich bei der Hand genommen. »Komm ein Stück mit; es ist kein Umweg für dich.«

Ich wäre sowieso mitgekommen, auch wenn es zehn Kilometer

Umweg gewesen wären. Wir sind schnell gegangen, haben uns an der Hand gehalten und die Arme geschwenkt. Meine Haarspange hat sich gelöst, das Haar ist mir über die Augen gefallen, und ich habe es hinter das Ohr zurückgestrichen.

»Dein Haar ist länger! Hat deine Mutter endlich nichts mehr dagegen, daß du es wachsen läßt?« hat Lieselotte gefragt.

»Nein, aber sie kann mich nicht mehr so leicht zum Friseur schleifen wie sonst.« Ich habe ihr von Mamas Unfall erzählt. Dabei habe ich gemerkt, wie sehr mir die ganze Zeit Lieselottes Zuhören-Können gefehlt hat.

Dann hat sie gefragt: »Wie geht es Mizzi?«

Ich habe ihr erzählt, daß Mizzi und Ferdl am 1. April heiraten wollten, und daß sie sich gestritten haben.

»Warum?«

Ich habe ihr das auch erzählt.

Dann ist ein SA-Trupp an uns vorbeimarschiert, und ich habe mir gedacht: jemand wie Lieselottes Vater kann jemand wie Ferdl jetzt ins Unglück stürzen. Ich habe gesagt: »Bitte, sag's niemandem, was ich dir gerade erzählt habe, nein?«

»Natürlich nicht.« Lieselotte hat die Brauen gerunzelt. Sie hat nachgedacht. »Hör mal, ich sag dir auch was, wenn du versprichst . . .«

»Daß ich es niemand sage? Natürlich versprech ich das! Was ist es?«

Lieselotte hat den Kopf geschüttelt. »Nein, ich kann's dir doch nicht sagen. Ich darf nicht.«

Inzwischen waren wir am Schwedenplatz angelangt. Lieselotte ist stehengeblieben und hat mir das Haus auf der anderen Seite gezeigt, in dem sie jetzt wohnte. »Da drüben, im vierten Stock. Von den Fenstern kannst du den ganzen Platz überblicken . . .« Sie hat sich schnell vor mich gestellt, um mich zu verstecken.

»Falls dein Vater daheim ist und herausschaut?«

»Ja.«

»Was würde er dann machen, Lieselotte?«

»Mich in den nächsten Zug nach München setzen.« Sie hat das wie im Scherz gesagt, aber es klang doch ernst.

»Wie kommt es, daß er dich wieder in unsere Schule gehen läßt? Ich meine, er hätte dich doch einfach irgendwo anders anmelden können.«

»Ich habe ihm versprochen, daß ich . . . du weißt schon.«

Natürlich wußte ich es: daß sie nicht mehr meine Freundin ist. Ich habe nicht gewußt, was ich sagen soll.

»Inge, horch mal, am besten ist, wir reden einfach nicht mehr davon. Es ist gar nicht nötig, du wirst es schon verstehen, wenn ich . . . also, du wirst schon sehen. Da drüben in dem Haus ist ein kleiner Hof hinter der Toreinfahrt. Komm, wir gehen einen Moment hinein.«

Im Hof konnten wir nicht gesehen werden. Es stand sogar eine Bank dort. Wir haben uns hingesetzt.

»Inge, ich werd dir etwas verraten, aber du mußt schwören, daß du es keiner Menschenseele sagst, außer Mizzi. Und sie darf es Ferdl sagen.«

»Ich schwör's.«

Lieselotte weiß eine Kirche, deren Pfarrer gegen die Nazis und den Anschluß ist. Ich verstecke dieses Tagebuch immer in meinem Schrank, aber ich werde den Namen der Kirche trotzdem nicht aufschreiben, und auch nicht, wo sie ist.

Dann hat Lieselotte in die Tasche gegriffen und mir einen Schilling gegeben. »Hier, den schulde ich dir.«

»Wofür?«

»Erinnerst du dich nicht mehr, was wir ausgemacht haben? Oder hast du sie auch schon?«

Da ist es mir wieder eingefallen. »Noch nicht. Gratuliere!«

»Danke. Jetzt muß ich gehen.« Lieselotte und Schnackerl haben sich in Trab gesetzt. »Du kannst doch morgen kommen?« hat sie noch über die Schulter gerufen. »Ich werd um elf Uhr dort sein.«

Ich wußte, was sie meinte: an der Kirche.

»Ja«, habe ich gerufen.

Auf dem Heimweg waren die Straßen genauso voll von triumphierenden Nazis wie zuvor, und Hitlers Wagenkolonne war wahrscheinlich schon fast in Wien eingetroffen, aber ich war trotzdem so glücklich wie . . . mir fällt nichts ein, was glücklich genug ist, um ein guter Vergleich zu sein.

Ich habe vor mich hingelächelt und gesummt und bin gehüpft, und dann habe ich für den Schilling von Lieselotte an einem Blumenstand einen großen Strauß Narzissen für meine Mutter gekauft, falls sie böse war, daß ich so lange »bei Evi« geblieben bin.

Daheim bin ich schnurstracks in die Küche gerannt: »Mizzi, ich muß dir was ganz Tolles . . .«

»Psst, schrei nicht so, du herzloses Ding!«

»Na schön, dann erzähl ich es dir eben nicht, du Brummbär! Das wird dir noch leidtun!« Ich habe die Blumen in eine Vase gestopft und bin ins Wohnzimmer gegangen.

Meine Mutter lag ganz still da; mein Vater ist auf der Bettkante gesessen, den Kopf in die Hände gestützt, und Opa Oskar ganz vornübergesunken am Tisch.

Keiner hat sich nach mir umgedreht oder wenigstens aufgeschaut. Keiner hat ein Wort gesagt.

»Mama, schau mal, was ich dir mitgebracht habe. Ich hab mir gedacht, warum soll bloß der Hitler heute Blumen bekommen?« Damit wollte ich sie zum Lächeln bringen, aber es ist mir nicht gelungen. Und dann habe ich gemerkt, daß sie geweint haben, alle drei.

»Was ist passiert?« habe ich gefragt.

Mein Vater hat den Kopf geschüttelt.

»Max Plattau ist tot«, hat meine Mutter gesagt.

Wenn man so etwas hört, dann sind die Worte im ersten Augenblick bloß Laute, die man nicht sofort versteht. »Der Herr Plattau, der dein Teilhaber ist?« habe ich dumm gefragt. »Aber du warst doch vorhin noch bei ihm!«

»Ja, und als ich gegangen war, da hat er es doch getan«, hat mein Vater mit ausdrucksloser Stimme gesagt.

»Was?«

Opa Oskar hat gesagt: »Ich finde, das muß Inge nicht unbedingt wissen.«

Mein Vater hat genickt, aber meine Mutter hat gesagt: »Sie wird es auf jeden Fall irgendwie erfahren. Ingelein, er hat sich umgebracht. Die Nazis haben seinen Bruder in ein Konzentrationslager geschickt. Max Plattau war überzeugt, daß sie ihn auch holen werden.«

»Und wie hat er sich . . .?«

»Er ist hinuntergesprungen.«

Herr Plattau wohnt in einem Hochhaus . . . ich meine, er hat da gewohnt; das ist ein ganz modernes Gebäude, neun Stockwerke hoch. Im obersten Stockwerk.

Ich habe in Gedanken gesehen, wie er auf den Bürgersteig geschlagen ist.

»Inge, komm.« Mein Vater hat mich auf seine Knie gezogen. Wie ein Baby. Aber ich konnte nicht bei ihm sitzen.

Er hat die Wange an mein Haar gelegt und sich mit mir vorwärts und rückwärts gewiegt und laut vor sich hingedacht: »Armer Maxl, armer Maxl.«

»Franz, du hast getan, was du konntest«, hat meine Mutter gesagt.

»Ich weiß. Ich hab mich heiser geredet, ich habe ihm einhundert vernünftige Gründe dafür aufgezählt, warum er nicht an Selbstmord denken sollte.« Mein Vater hat mich fester an sich gedrückt. »Aber den einzigen wirklich guten Grund, den hat der arme Maxl nicht gehabt.«

»Franzl, ich bitt dich, sei still«, hat meine Mutter gesagt.

»Nein, ich muß es ihr sagen. Es ist wichtig, und Inge muß es wissen.«

Ich habe schon gewußt, was er sagen wollte, noch ehe er es wirklich ausgesprochen hat: »Der einzige gute Grund ist, wenn man Vater ist und jemanden wie dich hat.«

Jemand wie mich? Jemand, der vor ein paar Minuten noch

glücklich wie eine Maikönigin war, weil meine beste Freundin wieder da ist, die einen SA-Mann zum Vater hat?

Mir ist schlecht geworden. Ich bin aufgestanden.

Jetzt ist es schon sehr spät am Abend, und ich habe nicht schlafen können. Jedesmal, wenn ich die Augen zugemacht habe, habe ich gesehen, wie Herr Plattau durch die Luft gewirbelt ist. Ich konnte das Bild nicht beiseiteschieben, ich konnte meine Gedanken nicht abschalten. Ich habe vergessen, das Kettchen mit dem Davidstern abzulegen, als ich schlafen gegangen bin, und dann habe ich so lange daran herumgedreht, bis es auf einmal gerissen ist.

Da bin ich aufgestanden und habe es in das Schächtelchen gelegt. Ich hoffe, Herr Fried kann es wieder richten. Dann habe ich das alles aufgeschrieben. Und jetzt habe ich keine Lust, mich wieder ins Bett zu legen und für den ganzen Rest der Nacht an all das zu denken . . .

Dienstag, 15. März 1938

Mizzi schläft wie ein Bär beim Winterschlaf. Ich habe ziemlich lange klopfen müssen, bis sie endlich ihre Tür aufgemacht hat.

»Mizzi, ich kann nicht schlafen.«

»Komm halt herein«, hat sie gesagt.

Mizzis Bett ist schmaler, aber weicher als meines, und ihr Federbett ist zu voll gestopft und besonders warm.

An der Wand neben dem Bett hängt ein kleines hölzernes Kruzifix, mit Nägeln in Jesus' Händen und Füßen, und aufgemaltem Blut. Es schaut sehr echt aus.

Aber über dem Kopfende von Mizzis Bett hängt ein fröhliches Bild von der Jungfrau Maria mit einem himmelblauen Umhang und langem, lockigen blonden Haar und einem Heiligenschein aus goldenen Sternen. »Ich hab schon einmal für den armen Herrn

Plattau gebetet, aber es wird nichts schaden, wenn ich's noch einmal tu.« Mizzi hat sich vor dem Bild hingekniet. »Heilige Mutter Gottes, bittschön, laß seine arme Seele nicht für alle Ewigkeit verdammt sein, denn du weißt ja, warum er sich umgebracht hat, der arme Mensch. Und bittschön, vergiß nicht drauf, und find mir einen guten katholischen Ausweg, damit ich meinen Ferdl heiraten kann. Amen.«

Mizzi hat das Licht ausgemacht und sich hingelegt.

»Mizzi, horch mal, ich weiß eine Kirche, wo der Pfarrer nicht für die Nazis predigt.«

»Geh weiter! Wo soll denn die sein, im Himmel oben?«

»Nein. Kannst du ein Geheimnis für dich behalten?«

»Hab ich schon einmal eins von deinen vielen Geheimnissen verraten?«

»Nein, aber diesmal ist es eine ernste Sache. Wenn du es herumerzählst, kann es jemand ins Unglück bringen.«

»Du kannst dich auf mich verlassen«, hat Mizzi gesagt.

Da habe ich ihr den Namen der Kirche gesagt. Und daß ich morgen dorthin gehen wollte, und sie konnte mitkommen. Daraufhin wollte Mizzi wissen, woher ich etwas von diesem Pfarrer wußte. Und ich habe gesagt: »Lieselotte ist wieder da. Sie hat es mir gesagt.«

Mizzi hat sich aufgesetzt. Der Mond hat ins Zimmer geschienen, und ich habe gesehen, wie glücklich sie ausgeschaut hat. Sie ist aus dem Bett aufgestanden, hat sich auf den Boden gekniet und gesagt: »Ich dank dir vielmals, Heilige Mutter Gottes!«

Sie ist wieder ins Bett gekommen und hat geseufzt und gesagt: »Da siehst du's, wenn die ganze Welt sich in einen stinkenden Misthaufen verwandelt, dann wächst doch hier und da eine Blume heraus.«

»Das hast du schön gesagt, Mizzi! Das ist beinahe wie ein Gedicht!«

»Geh weiter! In Gedichten kommen keine Misthaufen vor. Und nimm mir nicht das ganze Polster weg!« Mizzi hat das Kopfkissen zu sich herüber gezogen, und das dicke Federbett hinauf bis zu unseren Kinns, und dann sind wir eingeschlafen.

Später

Aber es hat nicht geklappt, wie wir es geplant hatten. Ich konnte nicht gehen.

Meine Mutter war heute früh sehr aufgeregt und hat versucht, Papa und Opa Oskar davon abzuhalten, zu Herrn Plattaus Begräbnis zu gehen. Sie hat gesagt: »Reicht euch denn nicht, was ihr am Samstag mitgemacht habt? Ihr wißt genauso gut wie ich, daß die Nazis noch immer Amok laufen und daß sie seit Freitag schon sechstausend Juden weggeschleppt haben! Und heute hält Hitler eine große Rede, also werden sie zur Feier des Tages wahrscheinlich noch ein paar Tausend mehr holen und am Jüdischen Friedhof bequem die ganze Begräbnisgesellschaft am Tor abfangen.« Sie hat Opa Oskar beim Arm festgehalten. »Vater, du hast Max Plattau nur flüchtig gekannt, du mußt gar nicht unbedingt hingehen. Du solltest überhaupt nicht mehr hier sein, sondern auf einem Schiff nach New York. Ich weiß, du wartest darauf, daß ich wieder auf den Beinen bin. Also, schau . . .« Sie hat sich aufgerichtet und hat einen Augenblick frei und ohne Stütze gestanden.

Papa hat schnell nach ihr gegriffen und ihr eine Krücke unter den Arm geschoben. Er hat gesagt: »Wir müssen hingehen. Es wird uns schon nichts passieren.« Er hat es als selbstverständlich vorausgesetzt, daß ich daheim bei meiner Mutter bleibe. Und unter den Umständen konnte ich das auch nicht ablehnen.

Also ist Mizzi allein zur Kirche gegangen.

Mein Vater und Opa Oskar sind sicher, aber sehr traurig vom Begräbnis heimgekommen.

Mizzi ist glücklich heimgekommen, das habe ich schon an der Art gemerkt, wie sie die Wohnungstür aufgemacht hat. Ich bin in den Flur gegangen. »Also, hat das gestimmt, was ich dir gesagt habe?«

»Ja! Und es ist alles in Ordnung! Schau!« Der Ring hat wieder an ihrem Finger gesteckt. Sie hat ihn mir hingehalten. Dann hat sie mich gepackt und mich hochgehoben, als ob ich noch ein kleines Mädchen wäre. (Ich bin fast so groß wie sie, aber ich wiege viel weniger.) »Ich hab dir auch was mitgebracht!«

Sie hat mich wieder abgesetzt und mir ein Holzkästchen gegeben, wie man es auf Jahrmärkten und in Andenkengeschäften kaufen kann, auf dem ein Muster aus Alpenblumen in den Deckel eingebrannt war. Es war mit einem blauen Band zugebunden.

Innendrin lagen die Briefe, die Lieselotte mir geschrieben hat, während sie in München war.

Mitternacht

Ich habe die Briefe so oft gelesen, daß ich sie beinahe auswendig kenne. Aber ehe ich schlafen gehe, werde ich sie hier abschreiben.

Mittwoch, 10. November 1937

Liebe Inge,

ich kann es kaum glauben, daß ich es war, der Dir gestern geschrieben hat, von meiner neuen Schule und all den Leuten, zu denen ich Heil Hitler sagen muß, und daß das auch erst gestern war. Es kommt mir vor, als ob das schon ein paar Jahre her sei, so viel ist inzwischen passiert.

Zum Beispiel: erinnerst Du Dich an unsere Wette? Ich schulde Dir jetzt einen Schilling.

Ich habe diesen Brief an Dich schon im Kopf angefangen, als wir die letzten paar Kilometer zurück zum Bahnhof marschiert sind. Es war die längste Wanderung meines Lebens. Ich bin noch nie so müde gewesen! Aber ehe ich schlafen gehe, will ich Dir noch alles schreiben, solange es noch frisch in meiner Erinnerung ist.

Wir sind heute in der Früh um halb acht aufgebrochen, alle Jungmädel-Scharen von ganz München, Hunderte von Mädchen. Und unsere Schar ist ausgesucht worden, um vorn zu marschieren. Es war ein schöner Morgen, genau wie in dem Lied »Des Sonntags in der Morgenstund, wie wandert's sich so schön ...«

Ich war vergnügt; wie konnte man an solch einem Tag nicht vergnügt sein. Das einzige, was ich vermißt habe, war Deine Gesellschaft. Deshalb habe ich mir eingebildet, *Du* würdest neben mir hermarschieren, und nicht Karla Hildebrandt. Ich habe mir vorgestellt, wie Du in weißer Bluse mit schwarzem Halstuch, blauem Rock und brauner Weste und Wanderschuhen, mit einem Rucksack auf dem Rücken mitsingst und mitmarschierst. Und ich habe mir gedacht, dann würden sie schon merken, was für ein Schmarrn das ist, was sie alles von den Juden behaupten.

Das ist überall, sogar in den Bilderbüchern für kleine Kinder! Gestern abend habe ich Uta Pfaltz gehütet und zu Bett gebracht. Sie ist erst fünf und kann noch gar nicht lesen, aber sie weiß ihre Bilderbücher auswendig und hat mir ihre Lieblingsgeschichte »vorgelesen«: »Schau mal, Lieselotte, das da sind die arischen Kinder, und sie stehen vor der Schultür und lachen und freuen sich. Und der Bub da sagt zu den anderen: ›Ätsch, ätsch, ihr dürft nicht in unsere Schule rein.‹ Denn das sind Juden, und sie haben krauses Haar und große, krumme Nasen, die wie die Zahl sechs ausschauen und dicke Lippen, und sie strecken den anderen die Zunge raus. Und da wirft der Lehrer sie hinaus, weil ...«

»Uta, pfui!« Ich habe das Bilderbuch zugeklappt.

»Gefällt dir das nicht?«

»Nein!« Ich hab ihr statt dessen aus *Peterchens Mondfahrt* vorgelesen und ihr gesagt, die Geschichte sei glaubwürdiger. Uta hat gelacht; sie hat gedacht, ich mache einen Scherz.

Inge, vielleicht sollte ich Dir solche Sachen gar nicht schreiben. Aber ich bin zu müde, um aufzuhören. Diese Dinge gehen mir immerzu im Kopf herum, und ich habe hier niemand, mit dem ich darüber sprechen kann.

Also, heute morgen sind wir hinausgewandert zum Starnberger See. Der liegt in der gleichen Himmelsrichtung wie Österreich, und je weiter nach Süden wir gekommen sind, desto schöner war es. Ich habe zu Karla gesagt: »Die Berge und Wälder wissen nicht, daß sie in Deutschland liegen; sie schauen genau aus wie drüben auf der anderen Seite der Grenze in Österreich.« Und der Fluß hat gefunkelt, die Luft war wie Parfüm aus Immergrün, und der Weg weich gepolstert mit Tannen und Fichtennadeln und raschelndem Laub. Und gerade als ich gedacht habe, daß es jetzt gar nicht mehr schöner werden kann, da ist auf einmal mit einem Flügelsausen ein großer Falke von einem Ast genau über unseren Köpfen aufgeflogen! Er war so nahe über uns, daß ich die weiß-braun gefleckte Brust und die rötlichen Schwanzfedern erkennen konnte! Weißt Du noch, wie Dein Vater einmal an einem Sonntag mit uns ins Naturhistorische Museum gegangen ist? Wir haben uns einen ganzen Saal voller Glaskästen mit verschiedenen Raubvögeln darin angeschaut. Aber es ist doch viel schöner, wenn man einen lebendig in freier Wildbahn sieht. Ich habe zugeschaut, wie er immer höher und höher hinaufgestiegen ist, bis er bloß noch ein kleines Pünktchen im Blau war und ich ihn nicht mehr sehen konnte.

Dann ist noch etwas Aufregendes passiert . . . jedenfalls habe ich es in dem Moment aufregend gefunden: Irmgard Knauer ist von vorn zurückgekommen, um mit mir zu reden. Sie ist unsere Scharführerin. Ganz egal, was Du von ihr halten würdest, Du würdest zugeben müssen, daß sie schön ist. Sie hat eine Figur wie eine Schauspielerin und weizenblondes Haar (echt blond!) und einen hellen, rosigen Teint, auch echt und nicht mit Rouge und Puder hergestellt. Unsere ganze Schar bewundert sie. Und Karla hat mir erzählt, daß viele Mädchen richtig für sie schwärmen.

Irmgard hat mich gefragt, was ich da beobachtet habe. Ich hab es ihr gesagt. Sie war beeindruckt. Sie hat lachend gesagt, sie könnte einen Falken nicht von einer Henne unterscheiden, nicht einmal aus der Nähe. Und dann hat sie mich aufgefordert, mit ihr vornweg zu marschieren, damit wir uns unterhalten können.

»Hast du ein Glück«, hat Karla mir zugeflüstert. Und andere Mädchen haben mich neidisch angeschaut. Bloß Edeltraut nicht. Ich habe vergessen, Dir zu erzählen, daß Edeltraut Wiecks, meine Feindin, ganze vorne marschiert ist, den Kopf hoch, den Rücken kerzengerade, die Brust heraus, wie ein Soldat in der Wochenschau. Sie war an der Reihe, den Wimpel zu tragen. Deshalb hat sie sich natürlich nicht umgedreht. Aber sie hat gewußt, daß ich da bin; sie hat gehört, wie Irmgard sich mit mir unterhalten hat.

Irmgard hat mir erzählt, was für unsere Schar für die nächste Zeit auf dem Programm steht: ein Volkslieder- und Volkstanz-Abend; eine Vorführung des Olympiafilmes; und sie hat gesagt: »Wenn wir Glück haben, dürfen wir vielleicht an einem riesigen Jugendlager in Regensburg teilnehmen, und alle Unkosten werden uns bezahlt.« Dann hat sie mich von oben bis unten und von unten bis oben gemustert und hat gesagt, es würde sie gar nicht wundern, wenn ich später, wenn ich groß bin, nach dem BDM, auch für »Glaube und Schönheit« ausgewählt werde. Also, Inge, Du weißt, daß ich nicht viel Zeit vor dem Spiegel herumstehe und nicht besonders zufrieden mit meinem Aussehen bin. Aber als sie das gesagt hat, da habe ich mich so geschmeichelt gefühlt, daß mir der ganze Kopf geschwirrt hat.

Inzwischen hatte ich Bauchweh bekommen, aber nicht schlimmer als schon ein paarmal im Lauf der Woche, und ich habe nicht weiter darauf geachtet.

»Es ist wirklich gut, daß deine Eltern ins Reich gezogen sind«, hat Irmgard gesagt und mir erzählt, was sich alles an Neuem hier ereignet, daß überall riesige moderne Sportanlagen gebaut werden und Autobahnen zwischen allen Städten, und daß alle Leute Arbeit haben und niemand mehr hungern muß und viele mit »Kraft durch Freude« in die Ferien fahren können. Und das Tollste ist, daß wir, die Jugend, auf die früher kein Mensch geachtet hat, heute der wichtigste Teil von allem sind, hat Irmgard gesagt. »Macht dich das nicht stolz, Lieselotte? Bist du dem Schicksal nicht dankbar, weil du jetzt hier leben kannst?«

Vielleicht magst Du mich jetzt nicht mehr, Inge, aber ich habe »ja« geantwortet, ehe ich wußte wie.

»Natürlich!« Sie hat mir auf die Schulter geklopft. Dann hat sie Edeltraut auf die Schulter getippt und sich vorgebeugt und ihr etwas ins Ohr geflüstert.

Edeltraut hat sich herumgedreht. Sie hat die Lippen zusammengebissen und ohne ein Wort getan, was Irmgard ihr befohlen hat: sie hat mir den Wimpel in die Hand gedrückt.

Er ist blutrot mit einem weißen Kreis in der Mitte und einem großen schwarzen Hakenkreuz. Inge, vielleicht würdest Du mich nie im Leben wiedersehen wollen, wenn Du gesehen hättest, wie ich diesen Wimpel getragen habe. Daran habe ich in dem Moment nicht gedacht, ich habe überhaupt nicht nachgedacht. Und jetzt kann ich an gar nichts anderes mehr denken.

Irmgard hat gesagt, ich dürfte den Wimpel eine Weile tragen, weil dies mein allererster Ausmarsch mit den Jungmädeln ist.

Der Wimpel hat im Wind geflattert, und mir war so seltsam zumute, gerade so, als ob mein eigener Atem aus meiner Lunge in den Wimpel blasen würde, und nicht der Wind, und als ob er, der Wimpel, mich mit sich ziehen würde, anstatt daß ich ihn trage. Findest Du, daß das verrückt klingt? Kannst Du überhaupt verstehen, was ich meine?

Inzwischen hatte Irmgard den Befehl »Ein Lied!« gegeben, und sie haben eines mit dem Refrain gesungen:

»Unsere Fahne flattert uns voran,
In die Zukunft ziehn wir Mann für Mann,
Wir marschieren für Hitler durch Nacht und durch Not
Mit der Fahne der Jugend für Freiheit und Brot.
Unsere Fahne flattert uns voran,
Unsere Fahne ist die neue Zeit,
Unsere Fahne führt uns in die Ewigkeit,
Ja die Fahne ist mehr als der Tod!«

Und ich habe mitgesungen, und die anderen Stimmen schienen ein Teil meiner Stimme zu sein, und meine Stimme ein Teil von ihrer.

Und mittendrin in diesem Lied habe ich auf einmal gedacht: Maria und Joseph, aus mir tropft etwas heraus, ich hab mich naßgemacht, aber das ist doch unmöglich, ich bin doch kein Baby von zwei mehr! Lieber Gott, bitte laß es nicht herunterlaufen! Ich sterbe, wenn irgend jemand was davon merkt!

»Das ist aufmunternd. Nicht?« hat Irmgard nach dem Lied gesagt. Und dann: »Lieselotte, was ist los? Du bist bleich wie ein Gespenst! Ist dir schlecht?«

»Ich weiß nicht . . .«

Sie hat den Wimpel gepackt, und ich bin in den Wald gerannt, so schnell man eben rennen kann, wenn man die Schenkel zusammenpreßt. Ungefähr zwanzig Meter oberhalb des Weges war ein dicker Felsbrocken, Gott sei Dank, und Tannen drumherum. Ich habe mich dahinter geduckt. Ich war eine Sekunde ganz außer mir. Mir ist ganz brennend heiß geworden, und ich habe mir gedacht, ich habe mich verletzt, und ich weiß nicht wie, ich weiß nicht wo, aber irgendwo tief innen, so tief, daß es niemals heilen kann . . . Kannst Du Dir so etwas vorstellen, Inge?

Ich werde das, so lange ich lebe, keinem anderen Menschen jemals erzählen können.

Nach ungefähr einer weiteren Sekunde habe ich natürlich wieder wie ein normaler Mensch überlegt. Und mir gesagt, daß ich schon selten blöd bin. Erinnerst Du Dich noch an unsere Wette? Du hast gesagt, ich sei »entwickelter« als Du, und ich würde meine Tage deshalb früher kriegen als Du. Ich habe sie tatsächlich gekriegt, das ist alles.

Aber ausgerechnet auf einer Wanderung! Was sollte ich bloß machen?

»Lieselotte, kann ich dir helfen?« hat Irmgard gerufen. Sie ist hinter mir hergekommen, aber bloß bis zum Felsen. Das habe ich sehr taktvoll von ihr gefunden.

»Ich weiß nicht . . .« habe ich zurückgerufen. Meine Stimme war etwas wackelig.

»Hier, kannst du das gebrauchen?« Sie hat mir über den Felsen hinweg etwas angereicht, eine Binde, und gesagt: »Reg dich nicht auf, Lieselotte, denk einfach daran, daß das der Hälfte von allen Menschen auf Erden passiert, und obendrein noch jeden Monat.« Sicherheitsnadeln hat sie mir auch gegeben, und alles hat sich warm und sicher angefühlt und ist auch nicht verrutscht, und ich konnte aus meinem Versteck herauskommen.

Ich war Irmgard so dankbar, daß ich ihr am liebsten einen Kuß gegeben hätte. »Vielen Dank, Irmgard. Das war wirklich lieb von dir.«

»Das gehört alles zu meiner Arbeit als Jungmädelführerin. Komm, wir gehen wieder zu den anderen.«

Wir sind Hand in Hand zum Weg zurückgegangen. Und sie hat mich gefragt: »Möchtest du mich noch irgend etwas fragen?«

Sie hat damit nur die Periode und so weiter gemeint, aber ich hatte das Gefühl, daß ich sie mit einfach allem ins Vertrauen ziehen könnte, und deshalb habe ich sie gefragt: »Irmgard, glaubst du, was überall von den Juden erzählt wird?«

»Natürlich! Es stimmt doch!« Sie hat meinen Arm hin und her geschwungen und angefangen, vergnügt zu singen: »Wenn das Judenblut vom Messer spritzt . . .«

Hör mal, Inge, Jungmädel haben überhaupt keine Messer bei ihrer Uniform. Aber die Hitlerjungen haben welche, sogar die Kleinen, die bloß Pimpfe sind, wie Rudi. Und es sind richtige scharfe Fahrtenmesser, keine Spielzeugmesser.

Ich habe mir gedacht: Lieselotte, lauf davon! Versteck dich im tiefen, tiefen Wald und leb von Beeren und Kräutern, so wie die Menschen in den Märchen, und denk das nicht bloß, sondern lauf wirklich davon. Aber in den Märchen ist es meistens Sommer, nicht November, und es gibt jetzt keine Beeren und auch nicht viel Kräuter. Und außerdem kann Irmgard auch laufen, und ich wäre nicht weit gekommen.

Ich habe bloß ihre Hand losgelassen und bin einen Schritt oder so hinter ihr zurückgeblieben, das ist alles.

Inge, hast Du schon einmal von dem Aberglauben gehört, daß Menschen, die bald sterben müssen, auf einmal ihre ganze Vergangenheit an sich vorüberziehen sehen?

Mir ist genau das Gegenteil passiert: Ich habe hinunter auf den Weg geschaut, auf dem all die Mädchen in blauen Röcken und braunen Jacken vorbeimarschiert sind, und habe meine ganze Zukunft gesehen. Ich werde mit ihnen marschieren müssen und alles tun, was die Führerinnen befehlen, und es gibt einfach keinen Weg, dem zu entgehen. Ich wäre am liebsten gestorben. Und das ist eine schreckliche Sünde in unserer katholischen Religion. Und ich kann sie nicht einmal beichten. Der Pfarrer, an den ich meistens gerate, hat einen Bruder, der Heinz' Führer in der HJ ist. Ja, ich weiß, Beichtgeheimnis, und ein Pfarrer darf nicht verraten, was er in der Beichte erfahren hat. Aber ich könnte es ihm trotzdem nicht sagen.

Ich muß einfach hoffen, daß Gott selbst mir das direkt verzeihen kann, auch ohne Absolution. Und daß Gott mir hilft, so zu bleiben, wie ich bin. Verstehst Du, wie ich das meine? Von außen werde ich so sein wie sie, von meinem ordentlich sitzenden schwarzen Halstuch mit dem Lederknoten bis zu den Schnürsenkeln (das wird alles beim Appell nachgeprüft, und jeder Tadel wird im HJ-Zeugnis eingetragen, das wichtiger ist als das Schulzeugnis und dir ein ganzes Leben lang nachfolgt!). Aber innendrin werde ich, so Gott will, so bleiben, wie Du mich kennst.

Du bist an der Reihe mit einem Brief; ich werde diesen aufheben, bis Du geschrieben hast. B.S.G.

Lieselotte.

Donnerstag, 11. November 1937

Inge,

Du kennst doch dieses Lied »Die Post hat keinen Brief für mich . . .« So geht's mir auch. Hast Du mir schon geschrieben? Wenn nicht, dann setz Dich hin und schreib endlich! Du kannst dir nicht vorstellen, wie verlassen ich mich hier fühle!

Weißt Du noch, wie Susi König im letzten Frühling ihre Periode bekommen hat, und wie sie es beinahe der ganzen Klasse gesagt hat, und wie wir sie alle beneidet haben? Also, hier ist in der ganzen Klasse nicht einmal ein einziges Mädchen, bei der ich auch nur im Traum daran denken würde, ihr jemals so etwas zu erzählen.

Und wenn man niemand hat, dem man es sagen kann, dann scheint es gar nichts Besonderes mehr zu sein. Meine Mutter hat auch bloß »Psst, nicht so laut!« dazu gesagt. Heinz' oder Papas »männliche Ohren« dürfen nichts von solchen »Frauenangelegenheiten« zu hören bekommen. Ich glaube, sie war erleichtert, weil ich sie gar nichts gefragt habe und sie mir nichts zu erklären brauchte.

Ich werde all diese Briefe aufheben, bis Du mir geschrieben hast, also beeil Dich ein bisserl. B.S.G.

Lieselotte

Freitag, 12. November 1937

Liebe Inge,

Das Leben in dieser Schule ist wirklich nicht einfach, und »der geschichtliche Auftrag der arischen Rasse« und das ganze Zeug steht mir allmählich schon bis hier.

Heute morgen hat Fräulein Schmidt mich zu sich an ihr Pult gerufen. »Lieselotte, du hast das Formular für die Befreiung vom Religionsunterricht noch immer nicht abgegeben.«

Das Formular hat in meiner Mappe gesteckt, mit der Unterschrift von meinem Vater darauf. »Ich weiß, Fräulein Schmidt.«

»Warum nicht? Möchte deine Mutter oder dein Vater es nicht unterschreiben?«

»Mmmm ... nein, ich meine ja, deshalb konnte ich es noch nicht ...«

»Ts-ts-ts, wie schade. Meinst du, es würde etwas nutzen, wenn ich einmal mit deinen Eltern spreche?«

»Oh, nein, vielen Dank, Fräulein Schmidt. Ich glaube nicht, daß das etwas nutzen würde.«

»Nun, dann mußt du eben weiter in den Religionsunterricht gehen.« Und das habe ich auch getan, mit bloß noch drei anderen Mädchen aus meiner Klasse. Der Pfarrer heißt Pater Andreas, und er unterrichtet nach der Griespudding-Methode: immerzu die gleichen abgestandenen Fragen, immerzu die gleichen Antworten.

Natürlich hat er ausgerechnet mich heute nach dem achten Gebot gefragt, *Du sollst nicht Unwahrheit sprechen* und so weiter. Nun ja, ich habe Fräulein Schmidt angelogen, aber ich schäme mich deswegen nicht besonders. Ich finde, es war bloß eine kleine, harmlose Lüge, die niemandem wehtut!

Am Ende der Stunde hat Pater Andreas Heiligenbilder verteilt. Ich habe ein sehr schönes vom heiligen Franz von Assisi mit den Tieren bekommen, und das Mädchen neben mir wollte gerne mit mir tauschen. Ich habe einen Blick auf ihr Bild geworfen, eine ärmlich ausschauende Heilige, die ein Gesicht gemacht hat, als ob sie gerade sämtliche Zähne gezogen bekommen hätte, und ich habe »Nein, danke«, gesagt. Dann habe ich die Rosengirlande gesehen und habe sie wiedererkannt, die heilige Rosalie. Das ist die Namenspatronin meiner Mutter, und da habe ich gesagt: »Von mir aus.«

Ich habe das Bild meiner Mutter gegeben. Und da hat sie gemerkt, daß ich doch noch immer in den Religionsunterricht gehe, und sie war darüber so glücklich wie sonst an ihrem Namenstag, wenn wir ihr das Frühstück und Blumen ans Bett bringen. Es war ihr eine große Last vom Herzen, hat sie gesagt und: »Aber sag Papa nichts davon.«

Ich habe immer gedacht, daß verheiratete Leute sich alles sagen. Tun Deine Eltern das? B.S.G.
Lieselotte

Samstag, 13. November 1937

Inge,

ich fange an, den Postboten zu verabscheuen, mit seinen glänzenden Knöpfen und dem Lachen von einem Ohr zum andern. Dabei ist es gar nicht *seine* Schuld. Wie lange muß ich noch warten?

Jetzt werde ich baden und mich für den Volkstanz umziehen. Dabei brauchen wir wenigstens keine Uniform zu tragen. Ich ziehe mein Winterdirndl an, das mit dem rosa Oberteil und den silbernen Rosenknospen-Knöpfen. Wenn die Burschen, die kommen, bloß nicht alle in der Hitlerjugend wären! Aber da könnte ich mir genausogut wünschen, der Mann vom Mond würde kommen. Wann schreibst Du mir endlich? B.S.G.
Lieselotte

Dienstag, 16. November 1937
In der Schule, in der Besenkammer

Liebe Inge,

endlich ist Dein Brief gekommen! Hunderttausend Millionen Dank! Aber warum, warum, um Himmels willen, hast du ihn bloß an die Schule geschickt???

Diese Besenkammer, in der eine nackte Birne von der Decke hängt, ist gerade groß genug, um sich darin hinzusetzen, und sie ist der einzige Winkel in dieser ganzen großen Schule, in der man wenigstens ein paar Minuten ungestört bleibt, und deshalb habe ich mich hier versteckt, um Deinen Brief zu lesen.

Was hast Du mit meiner Adresse angefangen? Zum Frühstück verschluckt? Oder aus Versehen gleich in den Ofen gesteckt? Oder Deine Federn damit abgeputzt?

Vielleicht braucht der Hausmeister gleich seinen Besen; mir kommt es so vor, als ob ich seinen Schritt hören würde. Aber ich muß dieses schöne Versteck sowieso gleich verlassen, sonst komme ich zu spät in die Hauswirtschaftskunde, und dann sitz ich noch mehr im Schlamassel, falls das überhaupt noch möglich ist. Du wirst schon sehen, wenn ich dir das alles erzähle!

In der Pause.

Zum Glück regnet's, und wir dürfen in der großen Pause in der Klasse bleiben und sogar Aufgaben machen, wenn wir wollen. Deshalb schreibe ich das hier in meinem Aufsatzheft, falls irgend jemand neugierig sein sollte. Du weißt, wen ich mit »Jemand« meine. E. W., meine Nachbarin und pflichtbewußter Wachhund. Ein richtiger Hund wäre viel netter als sie! Aber ich vergeude meine Zeit. Also, heute morgen hat Fräulein Pfitzner mich aus der Klasse geholt.

»Komm mit. Frau Direktor Seidlmeier möchte dich sprechen.« Sie hat mir nicht gesagt, warum.

Sie hat mich durch die Flure geführt. Ich habe mir die Gesichter auf den Plakaten an der Wand angeschaut: braungebrannte junge Männer und Mädchen vom Arbeitsdienst, die auf sonnigen Feldern Weizen ernteten; Familien in Ferien; Arbeiter mit dicken Armmuskeln und gereckten Fäusten, die »Deutschland, erwache!« riefen. Ich habe mich gefragt, ob einer von ihnen jemals zu seinem Herrn oder zu seiner Frau Direktor hat gehen müssen, als sie noch in der Schule waren. Und wenn ja, ob sie dann so viel Furcht im Herzen gehabt haben wie ich. Ich bezweifle es. Sie haben alle so stolz und so zufrieden mit sich selbst dreingeschaut.

Fräulein Pfitzner hat mich in das Büro geführt.

»Heil Hitler, Lieselotte«, hat die Frau Direktor gesagt ... mit Deinem Brief in der Hand!

»Der ist für mich!« Ich habe unwillkürlich danach gegriffen.

»Setz dich, Lieselotte.« Sie hat mir den Brief gerade nahe genug hingehalten, damit ich die Adresse lesen konnte. »Kannst du mir erklären, warum dieser Brief auf diese ungewöhnliche Weise adressiert ist?«

»Nein, Frau Direktor. Aber ich warte schon lange darauf. Kann ich ihn bitte haben?«

Sie hat sich hinter ihren Schreibtisch gesetzt und einen Brieföffner genommen und den Umschlag aufgeschlitzt. Es hat ein reißendes Geräusch gegeben, als ob er schreien würde.

»Hmmm«, hat sie sich geräuspert, und dann hat sie vorgelesen: »Liebe Lieselotte, mir kommt es auch schon wie ein Jahr vor ...«

»Nein, *bitte* nicht, Frau Direktor!« Ich habe mir das nicht anhören können, *Deine* Worte mit *ihrer* Stimme.

Sie hat so überrascht dreingeschaut, als ob ihr Schreibtisch oder ein Stuhl es gewagt hätte, ihr zu widersprechen. »Nun gut, wenn dir das lieber ist, dann werde ich ihn für mich lesen.«

Sie hat sich Zeit dabei gelassen. Mir ist es wie eine Ewigkeit vorgekommen.

Dann hat sie ihn endlich vor sich auf den Schreibtisch gelegt. Ich weiß, das klingt verrückt, aber ich fand, daß er ausgeschaut hat wie der helle Bauch von einem kleinen Tier, von einem Eichhörnchen, weiß und hilflos auf der dunkelbraunen Schreibtischplatte. Oder wie ein kleiner Schneefleck, der gleich wegschmelzen würde. Ich hatte Angst, daß sie ihn mir vielleicht überhaupt nicht geben würde.

»Nun, Lieselotte, ich werde dich nicht mit der Frage in Verlegenheit bringen, wer Herr Professor Igel ist, oder was Edeltraut Wiecks getan hat, um einen Tritt zu verdienen. Aber würdest du mir freundlicherweise erklären, was B.S.G. sein soll?«

Inge, weißt Du noch, wie in den Indianergeschichten die Comanchen Flinker Adler an den Marterpfahl gebunden haben und er die Fragen des Häuptlings trotzdem nicht beantwortet hat? Nun, ich habe gesagt: »Bittesehr, Frau Direktor, denken Sie nicht, daß ich frech sein will. Aber ich möchte es lieber nicht sagen. Es ist etwas sehr Persönliches.«

»Gut, von mir aus. Ihr seid nur Kinder, also behalte dein Geheimnis.«

Ich fand, das war nett von ihr.

Dann hat sie gesagt: »Deine Freundin Inge Dornenwald ist Jüdin, nicht wahr? Deshalb hat sie ihren Brief hierhin geschickt, damit deine Eltern nicht erfahren, daß sie dir schreibt. Du verheimlichst das vor deinen Eltern?«

»Oh, nein, Frau Direktor, so ist das nicht! Sie muß bloß meine Adresse verloren haben oder irgend so etwas.«

»Oder irgend so etwas«, hat sie sarkastisch gesagt. Sie hat das Telefon näher zu sich herangezogen. »Wie ist eure Telefonnummer?«

Ich habe sie ihr gesagt, und sie hat sie gewählt.

Ich habe gebetet, Heilige Mutter Gottes, laß meine Mutter antworten. Sie wird antworten, sie muß antworten, habe ich mich selbst beruhigt. Papa ist um diese Zeit nie daheim. Er ist im Büro oder in der Kaserne der Österreichischen Legion. Ich habe versprochen, einen Rosenkranz zu beten, wenn Mutter ans Telefon kommt. Aber ich brauche ihn nicht zu beten.

»Ist dort Herr Vessely am Apparat? Heil Hitler, hier spricht Frau Direktor Seidlmeier . . .« Und dann hat sie ihm erzählt, daß Du mir hierhin geschrieben hast.

Er hat etwas gesagt.

»Das habe ich mir schon gedacht, daß Sie das getan haben. Nun, das erklärt manches«, hat sie gesagt und verständnisvoll genickt.

Mein Vater hat wieder etwas gesagt.

»Nun, ich glaube, daß Lieselotte sich schneller eingewöhnen würde, wenn Sie ihr doch erlauben würden, sich vom Religionsunterricht befreien zu lassen.«

»*Sapperlot!*« Ich habe gehört, wie mein Vater ins Telefon gebrüllt hat. »Ich *habe* die Erlaubnis längst gegeben! Ich habe das Formular sofort unterschrieben!«

»Tatsächlich! Würden Sie bitte einen Augenblick am Apparat bleiben?« Frau Direktor Seidlmeier hat ihre eisgrauen Augen auf mich gerichtet. »Lieselotte, darf ich fragen, wo das Formular ist, das dein Vater unterschrieben hat?«

Ihre Augen waren wie zwei Eiszapfen, die Löcher in mich gebohrt haben. Ich habe gestammelt: »In meiner Mappe . . . in der Klasse . . . ich kann es holen.«

»Hallo, Herr Vessely? Der Fall ist schon geklärt. Das Formular ist da.«

Er hat etwas gesagt.

»Das liegt natürlich ganz bei Ihnen, Herr Vessely. Es freut mich, daß ich mit Ihnen sprechen konnte. Heil Hitler.« Frau Direktor Seidlmeier hat aufgehängt.

Sie hat sich wieder mir zugewandt. Sie hat mir vorgehalten, daß ich meine wichtigste Pflicht als Tochter verletzt hätte, nämlich meinem Vater zu gehorchen. Sie wollte meine Gründe dafür gar nicht hören, nein. Sie hoffte jedoch, daß ich ihren Rat annehmen würde: daß ich Dir nie wieder schreibe!

Sie bestraft mich nicht; das überläßt sie meinem Vater.

»Darf ich jetzt den Brief haben, bitte, Frau Direktor?«

Sie hat ihn mir endlich gegeben. »Du kannst jetzt gehen, Lieselotte.«

Und gleich in der nächsten Pause habe ich mich in der Besenkammer versteckt und habe ihn endlich gelesen. Und ich wollte, im Boden wäre eine Falltüre zu einem geheimen, unterirdischen Gang, und es wäre mir ganz gleich, wie lang und finster und feucht er ist, und ich hätte nicht einmal etwas dagegen, wenn ein paar Ratten darin herumlaufen würden, wenn der Gang bloß zu einer Falltür im Boden in der Besenkammer in unserer guten alten Schule in der Herrengasse führen würde . . .

Du kannst Dir nicht vorstellen, welche Angst ich davor habe, heute mittag heimzugehen. Du kennst meinen Vater nicht. Ich werd es Dir sagen: sein Lieblingsfluch ist *Sapperlot,* und sein Lieblingslied *Im Weißen Rößl am Wolfgangsee,* und sein Lieblingsgericht gebratene Kalbshaxe. Er mag dunkles Bier lieber als helles, und wenn er meine Mutter necken will, dann sagt er, daß jedes Bier im Wirtshaus besser schmeckt als daheim. Früher hat er Pfeife geraucht; seit wir hier in München sind, raucht er Zigaretten, weil in jeder Schachtel ein anderes Bild von Hitler ist und Heinz sie sammelt. Er trägt sein Haar jetzt kürzer geschnitten, und er schaut gut aus in seiner Uniform. Aber das ist alles nur äußerlich. Wie ist er innerlich? Um die Wahrheit zu sagen: Ich weiß es nicht. Ich kenne ihn nicht so gut. Heinz kennt ihn viel besser. Heinz steht ihm viel näher, sie haben alle Männer- und Bubenangelegenheiten gemeinsam. Verstehst Du, wie ich das meine? Wenn Du es nicht verstehst, dann liegt das daran, weil Du Deine Eltern beide ganz für Dich alleine hast. Ich hoffe bloß, daß er heute nicht zum Mittagessen heimkommt.

Noch immer Dienstag, 16. November 1937

Liebe Inge,
wenn meine Schrift zitterig ausschaut, dann liegt das daran, weil meine Hand zittert. Ich zittere von oben bis unten. Als ich heute mittag heimgekommen bin, hat mein Vater schon oben an der Wohnungstür auf mich gewartet. Er hat nur gesagt: »Zieh deinen Mantel aus und geh ins Wohnzimmer.«

Ich bin hineingegangen. Und dann: »Leg dich über den Stuhl da.«

Dann hat er seinen Uniformgürtel abgenommen (es ist ein schwerer, breiter Ledergürtel, den sie »Koppel« nennen). Es hat ein sausendes Geräusch in der Luft gegeben, und dann ist er auf meine Sitzfläche gekracht.

Ich habe geschrien; ich habe wie ein Tier geklungen.

Mein Vater hat noch einmal zugeschlagen, und noch einmal.

»Das war dafür, daß du mich angelogen hast. So, das ist alles für diesmal. Hör auf zu schreien, sonst denken die Pfaltzs' unten, wir braten dich am Spieß.«

Ich bin über dem Stuhl liegen geblieben. Ich habe gewürgt, bis ich mich übergeben konnte, und hinterher war ich jedwedes freundliche Gefühl los, das ich jemals für ihn gehabt habe.

Meine Mutter ist hereingekommen. Sie war in der Küche geblieben und hat sich die Ohren zugehalten und geweint. Sie hat noch immer geweint. Sie hat alles aufgeputzt.

Inge, das ist der letzte Brief, den ich Dir schreiben werde. Und ich kann ihn nicht einmal abschicken, und die anderen auch nicht.

Ich weiß jetzt, warum Du mir in die Schule geschrieben hast. Mein Vater hat es mir gesagt. Unten im Flur ist ein kleines Wandbrett, auf das wir oft fertige Briefe für den Kasten legen, und der Postbote ist dann so freundlich und nimmt sie mit. Mein Vater hat meinen Brief an Dich dort gefunden, und er hat meinen Absender durchgestrichen, damit Du mir nicht antworten kannst. Er hat sich gedacht, daß ich Dir dann auch nicht mehr schreibe und daß wir uns mit der Zeit vergessen würden. Und er findet es sehr weichherzig von sich selbst, daß er den Brief nicht einfach zerrissen, sondern doch abgeschickt hat.

Inge, mein Vater hat einen Kollegen in der SA, der Herr Grießhof, der etwas gegen Freunde seiner Frau gehabt hat und auch nicht wollte, daß sie weiter mit ihnen verkehrt und ihnen schreibt. Sie hat es doch getan, und er hat sie beim SD denunziert. Das ist der Sicherheitsdienst. Das ist eine riesige Organisation. Jeder zehnte Deutsche arbeitet dafür, im geheimen. Die SD-Leute sind überall, in den Fabriken, in den Schulen, und natürlich auch in den Postämtern. Es hat nicht lange gedauert, und die Briefe von Frau Grießhof und von ihren Bekannten sind gefunden worden. Jetzt gibt es eine neue Frau Grießhof. Die alte ist im Gefängnis, und ihre Freunde auch.

Mein Vater wird bald zum SA-Obersturmführer befördert. Und er hat gesagt, die Tochter eines SA-Obersturmführers darf keine

Briefe an eine Jüdin schreiben. Ich habe ihm schwören müssen, daß ich es nicht mehr tue.

Er hat gesagt, wenn Österreich an Deutschland angeschlossen wird, dann werden viele Österreicher, die jetzt hier leben, wieder heimkehren, und wir auch. Das heißt, er und meine Mutter und Heinz. Denn wenn ich mein Wort nicht halte, dann läßt er mich hier in München zurück, bei seiner Schwester, Tante Louise. Er hat sie schon gefragt, ob sie mich nehmen würde, und sie hat sofort ja gesagt.

Inge, mir ist jetzt zumute, als ob ich eine Glocke ohne Klöppel wäre.

Was hat es noch für einen Sinn, B.S.G. zu schicken und zu schreiben: Deine Lieselotte?

Wien, 15. März 1938

Jetzt weißt Du, was los war.

Entschuldigte das Gekritzel, ich muß mich tummeln, Mizzi pressiert es.

Inge, es tut mir leid, daß Du heute morgen nicht kommen konntest, ich hätte Dich so gerne gesehen! Aber ich glaube, morgen wird die »Luft rein« sein. Komm um zehn Uhr in den Stadtpark, zum Wien-Kai. Wenn du nicht kannst, dann soll »Anni Hopf« mich anrufen. Unsere Nummer ist 17019. Wenn ich nicht kann, wird »Anni« Dich anrufen.

4. Teil

Mittwoch, 16. März 1938

Ich bin mit dem großartigen Gefühl aufgewacht, daß alles, was nicht in Ordnung gewesen war, jetzt wieder gut ist. Dann habe ich mir die Augen gerieben, und dann ist mir alles wieder eingefallen: Hitler ist in Wien, die Deutschen haben Österreich besetzt, Herr Plattau ist tot und schon begraben . . . und ich habe Lieselottes Briefe bekommen!

Sie waren schuld an diesem erfreulichen Gefühl. Alles hat sich verändert, aber nicht Lieselottes Freundschaft!

Und kein Anruf von »Anni Hopf« hat unsere Pläne zerstört. Um halb zehn habe ich meinen Mantel angezogen.

»Wohin willst du so vergnügt?« hat meine Mutter gefragt.

»Opa Oskar möchte mir zeigen, wo er all die Jahre gearbeitet hat.« Das hat gestimmt. Heute war sein letzter Tag im Büro, und ich sollte ihn dort abholen . . . um zwölf Uhr.

Ich bin zum Stadtpark gegangen.

Lieselotte und Schnackerl waren schon da. Schnackerl hat mich begrüßt, als ob er sich von vorgestern her an mich erinnern würde. Lieselotte hat gesagt: natürlich erinnert er sich.

Ich habe gesagt: »Vielen Dank für die Briefe. Ich habe sie so oft gelesen, daß ich sie beinahe auswendig kenne.«

»Da bin ich aber froh.«

Ich habe sie gefragt, wieso die Luft heute rein war.

Weil ihr Vater heute draußen in Hütteldorf war, um »heimgekehrte« Männer von der »Österreichischen Legion« zu empfangen; das gehörte zu seiner Arbeit in der Nazi-Partei. Und Heinz war in Hietzing bei einem Schulungskurs für HJ-Führer. Und ihre Mutter, die sicher nichts dagegen hätte, daß wir uns treffen, war bei Lieselottes Onkel Ludwig, weil seine Haushälterin, die meiner Meinung nach wie eine Hexe ausschaut, Ischias hatte und sich nicht rühren konnte.

Schnackerl hat unterdessen im Gebüsch herumgeschnuppert; Lieselotte hat ihn von der Leine gelassen. »Schnackerl, geh her«, hat sie ihn gerufen und zu mir gesagt: »Weißt du, eigentlich ist er Schnackerl der Zweite.«

Er ist gleich angekommen.

»Willst du wissen, wer Schnackerl der Erste war?«

»Ja«, habe ich gesagt.

Wir sind am Ufer der Wien entlanggegangen bis zu der Stelle, an der das Flüßchen aus einem unterirdischen Kanal kommt, und Lieselotte hat mir erzählt:

Eine Woche vor Weihnachten hat sie wieder einmal die Kinder von unten gehütet, Rudi und Uta Pfaltz. Es hat geschneit gehabt, und Lieselotte hat mit ihnen im Vorgarten einen Schneemann gebaut. Da ist Heinz mit ein paar Buben aus seiner Klasse gekommen, Werner, Toni und Uli. Sie waren alle in Uniform, weil sie nachher zum HJ-Dienst mußten.

»Lieselotte, schau mal, was wir haben!« hat Werner gerufen.

Heinz hat etwas auf dem Arm getragen, aber die anderen Buben haben ihn so umringt, daß Lieselotte zuerst gar nicht sehen konnte, was das war. Dann hat Heinz es in den Schnee gesetzt: es war ein junger, kastanienbrauner Dackel.

»Das ist doch der Schnackerl? Was macht der denn hier?« hat Uta gesagt.

»Und er macht an unseren Schneemann hin! Hör auf, böser Hund!« hat Rudi gerufen.

Werner hat den jungen Hund gepackt und weggezogen und ihm einen Klaps auf die Schnauze gegeben. Der junge Hund hat vor Schmerz aufgejault. Die Buben haben bloß gelacht.

»Der Schnackerl gehört den Weintraubs«, hat Rudi gesagt.

»Jetzt nicht mehr. Wir haben ihn gerettet«, hat Heinz gesagt. Schnackerl hat auf Werners Arm gezappelt und versucht, sich aus seinem Griff zu befreien.

»Wovor gerettet?« hat Lieselotte gefragt.

»Vor der Rassenschande. Die Weintraubs sind Juden, und Juden dürfen nicht mit Ariern verkehren. Gib ihn mal her, Werner.« Heinz hat Schnackerl genommen und umgedreht und seine Hinterbeine auseinander gezogen. »Jawohl, genau wie ich's mir gedacht habe: er ist nicht beschnitten. Und das beweist, daß er ein arischer Hund ist!«

Werner und Toni und Uli haben sich geschüttelt vor Lachen.

»Was ist beschnitten?« hat Uta gefragt.

»Ein Strich rund um den Pipihahn«, hat Rudi gesagt.

Uta hat gekichert.

»Sehr witzig. Hunde werden nicht beschnitten! Setz ihn auf den Boden, du tust ihm bloß weh, so wie du ihn da hältst«, hat Lieselotte gesagt.

»Hier, Uli!« Heinz hat den kleinen Hund an Uli weitergereicht, als ob er ein Fußball wäre, und Uli hat ihn Toni gegeben, und Toni dann Werner. Und dabei haben sie geschrien: »Heil dem arischen Hund, dem Dackel mit dem reinen und edlen Blut.«

»Aber Schnackerl ist kein besonders edler Name«, hat Werner gesagt.

»Wir sollten ihn umtaufen«, hat Toni zugestimmt.

»Jetzt gleich«, hat Heinz gesagt und eine Handvoll Schnee aufgenommen.

»Laß das«, hat Lieselotte gesagt und Heinz den Schnee aus der Hand geschlagen.

Er hat gleich noch einmal welchen genommen und ihn Lieselotte nachgeworfen. »Toni hat recht, wir müssen ihn richtig taufen. Rudi, geh hinein und hol Wasser.«

»Nein, Rudi«, hat Lieselotte gesagt, aber er hat nicht auf sie gehört.

Werner hat dem Dackel die Vorderpfote hochgezogen und gesagt: »Schaut mal, Schnackerl kann grüßen!«

Schnackerl hat gebellt und nach seiner Hand geschnappt.

»Hör auf, du verrenkst ihm ja die Pfote! Gib ihn her.«

Lieselotte wollte ihn Werner wegnehmen, aber Uta hat sie am Ärmel gezogen. »Lieselotte, ich muß mal! Ich kann meinen dicken Mantel nicht allein ausziehen.«

Lieselotte hat mit ihr ins Haus gehen müssen. Rudi ist schon mit einem Krug Wasser herausgekommen. »Schütt's sofort aus, oder ich kümmere mich nie wieder um dich, wenn deine Mutter nicht daheim ist!« hat Lieselotte gesagt.

Aber Rudi hat das Wasser den großen Buben gegeben. Als Lieselotte und Uta wieder herausgekommen sind, war die »Taufe« schon vorbei. Schnackerl hat ausgeschaut wie halb ertrunken und hat vor Kälte gezittert.

»Wir sollten ihn Ulrich nennen«, hat Uli gesagt.

»Nein, Dackel von Hundling«, hat Werner gesagt.

»Ich finde, wir sollten ihn Heinrich nennen, nach Heinz, denn er hat die Idee gehabt, daß wir ihn retten sollten«, hat Toni vorgeschlagen, und damit waren die anderen einverstanden.

Heinz war entzückt. »Vielen Dank, das ist anständig von euch! Jetzt ist er mein Patenhund! Werner, setz ihn auf den Boden. Heinrich, mein Patenhund, jetzt darfst du herumlaufen.«

Der junge Dackel hat noch immer gezittert vor Kälte und vor lauter Angst unentwegt unter sich gemacht.

»He, wir müssen weg, wir kommen zu spät zum Dienst«, hat Werner gesagt.

Heinz wollte »Heinrich« mitnehmen, aber die anderen haben nein gesagt; der Scharführer hatte bestimmt etwas dagegen.

Deshalb hat Heinz zu Lieselotte gesagt: »Paß du auf ihn auf und laß ihn nicht aus den Augen. Wenn er nicht da ist, wenn ich heimkomme, dann verhau ich dich.«

Lieselotte ist nach oben gerannt und hat ein paar Frotteehandtücher geholt und hat Schnackerl trockengerieben und ihn dann in ein Tuch eingewickelt und ihn auf dem Arm gehalten, bis er sich wieder aufgewärmt und beruhigt hatte. Er ist sogar auf Lieselottes Arm eingeschlafen.

Dann ist Frau Pfaltz heimgekommen und hat Uta und Rudi mit hineingenommen. Und Lieselotte hat im Telefonbuch nachgeschaut, wo die Weintraubs wohnen, und dann hat sie Schnackerl heimgebracht.

Als Heinz von HJ-Dienst heimgekommen ist, hat er sie verprügelt, genau wie er gedroht hatte. Sie hat ihm ein paar Hiebe zurückgegeben, und sie sind böse aufeinander geblieben.

»Ich wenigstens bin bös auf ihn geblieben, und ich habe ihm zum allererstenmal nichts zu Weihnachten geschenkt«, hat Lieselotte zu mir gesagt.

»Das geschieht ihm recht! Weißt du, was er mit mir gemacht hat?« Ich habe Lieselotte erzählt, daß ich ihn an meinem Geburtstag vor dem Eislaufverein gesehen habe. »Das war doch Heinz, nicht wahr?«

»Ja, das war er. Mein Vater hat an dem Wochenende herfahren müssen, und er hat Heinz mitgenommen. Du kannst dir vorstellen, wie sehr ich mir gewünscht habe, er hätte *mich* mitgenommen! Aber stell dir vor, dann hat Heinz so lang bei meinen Eltern gebettelt, bis sie einverstanden waren, daß ich zu Weihnachten einen Dackel kriege. Und er ist mit Papa in alle Tierhandlungen gegangen und hat immer gesagt: nein, den da nicht und den da auch nicht, und hat solange gesucht, bis er einen gefunden hat, der genauso ausschaut wie Schnackerl. Und obendrein hat er sein Taschengeld von ich weiß nicht wieviel Wochen zusammengespart und dazugegeben. Deshalb habe ich dir diese Postkarte geschickt, damit du siehst, was ich zu Weihnachten bekommen habe! Also war es doch nicht so recht, daß ich ihm nichts zu Weihnachten geschenkt habe, nicht wahr?«

»Ja. Ich meine, nein.« Ich habe es verstanden. Man kann einen Bruder haben, der schreckliche Sachen macht und schrecklich *ist*, der ein Nazi ist, aber das bedeutet nicht, daß er einen nicht liebt.

Es ist eine komplizierte Sache. Ich habe nicht gewußt, was ich dazu sagen soll. Deshalb habe ich nur gefragt: »Hast du Schnackerl den Ersten wiedergesehen? Haben die beiden sich kennengelernt?«

»Nein. Die Weintraubs sind bald danach fortgezogen. Da fällt mir ein . . . geht *ihr* auch fort?«

»Wahrscheinlich, aber wir wissen noch nicht, wann, und auch nicht, wohin. Hör mal, jetzt bist du gerade erst wieder zurückgekommen, also red nicht vom Fortgehen, nein? Und ich bin sicher, wir gehen auch nicht vor Mizzis Hochzeit. Sie ist so froh, weil sie sich wieder vertragen hat mit dem Ferdl.«

Dann haben wir von der Hochzeit gesprochen und von meinem Brautjungfernkleid, und darüber, was Lieselotte anziehen wird, denn sie ist natürlich auch eingeladen. Dann war es beinahe Mittag, und ich mußte gehen und Opa Oskar abholen.

»Morgen um die gleiche Zeit, an der gleichen Stelle, Lieselotte?«

»Natürlich, wenn die Schule noch immer zu ist und die Luft rein.«

Opa Oskar hat mir sein Büro gezeigt und mich seinen Kollegen vorgestellt, und allen noch einmal Lebwohl gesagt. Dann sind wir noch zum Reisebüro gegangen und haben seine Schiffskarte abgeholt, die schon lange bestellt war. Sein Schiff heißt *Regina d'Italia* und läuft am nächsten Montag von Genua aus. Der Herr im Reisebüro hat uns einen Prospekt davon gegeben; es schaut so lang aus wie von unserem Haus bis hinüber zur Löwengasse, und es hat drei Schlote. Es hat sogar Ballsäle und Geschäfte und ein Schwimmbad auf Deck, bloß ist das Wetter jetzt zu kalt zum Schwimmen.

Mama kann schon wieder ganz gut stehen und gehen, und Opa Oskar brauchte sich deswegen keine Sorgen mehr zu machen. Und er hofft, daß wir bis Montag auch unsere Antragsnummer haben und wissen, wann ungefähr wir ein Visa bekommen.

Mein Vater ist gestern, nachdem er vom Begräbnis heimgekommen war, gleich zum amerikanischen Generalkonsulat gegangen, aber wegen dem Einmarsch der Deutschen war es noch geschlossen. Heute morgen ist er sehr früh wieder hingegangen. Hoffentlich war die Warteschlange nicht gar zu lange.

Nach dem Reisebüro hat Opa Oskar auch noch eine Flasche Champagner gekauft; vorsichtshalber, hat er gesagt.

Später

Der Champagner ist im Eisschrank geblieben. Die Warteschlange vor dem Konsulat war so lang, daß mein Vater nicht einmal bis ins Haus hinein gelangt ist, obwohl er fast den ganzen Tag lang gewartet hat.

Donnerstag, 17. März 1938

Die Schule hat eine Nachricht geschickt: sie bleibt noch bis zum nächsten Montag geschlossen.

Bei Lieselotte war die Luft heute nicht rein, also bin ich daheim geblieben und habe meiner Mutter geholfen. Sie hat sehr viel Zeit darauf verwandt, an alle Verwandten und Freunde und Bekannten im Ausland zu schreiben, sogar an ganz entfernte Verwandte, die wir kaum kennen, um sie zu fragen, ob sie uns vielleicht irgendwie helfen können, ein Einreisevisum zu bekommen. Dadurch ist sie mit der Arbeit in Verzug geraten, und donnerstags kommt immer Gustl, der Laufbursche vom Huber Verlag. Deshalb habe ich ihr geholfen, den Stapel Manuskripte nachzuprüfen, ob alles richtig zusammensortiert war und so weiter.

Gustl ist eine Stunde früher als sonst gekommen.

»Gustl, bittschön, gehen Sie zu der Mizzi in die Küche und trinken Sie Ihre Schale Kaffee ein bißchen langsamer als sonst. Bis Sie fertig sind, habe ich auch alles bereit«, hat meine Mutter gesagt.

Gustl ist auf der Stelle hin- und hergetreten und hat gesagt, er hätte keine Zeit, um zu warten.

»Und wo sind die neuen Manuskripte?« habe ich gefragt.

»Ich bin bloß der Laufbursch, bitte sehr. Frag nicht mich.« Er hat den Stapel Manuskripte genommen. »Also, dann Heil Hit . . . ich wollt sagen, auf Wiederschaun, Frau Dornenwald.«

»Es ist nicht Ihre Schuld«, hat meine Mutter gesagt, und sie hat ihm alles Gute für die Zukunft gewünscht. »Leben Sie wohl, Gustl.« Lebwohl sagt man bloß zu jemand, wenn man damit rechnet, daß man ihn niemals mehr wiedersieht.

»Das ist nicht gerecht! So etwas dürfen sie dir nicht antun!« habe ich geschrien, als Gustl gegangen war.

Dann hat Herr Huber angerufen. So höflich meine Mutter bei Gustl geblieben ist, jetzt hat sie ins Telefon geschrien, weil es Herrn Hubers Schuld *war*. Ich habe sie bis ins Wohnzimmer gehört: »Ersparen Sie sich und mir diese dummen Ausreden! Wir haben so viele Jahre zusammengearbeitet, daß Sie es bei mir ruhig rundheraus zugeben können: Sie setzen Ihre jüdischen Mitarbeiter einfach vor die Tür!« Diesmal hat sie nicht ›Leben Sie wohl‹ gesagt, sondern den Hörer aufgeknallt, als Herr Huber noch längst nicht fertig war.

Mich hat es gefreut, daß sie ihm so die Meinung gesagt hat.

»Nun ja, was sind schon vierzehn Jahre?« hat sie gesagt, als sie aus dem Herrenzimmer gekommen ist. Sie hat sich auf mich gestützt und ist zu ihrem Bett gehumpelt und hat sich hingelegt. Ich habe daran gedacht, wie mir zumute war, wenn ich für eine Schularbeit, die ich ganz ordentlich gemacht hatte, manchmal eine viel schlechtere Note bekam, als ich erwartet hatte. Deshalb habe ich gesagt: »Vierzehn Jahre sind eine ganz lange Karriere. Es ist einfach eine Gemeinheit, was der Verlag da mit dir macht.«

»Die Schweine! Und ich habe gedacht, ich *kenne* ihn, nach all den Jahren! Ich hätte nie gedacht, daß er *so* schnell umfällt und die Nazi-Methoden sofort mitmacht! Der arme Kurt!« Sie hat seine Stimme nachgemacht: »Aber Hanna, ich bitte Sie, versuchen Sie doch einmal, sich in meine Lage zu versetzen! Ich habe einfach keine andere Wahl! Es ist schließlich nicht mein Einfall, es ist die offizielle Politik der Regierung, ich habe keine Wahl, ich führe ja bloß die Anweisungen aus. Pfui! So, das hat mich erleichtert!« hat meine Mutter gesagt.

Ich habe ihr gesagt: »Mama, mach dir nichts draus. *Die* sollten sich ärgern, denn sie werden niemanden finden, der so tüchtig ist wie du. Und du wirst einen neuen Posten finden, vielleicht sogar einen viel besseren, ganz egal, wo wir auch hingehen.«

Sie hat den Kopf geschüttelt. »Solche Stellen als Lektorin wachsen nicht auf Bäumen. Und in einem fremden Land kommt das Problem mit der Sprache noch dazu. Aber keine Sorge, ich sehe alles im richtigen Verhältnis zueinander: das allerwichtigste ist, daß wir hier fortkommen, ehe es zu spät ist. Hoffentlich hat dein Vater heute Quota-Nummern für uns bekommen!«

Weil sie das gerade erwähnte, habe ich gefragt: »Was ist das eigentlich genau, eine Quota-Nummer?«

Sie hat es mir erklärt: Amerika ist einer der wenigen Staaten auf Erden, die Einwanderer aus anderen Ländern aufnehmen, aber nicht in unbegrenzter Menge. Für jedes Land ist für jedes Jahr eine bestimmte Quote festgelegt, also eine bestimmte Anzahl von Menschen, also zum Beispiel achttausend Menschen aus Österreich. Diese achttausend sind Österreichs Quote. Und jeder Österreicher, der nach Amerika auswandern möchte, bekommt eine Nummer und muß warten, bis sie an der Reihe ist.

»Wenn so viele Österreicher auswandern wollen, dann müssen wir wahrscheinlich noch ziemlich lange auf das Visum warten, auch wenn wir endlich eine Nummer haben?«

»Ja, aber mit einer Quota-Nummer für Amerika in der Tasche haben wir bessere Aussichten darauf, ein Visum und eine vorläufige Aufenthaltserlaubnis in einem anderen Land zu bekommen, zum Beispiel in der Schweiz oder in der Tschechoslowakei.«

»Oder in Jugoslawien?«

»Wahrscheinlich auch. Weißt du, diese Länder sind eher bereit,

Flüchtlinge hereinzulassen, wenn sie vorher sicher sind, daß die Flüchtlinge nicht für immer bleiben, sondern nach Amerika auswandern.«

»Warum?«

»Weil es auch nur kleine Länder sind mit vielen wirtschaftlichen Problemen und Arbeitslosen, und weil die Welt nun einmal leider kein sehr gastfreundlicher Ort ist.«

Später

Nachdem ich jetzt genau wußte, wie diese Sache mit den Quota-Nummern organisiert ist und was für uns alles davon abhängt, habe ich mich viel mehr gefreut, als ich es sonst vielleicht getan hätte, als mein Vater heute abend heimgekommen ist und strahlend verkündet hat: »Ich hab sie! Ich habe mir dafür den ganzen Tag lang die Beine in den Bauch gestanden, aber ich hab sie!«

»O Franzl!« Meine Mutter ist ihm entgegengehumpelt. »Das freut mich vor allem, weil es in Amerika viel mehr Verlage gibt als hier, und auch viel bessere als den elenden alten Huber!«

Da hat mein Vater schon Bescheid gewußt: »Soll das heißen, daß sie dich einfach fristlos entlassen haben, diese Mistviecher?«

Das war solch ein kindisches Schimpfwort für solch eine Niedertracht, daß sie beide lachen mußten, und Papa hat sie in den Arm genommen.

Nach dem Nachtmahl hat Opa Oskar die Flasche Champagner aufgemacht, und wir haben Mizzi ins Wohnzimmer gerufen und gefeiert. Opa Oskar hat die Tischreden gehalten.

Zuerst haben wir darauf getrunken, daß Mamas Hüfte so gut weiterheilen soll, wie es angefangen hat. Mama hat mit einer Krücke unter dem Arm mit Opa Oskar ein paar langsame, polternde Walzerschritte gemacht, und Opa Oskar hat dazu den Kaiserwalzer vor sich hingesummt.

Dann hat Opa Oskar jedem noch ein bißchen eingeschenkt, und wir haben auf die Freiheitsstatue im Hafen von New York getrunken, und Opa Oskar hat gesagt, er wird uns dort abholen, wenn unser Schiff dort ankommt.

Champagner ist der beste Wein, den es gibt. Er sprudelt wie ein Kracherl, bloß viel feiner, und er macht einen mit jedem Schluck vergnügter, sogar wenn man eigentlich wegen allen möglichen schrecklichen Sachen sehr traurig ist.

Dann haben wir auf Mizzi und den Ferdl und ihr Glück getrunken. Opa Oskar hat gesagt: »Inge, sing den Hochzeitsmarsch von Mendelssohn-Bartholdy.« Normalerweise hätte mich das sehr verlegen gemacht. Aber mit so viel Champagner in mir habe ich ihn ziemlich laut geschmettert.

Wahrscheinlich hat deshalb niemand die Türglocke gehört.

Mein Vater und Mizzi hatten sich gerade untergehakt und haben angestoßen, da ist auf einmal eine große Gestalt in einem Bisammantel zwischen uns gestanden, wie aus dem Boden gewachsen. Es war Usch. In unserem Wohnzimmer hat auf einmal eine andere Atmosphäre geherrscht. Vielleicht hat sie einen kalten Luftzug hereingelassen. Jedenfalls habe ich plötzlich gefroren.

Usch hat eine schwarze Aktentasche in der Hand gehabt. Sie hat gesagt: »Guten Abend beieinander. Ich habe geläutet, aber es ist niemand gekommen. Da habe ich mir erlaubt, mir die Tür selbst zu öffnen. (Oma Sofie hat einen Schlüssel für unsere Wohnung.) Ich hoffe, ich störe nicht.«

»Natürlich nicht«, hat mein Vater gesagt. »Du kommst gerade richtig, um mit uns auf Mizzi und Ferdl zu trinken.«

»Nimm dir ein Glas, Usch«, hat Opa Oskar gesagt.

»Vielen Dank, ich trinke nie. Frau Dornenwald hat mich geschickt, damit ich diese Aktentasche herbringe. Sie hat gefürchtet, daß sie sonst in dem Durcheinander mit dem Packen vergessen wird.«

Oma Sofie fährt am Samstag in die Schweiz.

Usch hat meinem Vater die Aktentasche gegeben. »Hier, Franz«, hat sie angefangen. Sie nennt meinen Vater noch oft so. Aber dann hat sie sich schnell verbessert: »Herr Dornenwald.«

Die Aktentasche war voll alten Zeugnissen, Diplomen, Fotos und dergleichen von meinem Vater. Auch seine Entlassungspapiere aus der österreichischen Armee nach dem Weltkrieg waren dabei.

»Und Frau Dornenwald läßt fragen, bittesehr, ob sie vielleicht ihr Pillenschachterl hier vergessen hat. Das kleine runde mit der Einlegearbeit aus Perlmutt auf dem Deckel.«

»Nicht daß ich wüßte«, hat mein Vater gesagt.

»Mizzi, vielleicht hast du es beim Putzen gefunden?« hat Usch gefragt.

»Nein.«

Usch hat Mizzi einen Blick zugeworfen, der sagte: dann hast du nicht sehr ordentlich geputzt.

Mizzi hat mir ihr Champagnerglas in die Hand gedrückt, hat sich hingekauert und unter Mamas Krankenbett geschaut. »Hier ist keine Pillenschachtel. Wenn du selbst nachschauen möchtest . . . bitte! Dann kannst du auch gleich kontrollieren, ob es da staubig ist.«

»Werd nur nicht gleich frech, Mädchen«, hat Usch ihr zugezischt. Zu uns hat sie laut gesagt: »Bitte noch einmal um Entschuldigung für die Störung. Gute Nacht.«

Mein Vater hat sie hinaus begleitet.

Freitag, 18. März 1938

Heute morgen habe ich mich vor der Urania mit Lieselotte getroffen. Ich habe sie kommen sehen, aber ich habe sie nicht erkannt. Sie war in Uniform. Ich weiß, ich weiß, sie *muß* bei den Jungmädeln sein, aber es war trotzdem ein Schock. Den muß sie mir am Gesicht angesehen haben, denn sie hat gleich gesagt: »Ich bin auch nicht gerade versessen auf diese Maskerade.«

»Ich weiß. Ich hätte nicht so dreinschauen sollen.«

Gegenüber von der Urania ist ein kleiner Park mit Bänken. Wir sind ungefähr eine Viertelstunde dort gesessen, dann hat Lieselotte gehen müssen . . . in das Hauptquartier der Hitlerjugend. Sie hat einen Handel mit ihrem Vater gemacht: sie hat sich heute freiwillig gemeldet, um dort Flugblätter zu falten, und dafür läßt ihr Vater sie am Sonntag zu Onkel Ludwig gehen. Bei Onkel Ludwig findet irgendeine kleine Feier statt.

»Ich hab eine Idee«, hat Lieselotte gesagt. »Komm auch! Es wird sehr nett werden. Meine Mutter backt heute eine Menge Kuchen dafür. Onkel Ludwig wird sich freuen, wenn du kommst, und meine Mutter würde dich auch gerne wiedersehen. Das hat sie gesagt! Kannst du kommen, Inge?«

»Ja, sicher, und furchtbar gerne. Oh, Moment mal . . . um wieviel Uhr ist es?«

»Um drei.«

»Dann geht's doch nicht. Um die Zeit muß ich meinen Großvater zum Bahnhof begleiten. Er fährt fort, für immer.« Es kam überhaupt nicht in Frage, daß ich ihn nicht begleiten würde.

»Wann können wir uns dann treffen?«

»Morgen geht es auch nicht. Morgen fährt nämlich meine Oma Sofie in die Schweiz. Auch für immer. Und natürlich bringe ich sie auch zum Bahnhof. Und Montag müssen wir wieder in die Schule.«

Wir haben verabredet, uns am Montag in der Früh in dem kleinen Hof am Schwedenplatz zu treffen, damit wir wenigstens den Schulweg zusammen machen können.

Als ich heimkam, bin ich auf der Treppe Evi begegnet. Sie hat gefragt: »Warum bist du gestern nicht zu mir heraufgekommen? Du hast doch gesagt, du kommst.«

Das hatte ich glatt vergessen gehabt. »Es tut mir leid, Evi, es ist mir was dazwischen gekommen . . .«

»Schade. Weißt du, was mir gerade passiert ist, Inge?«

Sie war gerade in Wegners Kolonialladen gewesen, um ein paar Besorgungen für ihre Mutter zu machen, und Herr Wegner hatte sie einfach stehen und warten lassen und zuerst drei andere Kunden bedient, die nach Evi hereingekommen waren.

»Ich weiß, das macht er bei mir auch. Er hat gesagt, wir sollen froh sein, weil er uns überhaupt noch etwas verkauft«, habe ich gesagt.

»Bloß weil wir Juden sind?« Evi ist so naiv, daß sie es einfach immer noch nicht glauben kann, obwohl alles direkt vor ihrer Nase passiert.

Deshalb habe ich gesagt: »Natürlich nicht! Wie kommst du denn darauf? Bloß weil wir vom Mond herunter gefallen sind! Herr Wegner mag Mondleute nicht. Deshalb wird er auch bald ein Schild an die Tür hängen: Mondleute unerwünscht!«

Immerhin hat Evi darüber gelacht. »Kannst du jetzt mit heraufkommen? Ich habe neue Papierpuppen, von den Dionne-Fünflingen in Kanada!«

»Lieber Himmel, Evi, Papierpuppen und die Fünflinge in Kanada! Hast du keine anderen Sorgen? Ich kann nicht sofort kommen, mein Großvater wartet auf mich. Aber ich komme nachher.«

»Gut, aber du mußt versprechen, daß du es nicht wieder vergißt, ja?«

Ich mußte mit Opa Oskar das englische *th* üben; das machen wir jetzt jeden Tag zusammen. Er sagt, er muß diesen Laut unbedingt richtig aussprechen können, ehe er in Amerika ankommt. Ich spreche ihm vor: »*this . . . that . . . these . . . those . . . thanks . . . theater . . . thistle . . . thousand . . .*« und ich zeige ihm, wo ich dabei die Zungenspitze hinlege, hinter die oberen Schneidezähne. Er legt die Zunge schon an die richtige Stelle, und er gibt sich auch die größte Mühe, und dann sagt er: »Ziss . . . zät . . . zies . . . zoos . . . zänks . . .«

Jetzt werd ich zu Evi hinaufgehen. Ich nehme das zerrissene Halskettchen mit. Vielleicht können wir zu ihrem Vater ins Geschäft gehen, damit er es wieder repariert.

Ich glaube, heute ist Evi innerhalb einer knappen Stunde ungefähr fünf Jahre älter und gescheiter geworden. Ich werde versuchen, alles genauso aufzuschreiben, wie an dem Samstag, an dem sie meinen Vater und meinen Großvater gezwungen haben, die Straßen zu putzen . . . ganz ruhig und alles der Reihe nach. (Fräulein Pappenheim würde das gutheißen.) Sonst kann ich es nämlich überhaupt nicht aufschreiben.

Evi war gleich damit einverstanden, zu ihrem Vater zu gehen. Frau Fried hat gerade Zwetschgenbuchteln gebacken, und sie hat uns jedem eine gegeben, zum Unterwegsessen, und zwei in einer Tüte für Herrn Fried. Wir haben uns auf den Weg gemacht. Sein Laden ist in der Praterstraße, im 2. Bezirk, ungefähr eine Viertelstunde zu Fuß.

Als wir beinahe dort waren, ist ein Auto vorbeigefahren, und die Sonne ist einen Augenblick so auf die Windschutzscheibe gefallen, daß der Widerschein mich ganz geblendet hat und ich die Hand vor die Augen gehalten habe. Als ich sie wieder weggenommen habe, habe ich gedacht, mit meinen Augen stimmt etwas nicht . . . weil ich da, wo eigentlich Herrn Frieds Schaufenster sein sollte, bloß noch Zacken gesehen habe, die in der Sonne blitzten. Und innendrin im Geschäft war der Boden auch mit etwas Glänzendem bedeckt, in dem sich das Licht fing.

»Papa, Papa!« hat Evi geschrien.

Meine Augen haben doch noch richtig funktioniert. Das Schaufenster *hat* bloß noch aus ein paar Glasscherben bestanden, die wie große Zacken rundherum aus dem Rahmen ragten; es war eingeschlagen! Und das, was innendrin auf dem Boden geglänzt hat, waren auch Scherben.

»Seid vorsichtig, Kinder, schneidet euch nicht!« Herr Fried ist uns entgegengeeilt und hat Evi an sich gezogen und ihren Kopf an seine Brust gedrückt.

Er ist ein ziemlich korpulenter Mann mit einem breiten Brustkasten. Sein Gesicht war so weiß wie Papier, und der Schweiß ist ihm auf der Stirn gestanden, aber seine Stimme hat nicht gezittert. »Es freut mich, daß ihr mich wieder einmal im Geschäft besuchen kommt, aber es tut mir leid, daß ihr es in diesem Zustand seht.«

Alles, was sich zertrümmern ließ, war zertrümmert. Und alles, was nicht angenagelt war, war gestohlen worden: die ganze Ware, aller Schmuck, die Uhren, das Geld. Die Kassenschublade stand weit auf.

»Wer hat das gemacht, am hellichten Tag?« habe ich entsetzt gefragt.

Herr Fried hat die Achseln gezuckt. »SA-Männer oder SS-Männer, welchen Unterschied macht das, wie sie sich nennen? Es waren sechs, nein, sogar sieben. Auf jeden Fall zu viele. Deshalb bin ich in meine Werkstatt gegangen, ohne ein Wort zu sagen, und habe die Tür hinter mir zugezogen und darum gebetet, daß sie nicht hinter mir herkommen und auf mich genauso einschlagen wie auf die Ladeneinrichtung. Fensterscheiben und Möbel kann man wieder ersetzen, Menschen nicht.«

»Hast du die Polizei gerufen, Papa?«

»Natürlich nicht, Evi. Einer *war* ein Polizist.«

»Was wirst du jetzt machen, Papa?«

»Zuerst werde ich raten, was du mir in der Tüte da für die Jause mitgebracht hast.« Er hat geschnuppert. »Hm, das ist leicht zu erraten: frische Buchteln!« Herr Fried hat in die Tüte gegriffen. »Und dann werde ich eine aufessen.«

»Papa, du brauchst nicht so munter zu tun, bloß wegen mir«, hat Evi gesagt.

»Ich weiß, mein Küken. Aber ich fühle mich schon wieder wohler, bloß weil du da bist. Obwohl es mir lieber wäre, wenn du das nicht hättest sehen müssen.« Er hat uns in die Werkstatt hinter dem Laden geführt. »Seht ihr, hier ist Gott sei Dank noch alles in Ordnung.«

»Papa, wir sind hergekommen, weil Inges Halskette ge . . .«

»Evi, fang jetzt nicht davon an!« habe ich sie unterbrochen.

»Inges Halskette ist gerissen? Nun, dann zeig sie mir mal, bitte; sei nicht so schüchtern.«

Also habe ich sie Herrn Fried gegeben. Er hat eine winzige Zange genommen und hat die gerissenen Glieder wieder zusammengehängt und zusammengedrückt. Dann hat er den Davidstern wieder darangehängt, hat »du erlaubst« gesagt und mir das Kettchen um den Hals gelegt.

»Ich dank Ihnen vielmals, Herr Fried.«

»Ich bedank mich bei *dir*. Jetzt war der Tag für mich doch nicht ganz verloren. Und nun solltet ihr beide wieder heimgehen.«

»Papa, komm mit heim«, hat Evi gesagt.

Aber Herr Fried mußte auf den Glaser warten, der kommen und sich alles anschauen und ihm dann sagen wollte, wieviel es ungefähr kosten würde, den Schaden wieder zu reparieren.

»Dann bleibe ich auch hier«, hat Evi gesagt.

»Ich werd heimgehen«, habe ich gesagt. Dann bin ich dagestanden und habe mir den Kopf zerbrochen, damit mir etwas einfällt, was ich noch sagen konnte und das auch zeigte, wie schrecklich ich das alles fand. Zum Schluß habe ich nur herausgebracht: »Es tut mir leid«, und das paßt auch, wenn jemand sich den Zeh angestoßen hat.

Ich bin alleine heimgegangen und dabei haben mich schreckliche Gedanken verfolgt: wie der, daß das Loch in Herrn Frieds Schaufenster doch einen Zusammenhang mit dem Loch in der Welt hat, von dem ich zuerst gedacht habe, ich hätte es bloß erfunden, weil mir nichts Besseres eingefallen ist, um auszudrücken, wie mir am Samstag zumute gewesen ist, als die SA-Männer Papa und Opa Oskar weggeschleppt haben. Das hier klingt auch nicht besonders klar, aber für mich schon.

Dann habe ich über Herrn Vessely nachgedacht und mich gefragt, ob er auch Schaufenster demoliert und Sachen aus Geschäften stiehlt und alte Herren wie meinen Großvater zwingt, den Bürgersteig zu putzen und ihn dabei noch schlägt. Vor einem Schreibwarengeschäft sind ein paar Leute herumgestanden und haben zugeschaut, wie ein Mann in Lederhosen und mit einer Hakenkreuzbinde am Arm einen kleinen Buben mit einem Käppchen gezwungen hat, mit Farbe JUDE auf das Schaufenster zu schreiben. Ich habe nur einen Augenblick hinübergeschaut. Es war nicht nötig, noch länger hinzuschauen, ich werde mich trotzdem mein Leben lang daran erinnern, und auch an Herrn Frieds verwüsteten Laden, sogar wenn ich schon eine ganz, ganz alte Frau sein werde, mit mehr braunen Altersflecken auf den Händen als Opa Oskar.

Samstag, 19. März 1938

Oma Sofie hat die Einreiseerlaubnis für die Schweiz bekommen, weil Tante Emmi und Onkel Hugo ihre Bürgen sind und eine Menge Formulare und Erklärungen unterschrieben haben, daß sie für Oma Sofie sorgen wollen und sie dem Schweizer Staat niemals zur Last fallen wird.

Ich habe meinen Vater gefragt, warum sie nicht auch für uns bürgen können, und er hat geantwortet: weil sie nicht wohlhabend genug sind. Sie könnten uns höchstens für eine Übergangszeit bei sich aufnehmen und uns ernähren, aber nicht für immer, und weil die Schweizer Behörden das genau wissen, deshalb nehmen sie Tante Emmi und Onkel Hugo auch nicht als Bürgen für uns an.

Mein Vater und Usch und ich haben Oma Sofie zum Bahnhof gebracht. Auf dem Westbahnhof ist es ganz anders zugegangen als sonst, wenn wir nach Mondsee in die Ferien gefahren sind. Das Gewühl war viel, viel größer, und ich habe viel trauriges Abschiednehmen mit Tränen und so weiter gesehen.

Um ganz ehrlich zu sein: ich glaube, ich werde Oma Sofie nicht so sehr vermissen wie Opa Oskar, und morgen werde ich ganz bestimmt viel trauriger sein als heute.

Als wir mit der Tram wieder heimgefahren sind, hat Usch den Kopf auf Vaters Schulter gelegt und gesagt: »Ich kann nichts dafür, *ich* muß weinen«, und hat noch mal geweint. Dabei hat sie schon auf dem Bahnsteig jede Menge geheult. Ich weiß, daß sie Oma Sofie wirklich liebt. Aber ich habe doch das Gefühl gehabt, daß diese neuen Tränen bloß den Zweck hatten, mich anzuschwärzen, weil ich überhaupt nicht geweint habe. Aber dann ist eine lange Haarnadel aus ihrem Knoten gerutscht. Sie legt immer solchen Wert darauf, ordentlich frisiert zu sein; ich habe sie noch nie zuvor mit schlecht sitzendem Knoten gesehen. Und jetzt haben sich ganze Strähnen ihres schweren, braun-grauen Haares daraus gelöst und sind auf Vaters Mantel gefallen, und sie hat es nicht einmal bemerkt. Da habe ich mir gesagt, daß sie doch nur weinte, weil sie nicht anders konnte, weil sie so schrecklich traurig war. Ich habe deshalb nicht angefangen, sie auf einmal gern zu haben, aber sie hat mir doch und zum erstenmal leid getan.

»Ich werd sie so vermissen, Franz«, hat sie gejammert.

»Ja, ja, natürlich. Ich auch«, hat Papa gesagt.

»Für dich ist das was anderes. Du hast deine Familie. Ich bin eine alte Frau, und ich habe jetzt niemanden mehr.«

»Aber Usch, du hast doch noch immer uns«, hat Papa gesagt.

»Aber du wirst auch fortgehen. Und was soll dann aus mir werden? Du weißt das nicht, Franz, aber ich war auch einmal jung, und ich hab gar nicht schlecht ausgeschaut, und ich habe Verehrer gehabt, die mir Heiratsanträge gemacht haben, aber ich habe sie alle abgelehnt. Ich habe für deine Eltern gearbeitet, ich habe dich und deine Geschwister großgezogen, das war das einzige, was ich gekannt habe. Bei deinen Eltern, das war das einzige Heim, was ich jemals gehabt habe, seit ich ein junges Mädchen war und von meinen Eltern fort bin.« Sie hat das Gesicht an Vaters Mantel versteckt.

Er hat ihr den Rücken getätschelt. »Es ist noch immer dein Heim. Du weißt doch, daß meine Mutter die Miete noch bis Ende Juni bezahlt hat.«

»Ja, das war so gut von ihr. Aber danach, was soll ich dann machen?« Usch hat auf Vaters Schulter geschluchzt.

Sonntag, 20. März 1938

Heute ist der Tag, vor dem ich mich gefürchtet habe.

Opa Oskar ist sehr früh aufgestanden. Ich auch. Ich habe ihm Gesellschaft geleistet, während er sich rasiert hat. Nicht, weil ich das noch lustig finde zuzuschauen, wenn mein Vater oder Opa Oskar sich rasieren, so wie früher, als ich noch klein war, sondern um keine Minute zu versäumen, die ich noch mit ihm zusammen sein konnte.

Unter seinen Augen waren Säcke; seine Wangen und sein Kinn waren mit weißem Schaum bedeckt. Er hat noch mehr als sonst einem Bernhardiner geglichen.

Er hat gesagt: »Komm, wir üben noch einmal das *th*. Ich weiß genau, wo ich die Zunge hinlegen muß. So . . . Zzzzzz! *zänks* . . . *zousand* . . . Nicht richtig?«

»Nein, aber das macht nichts. Wenn Leute aus Amerika Wienerisch sprechen müßten, dann würden sie den richtigen Tonfall auch lange, lange nicht herauskriegen. Opa Oskar, meinst du, daß du Heimweh kriegen wirst?«

»Nach euch, ja. Und nach meinen Freunden. Aber nicht nach den anderen und nicht nach Wien. Ein Land, das ›judenrein‹ sein will, das ist nicht mehr meine Heimat.«

»Wann genau fährt dein Zug ab?«

»Um zehn nach drei. Warum? Du kommst doch nicht mit zum Bahnhof.«

Ich habe gedacht, er scherzt bloß. »Natürlich komme ich mit!«

»Nein, Inge. Du warst gestern schon mit am Bahnhof. Genügt das nicht?«

»Aber, Opa Oskar, heute ist das etwas anderes! Ich will unbedingt mitkommen!«

»An dem Tag, an dem ich fort muß, da zählt bloß das, was *ich* möchte. Und ich möchte nicht, daß du mitkommst.«

»Warum nicht?«

»Weil ich mir schon überlegt habe, wohin du heute gehen solltest: in den Wurstelprater.« Er hat ein Clownslächeln aufgesetzt und sich Rasierschaum auf die Nase getupft und gesagt: »Inge, bitte, für mich. Wenn ich nachher im Zug sitze, dann wird es mir Freude machen, wenn ich mir vorstelle, wie du im Prater ein Würstel ißt und ein Kracherl trinkst und im Riesenrad sitzt und die ganze Stadt zu deinen Füßen ausgebreitet liegt.«

Er wird Heimweh haben, ganz gleich, wie er das jetzt abstreitet, habe ich mir gedacht. Dann hat er gesagt: »Und ich möchte, daß du dem Watschenmann ein paar langst, aber gründlich, eine auf jede Backe, von mir, als meinen Abschiedsgruß an Wien. Hau ihm so eine runter, daß der Kraftmesser bis obenhin saust und die Glocke anschlägt!«

Als Opa Oskar sich fertig rasiert hatte, hat er mir zehn Schilling geschenkt.

»Opa Oskar, das ist viel zuviel!«

»Nicht, wenn du mit allen Karussells fährst. Und nimm Mizzi mit, und vielleicht den Ferdl. Ich erwarte schließlich nicht von dir, daß du alleine in den Wurstelprater gehst.«

Dann haben wir voneinander Abschied genommen, ganz allein und unter uns.

Ich habe ihm gesagt: »Opa Oskar, das Tagebuch, das du mir zu Chanukka geschenkt hast, ist beinahe voll.«

Das hat ihn gefreut. Er hat gesagt: »Bleib brav und gescheit, bis ich dich in Amerika wiedersehe.«

»Und wenn wir nicht dahin kommen können?«

»Ihr werdet schon hinkommen. Jetzt gib mir einen Kuß.«

Ich habe ihm einen Kuß gegeben. Sein Schnurrbart stört mich überhaupt nicht mehr. Aber etwas, was ich gar nicht gerne tu, das ist, jemandem sagen, daß ich ihn gern habe, sogar dann, wenn ich ihn wirklich sehr, sehr mag. Ich denke mir immer, daß das die Leute schrecklich in Verlegenheit bringen muß. Mich macht es jedenfalls sehr verlegen. Deshalb habe ich gesagt: »Opa Oskar, ich bin wirklich froh, weil ich dich kenne. Du bist etwas ganz Besonderes in meinem Leben.«

»Und du auch in meinem.« Dann hat er seine Hand auf meinen Kopf gelegt. Er hat gar nichts laut gesagt, aber ich habe gespürt, daß er mich gesegnet hat.

Meine Mutter hat Gehen geübt, aber ohne es zu übertreiben, und solche Fortschritte gemacht, daß der Herr Dr. Feuerwerker ihr gestern erlaubt hat, auch aus dem Haus zu gehen. Heute hat sie ihr feschestes Kostüm angezogen, aus Schottenstoff, und dazu den beigen Hut mit dem breiten Rand. Sie hat schon lange nicht so hübsch ausgeschaut. Sie hat auch nur eine Krücke genommen und damit kaum Lärm gemacht. Sie und mein Vater haben Opa Oskar zum Zug gebracht.

Zum erstenmal seit fast sechs Wochen ist meine Mutter auf ihren eigenen zwei Beinen zur Wohnungstür hinausgegangen. Du solltest stolz auf sie sein, habe ich mir gesagt, und ich habe mir auch Mühe gegeben, es zu sein. Aber ich habe mir auch gesagt: *Ich* habe Opa Oskar mindestens genauso gern wie sie, und ich stehe ihm genauso nahe wie sie! Und ich war eifersüchtig, und ich habe mich verstoßen und ausgeschlossen gefühlt.

Mizzi hat nicht mit in den Wurstelprater gehen können, weil sie mit Ferdl eine Wohnung anschauen geht, von der Ferdl durch einen Kollegen erfahren hat.

Das war mir ganz recht. Ich habe sowieso nicht die geringste Lust auf den Wurstelprater gehabt. Und noch weniger, ganz allein daheim zu bleiben. Deshalb habe ich mein gutes braunes Kleid angezogen . . . eine Einladung hatte ich schließlich. Und jetzt keinen Grund mehr, nicht hinzugehen.

Später

Pater Ludwig schaut noch genauso aus wie früher, bloß ist sein Haar jetzt grau. Und er ist auch noch immer genauso nett! Und Lieselottes Mutter hat sich richtig gefreut, weil sie mich wiedergesehen hat, und natürlich bin ich immer gerne mit Lieselotte zusammen. Aber alles miteinander hat mich doch nicht richtig gefreut, weil ich immerzu an Opa Oskar gedacht habe und mich gefragt habe, was er dazu sagen würde, wenn er wüßte, wo ich jetzt bin. Ich schreibe das lieber erst gar nicht auf; ich möchte nicht einmal daran denken.

Als ich heimgekommen bin, waren meine Eltern längst zurück vom Bahnhof und wollten wissen, wo ich gewesen bin. »Bei Anni Hopf, sie hat mich eingeladen«, habe ich gesagt, und sie haben es mir geglaubt.

Montag, 21. März 1938

In einer einzigen Woche haben sie das beste oder vielleicht nur das zweitbeste Mädchengymnasium in ganz Wien ruiniert.

Frau Dr. Waldemar, die Gründerin der Schule, für die diese Schule das Wichtigste im Leben war, ist nicht mehr Direktorin. Und niemand weiß, wo sie ist. In der Schule schwirren Gerüchte, die Nazis hätten sie ins Gefängnis gesteckt, oder sie sei sogar tot oder aber doch in Sicherheit in Schweden.

Ein Herr von Hammels aus Berlin ist jetzt Direktor.

In allen Klassenzimmern hängen Hitlerbilder und Nazi-Fahnen. Alle Flurwände sind mit Plakaten vom BDM, vom Arbeitsdienst, von »Kraft durch Freude« und der neuen Volksbefragung tapeziert. Die wird am 10. April sein, und es geht bloß noch darum, nachträglich *Ja* zum Anschluß an Deutschland zu sagen. Was hätte es für einen Zweck, noch *Nein* zu sagen, wenn dann die Deutschen schon seit einem Monat mit Panzern und Soldaten hier sind, um ein *Nein* mit Gewalt zu verhindern?

Was haben wir jüdischen Mädchen noch in solch einer Schule verloren? Heute waren wir nur noch sieben. Helene Barsch ist daheim geblieben, weil sie erkältet ist. Susi König wird überhaupt nicht mehr kommen; die Königs sind am Samstag ganz plötzlich in die Schweiz geflohen. Anni Hopf hat mir Grüße und ein Lebwohl von Susi ausgerichtet; sie ist ganz verloren ohne Susi. Thea Seligmann hat gesagt, wir seien hier jetzt wie sieben Schafe in einer Wolfsschule. Hilde Auerbach hat gesagt: »Du übertreibst. Bis jetzt hat uns noch niemand etwas getan. Und außerdem sind wir nicht die einzigen Anti-Nazis in der Klasse.« Ich habe ihr zugestimmt.

»Ja, aber jetzt würde ich doch lieber ins Jüdische Gymnasium gehen, ungläubig wie ich bin«, hat Beate Winternitz gesagt.

Ich eigentlich auch, wenn Lieselotte nicht wäre. Und Fräulein Pappenheim. So streng und förmlich sie auch ist, ganz die überlegene Lehrerin, die eine große Distanz von ihren dummen Schülern trennt, sie läßt doch ihre Gefühle durchscheinen, und die zeigen, wie verständnisvoll und anständig sie ist.

Heute morgen hat Fräulein Pappenheim sehr erfreut und herzlich gelächelt, als Lieselotte auf einmal wieder in die Klasse gekommen ist. Sie hat Lieselotte schon immer gern gemocht und hat sich richtig gefreut, weil sie zurückgekommen ist.

Zuerst hat sich die ganze Klasse gefreut. Lieselotte war immer sehr beliebt gewesen. Im November, als sie fortgegangen ist, haben wir noch nicht viel über Politik nachgedacht, und unsere Klasse war noch nicht in zwei Lager gespalten, in Nazis und Anti-Nazis und dazwischen ein paar, die nicht dafür, aber auch nicht restlos dagegen sind. Weil Lieselotte in Deutschland gelebt hat, hat nun das Brigitte-Herta-Nazi-Lager angenommen, daß Lieselotte jetzt natürlich zu ihnen gehörte. Nun, sie haben eine Überraschung erlebt.

Als Fräulein Pappenheim alle Namen aufgerufen hatte, hat sie hinzugefügt: »Die folgenden Schülerinnen möchten bitte aufstehen: Auerbach, Dornenwald, Goldblum, Kreitzer, Roth, Seligmann und Winternitz. Nehmt eure Mappen und setzt euch bitte in die letzte Reihe.«

In unserer Klasse stehen dreißig Pulte, aber wir sind nur zweiundzwanzig Mädchen. Deshalb war die letzte Reihe immer leer.

Acht Mädchen sind aufgestanden und haben ihre Mappen genommen: wir sieben jüdischen Mädchen und Lieselotte.

»Was fällt ihr ein, ja spinnt denn die?« hat Herta Kröger laut geflüstert.

Und Brigitte hat etwas zurückgezischt, wovon ich nur das Wort »Judenfreundin« verstanden habe.

Fräulein Pappenheim hat auf ihr Pult geklopft, damit es still wurde. Sie hat mit dem Zeigestock auf die beiden gezeigt und gesagt: »Seid so freundlich und denkt daran, daß in meinem Unterricht nur gesprochen wird, wenn ich euch dazu aufgefordert habe.«

Wir sind in die letzte Reihe gegangen, und Lieselotte hat ihre Mappe auf das Pult neben mir gelegt. Daß sie mit uns hier sitzen wollte, das machte die letzte Reihe auf einmal zum Ehrenplatz. Das habe nicht nur ich gedacht, das haben alle gespürt.

Dann ist mir etwas eingefallen. Wenn Lieselotte deswegen Schwierigkeiten mit der Schule bekommt und ihr Vater das erfährt? Ich habe ihre Mappe aufgenommen und sie ihr hingehalten und gesagt: »Lieselotte, vielen Dank, die Geste genügt. Aber setz dich nicht hierhin. Überleg dir einmal, was pass . . .«

Fräulein Pappenheim hat noch einmal auf ihr Pult geklopft. »Inge und Lieselotte, auch euch beiden habe ich keine Erlaubnis gegeben, eine Privatunterhaltung zu führen«, hat sie gesagt, aber gar nicht sehr streng. Und als ob sie meine Gedanken gelesen hätte, hat sie noch hinzugefügt: »Lieselotte, sei vernünftig und geh wieder auf deinen alten Platz, bitte.«

Lieselotte hat es getan, und keine Sekunde zu früh. Ein paar Augenblicke später ist der neue Herr Direktor auf einer Inspektionstour hereingekommen, um zu kontrollieren, ob die neue Ordnung auch eingehalten wurde.

In der Deutschstunde hat Fräulein Pappenheim unsere Klassenlektüre eingesammelt, *Nathan der Weise,* obwohl wir noch längst nicht fertig damit sind. Dann hat sie die Bücher ohne ein Wort und mit ausdruckslosem Gesicht in zwei große Papierkörbe fallen lassen. Normalerweise schaut sie sich alle Bücher, die wir zurückgeben, sehr genau an, und wir müssen für jedes Eselsohr zehn Groschen Strafe zahlen, und einen Schilling für eine zerrissene Seite, wenn sie sich noch kleben läßt. Wenn nicht, müssen wir ein neues Exemplar kaufen.

Dann hat Fräulein Pappenheim die neue Klassenlektüre verteilt, *Minna von Barnhelm,* auch von Lessing, aber langweiliger und vor allem ohne irgendwelche Gestalten, die Juden sind.

Nach der Schule mußten Lieselotte und ich beide sofort heimgehen, aber wir haben wenigstens ein Stück zusammen gehen können, auf einem Umweg, den wir heute morgen ausprobiert haben, durch Seitenstraßen und Hinterhöfe und Durchgänge, wo keine Gefahr besteht, oder höchstens eine Chance unter tausend, Herrn Vessely zu begegnen.

Zu unserer Überraschung waren sogar in den kleinen Seitengassen alle Mauern mit großen Hitler-Plakaten beklebt, mit denen die Leute dazu aufgefordert wurden, mit *Ja* für den Anschluß an Deutschland zu stimmen. Wir haben uns über die Volksbefragung unterhalten und uns folgende erstaunliche Entwicklung der politischen Lage bis zum 10. April ausgemalt: Mussolini geht in sich und beschließt, daß er seinen Vertrag mit Österreich doch noch einhalten wird, besser spät als nie, und garantiert Österreichs Grenzen und Unabhängigkeit rückwirkend. Dann garantieren England und Frankreich sie ebenfalls. Und auch noch die Schweiz und Jugoslawien und Ungarn und die Tschechoslowakei, alle unsere Nachbarn rundherum, ganz egal, ob sie das früher mit einem Vertrag versprochen hatten oder nicht. Und am 8. April, vielleicht auch erst am 9. April, schicken sie alle miteinander ihre Truppen nach Österreich, genau wie Hitler das auch gemacht hat, und diesmal stellen *sie* ihm ein Ultimatum, und nicht er uns, und sie verlangen: eine Volksbefragung, so wie der Bundeskanzler Schuschnigg sie schon wollte, eine richtige freie und geheime Wahl, mit Vorhängen vor den Wahlkabinen und ohne Schnüffler. Dann passieren noch weitere erstaunliche und erfreuliche Dinge: viele österreichische Nazis, darunter auch Herr Vessely, überlegen sich alles noch einmal gründlich und beschließen, daß sie lieber doch keine Nazis mehr sein wollen. Die anderen gehen alle nach Deutschland. Und die Volksbefragung endet mit einem überwältigenden, welterschütterndem »NEIN, wir wollen keinen Anschluß, wir wollen unabhängig bleiben!«

Dann bleibt Hitler gar nichts anderes übrig, als klein und häßlich mitsamt seinen Soldaten wieder abzuziehen, die »Ostmark« ist wieder Österreich, alle politischen Gefangenen und Juden werden aus den Konzentrationslagern und den Gefängnissen befreit, und in ganz Österreich gibt es ein großes Fest, das eine Woche lang dauert, mit Schnitzel und Salat und Wein und Bier gratis für alle, und Musik und Tanz in allen Straßen.

Als ich heimgekommen bin, war die Wohnzimmertür geschlossen, und Mizzi ist aus der Küche geschossen gekommen und hat mich mit »Dem Teufel seine Großmutter ist da, und sie erzählt deiner Mutter was Schlechtes über mich« begrüßt.

Zuerst habe ich nicht gewußt, wen sie meint. Dann habe ich gesehen, daß Uschs Bisamrattenmantel an der Garderobe hing.

»Wie kommst du denn darauf, daß sie gegen dich hetzt?«

»Weil sie gesagt hat, ›wenn ich du wäre, dann würd ich ein bisserl vorsichtiger sein‹, wie sie mir ihr Rattentier hingehalten hat, damit ich es aufhänge. Jetzt beeil dich schon, geh in dein Zimmer und horch!«

»Wieso denkst du, daß ich so was tu?«

»Ich denk nicht, ich *weiß* das!«

Also habe ich mich auf meinen Lauschposten auf meinem Bett gekniet, und ich habe gehört, wie Usch meiner Mutter genau das gleiche vorgejammert hat wie meinem Vater am Samstag in der Tram: sie vermißt Oma Sofie. Sie hat jetzt gar niemanden mehr. Nun ja, vielleicht noch eine Freundin oder auch zwei. Und einer von diesen wenigen Freunden hatte ihr erklärt, daß sie nach all diesen Jahren bei Oma Sofie jetzt doch in der Wohnung bleiben dürfen sollte!

»Aber das kannst du doch, Usch. Bis Ende Juni«, hat meine Mutter gesagt.

»Die Zeit vergeht schnell für Leute in meinem Alter, Frau Dornenwald. Und was mach ich Ende Juni?«

»Nun, du hast doch schon deine Rente, nicht wahr, und sicher auch etwas gespart?«

»Es ist schwierig, davon zu leben.«

Meine Mutter hat sie gefragt, was sie denn wollte.

»Das Geld für die Miete für die Wohnung von der gnädigen Frau für fünf Jahre, bittesehr«, hat Usch gesagt.

Ich habe sogar durch die Tür gehört, wie meine Mutter den Atem angehalten hat. »Das sind zehntausend Schilling! Zehntausendundfünfhundert! Usch, das ist doch wohl nicht dein Ernst? Sogar unter normalen Umständen könnten wir solch eine Summe nicht einfach auf den Tisch legen! Und jetzt, in dieser Lage, können wir froh sein, wenn wir genug Geld zusammenbringen, um die verschiedenen Steuern und Abgaben zu bezahlen, die die Nazis von uns Juden verlangen.«

»Gnädige Frau, von diesen komplizierten Sachen verstehe ich nichts. Ich bin bloß eine einfache Frau, ein Dienstmädchen, das ist alles. Und weil wir gerade von Dienstboten sprechen, da möchte ich Sie, bitteschön, doch warnen. Ihre Mizzi . . .«

»Was ist mit der Mizzi?«

»Nun, wie ich das letztemal hier gewesen bin, gnädige Frau, da habe ich leider mit meinen eigenen Augen gesehen, wie der Herr Dornenwald sich mit ihr . . . wie soll ich das sagen? . . . sich mit ihr ganz ungebührlich betragen hat.« Ich habe gedacht, ich fall von meinem Horchposten herunter, wie ich das gehört habe! Meine Mutter hat gelacht und gesagt: »Usch, das ist einfach lächerlich! Was willst du damit überhaupt sagen, genau?«

»Ich habe die beiden selbst gesehen, Arm in Arm, wie sie zusammen getrunken haben und . . .«

»Auf Mizzi und Ferdl und ihre Hochzeit! Ein Trinkspruch, den mein Vater ausgebracht hat, und die ganze Familie und der Ferdl waren mit dabei. Du wirst doch nicht im Ernst behaupten, daß daran etwas Unrechtes sein soll?«

»Nun, ein jüdischer Mann in fortgeschrittenen Jahren und ein junges, arisches Mädchen . . .«

»Usch, du solltest dich schämen. Ich möchte das überhaupt nicht gehört haben!«

»Gnädige Frau, Sie vergessen, daß wir Arier verpflichtet sind, so etwas bei unserem Blockwart zu melden.«

»Himmel noch mal, Usch, mein Mann hat in seinem ganzen Leben noch niemals irgend etwas Unehrenhaftes getan, und das weißt du genauso gut wie ich! Du kennst ihn schließlich, seit er in der Wiege gelegen ist, du hast ihn praktisch aufgezogen.«

»Ja, ja, so war das damals Sitte, daß die jungen Mädeln vom Land nach Wien zu den jüdischen Familien in den Dienst gegangen sind, Frau Dornenwald. Und heute ist es Sitte, daß die Moral der jungen arischen Mädchen beschützt wird.«

»Jetzt reicht's, Usch«, hat meine Mutter gesagt. »Schau zu, daß du hinauskommst.«

Ich habe mein Tagebuch geholt und angefangen, alles aufzuschreiben, so wortwörtlich wie nur möglich. Ich habe mir gesagt, daß ich zuerst alles aufschreiben muß, und dann hinterher darüber nachdenken kann.

Mizzi hat sich geirrt. Im Vergleich zu Usch ist »dem Teufel seine Großmutter« eine liebe alte Dame. Usch gleicht eher dieser bösen Märchengestalt, der Kröten und Schlangen aus dem Mund kriechen, wenn sie spricht. Nein, das ist ungerecht gegen die Kröten und Schlangen.

Natürlich habe ich Mizzi nichts erzählt. Ich habe gesagt: »Usch hat sich bloß darüber beklagt, wie allein sie jetzt ist, wie sehr sie Oma Sofie vermißt und so weiter. Du weißt schon.«

Jetzt weiß ich auch, wem Usch gleicht: dem Basilisken, halb Hahn und halb gräßliche Riesenkröte, der angeblich früher in dem Brunnen vor dem Basiliskenhaus in der Schönlaterngasse gehaust hat. Sein Atem war ein Gifthauch, und sein bloßer Anblick hat getötet. Die Leute haben ihn erst überwältigen können, als jemand, der tapfer war, mit einem großen Spiegel vor sich auf ihn zugegangen ist, und da war der Basilisk von seinem eigenen Anblick so schockiert, daß er mit einem lauten Knall in tausend Stücke explodiert ist. Ich weiß, es nutzt gar nichts, ihr so etwas zu wünschen.

Später

Mein Vater ist erst um zehn Uhr abends heimgekommen. Er war heute bei drei verschiedenen Konsulaten, ich weiß nicht, bei welchen, und hat um Einreisevisen und um eine vorübergehende Aufenthaltserlaubnis für uns gebeten, aber ohne Erfolg. Deshalb hat er am Abend noch im Büro arbeiten müssen.

Ich war schon im Bett. Ich habe versucht, nicht zuzuhören, wie meine Mutter nebenan ihm von Uschs Besuch erzählt hat. Es hat mir gereicht, das einmal zu hören. Aber die Tür ist so dünn, daß ich es doch alles noch einmal gehört habe.

Dann ist mein Vater gekommen, um mir gute Nacht zu sagen, und ich habe ihn gefragt, ob er glaubt, daß Usch das alles wirklich ernst meint oder bloß so gedroht habe. Er hat so getan, als ob er viel mehr darüber schockiert sei, daß ich an der Tür gehorcht habe, und gesagt, ich hätte alles falsch verstanden und ich sollte überhaupt nicht mehr daran denken.

Obwohl es schon so spät war, ist er noch einmal ausgegangen, zu Usch, um mit ihr zu reden und den Fall zu klären, wie er zu Mama gesagt hat. Und ich bin noch einmal aufgestanden und habe das hier dazugeschrieben.

Dienstag, 22. März 1938

Heute sind zur Abwechslung endlich wieder einmal ein paar erfreuliche Dinge passiert:

In der Schule haben wir Völkerball gespielt; Lieselotte und Brigitte waren Mannschaftskapitäne, also war das Spiel Nazis gegen

Anti-Nazis, und wir haben gewonnen! 37 zu 29! Ich habe bloß einen einzigen richtigen tollen Wurf zustandegebracht, ich spüre ihn noch im Handgelenk. Er hat uns bloß einen Punkt eingebracht, aber Herta Kröger hat ihn in die Seite gekriegt, solch ein Knall, daß sie sich hat hinsetzen müssen und zehn Minuten aus dem Spiel war.

Als ich aus der Schule heimgekommen bin, war die erste Überraschung, daß das Wohnzimmer wieder ausgeschaut hat wie früher. Das Spitalbett war weg; meine Mutter braucht es nicht mehr, und die Firma, bei der wir es gemietet hatten, hat es heute vormittag wieder abgeholt.

Die zweite Überraschung: ich habe Post bekommen . . . von Tommi! Eine Ansichtspostkarte von Zagreb, mit einem X, um zu zeigen, wo ungefähr sie wohnen. Er schreibt, daß Zagreb eine wunderschöne Stadt ist und er schon fleißig Kroatisch lernt, eine leider ziemlich schwierige Sprache. Und: »Wir wollten, ihr wärt auch hier.« Und »Schreib bald wieder!« *Und:* »Herzlich, Tommi.«

Herzlich . . . das bedeutet viel mehr als bloß »viele Grüße«; das bedeutet, daß es aus dem Herzen kommt.

Ich wollte ihm sofort antworten. Es ist wirklich komisch: ich habe fast dieses ganze Tagebuch vollgeschrieben, aber nach »Lieber Tommi« ist mir kein einziges Wort mehr eingefallen. Und wenn mir vielleicht doch noch was eingefallen wäre, dann hätten meine Finger zu sehr gezittert.

Mittwoch, 23. März 1938

In der Aula in unserer Schule finden abends manchmal Kammermusik-Konzerte statt oder andere Veranstaltungen. Rundum an den Wänden hängen die Porträts berühmter Musiker. Nun, seit heute ist ein großes Loch zwischen Schubert und Chopin: sie haben

Mendelssohn-Bartholdy herunter genommen, weil er Jude war. Und Gustav Mahler, aus dem gleichen Grund. Er hat neben Richard Strauß gehangen, und ich habe immer gerne sein welliges schwarzes Haar, seine leuchtenden, ernsten Augen und seine schmale Nase betrachtet. Statt Mendelssohn-Bartholdy und Mahler hängt jetzt Hitler vorne an der Wand und ein Eichenlaubkranz aus Blech mit einem eisernen Hakenkreuz in der Mitte.

Es hat einen Vorteil, Jude zu sein: Wir brauchen nicht an der ersten Schulversammlung unter der neuen Ordnung teilzunehmen und diese seltsamen Sprüche und Schwüre zu wiederholen, die die arischen Mädchen laut und feierlich im gleichen Rhythmus aufsagen. Dabei geht es um heilige Fahnen und heiliges Deutschland, für immer und ewig, und für immer und ewig soll jeder verflucht sein, der etwas dagegen hat. Wenn ich solch einen Schmarrn aufsagen müßte, dann würde ich mich genieren.

Lieselotte hat mir gesagt, sie geniert sich auch. Inzwischen hat sie sich eine Art Schaltknopf im Gehirn erfunden, mit dem sie sich jederzeit ein- oder ausschalten kann, und mit dem sie solche Sachen herunterleiert wie irgendeinen sinnlosen Abzählspruch, icke-dicke-dack-und-du-bist-ab, ohne selber hinzuhören.

Morgen sind es genau drei Monate her, seit sie Schnackerl bekommen hat, und ich bin zur Feier des Tages eingeladen! Ihr Vater muß für den ganzen Tag hinaus nach Hütteldorf und sich um österreichische Nazis kümmern, die jetzt aus Deutschland zurückkommen, so wie er, und er hat Heinz erlaubt, sich in der Schule freigeben zu lassen, damit er ihn mitnehmen kann. Deshalb wird die Luft rein sein, und ich kann zu Lieselotte gehen und mir ihre neue Wohnung anschauen.

Ich kann es kaum erwarten!

Ich habe im Eisschrank einen Markknochen gefunden, der genau die richtige Form hat, damit ein Dackel daran herumnagen kann. Zuerst hat Mizzi ihn nicht herausrücken wollen. »Ich brauch ihn zum Suppekochen«, hat sie gesagt.

Aber ich habe sie dazu überredet, ihn für diesen besonderen Anlaß zu stiften, und ich habe ihn in weißes Seidenpapier eingewickelt und eine rote Schleife drumgebunden.

Zurück zu den ernsthaften Angelegenheiten:

Ein paar Leute im Ausland, an die meine Mutter geschrieben hat, haben schon geantwortet. Es tut ihnen leid, aber kein einziger kann uns dabei helfen, ein Einreisevisum für irgendwohin zu bekommen.

Mein Vater war wieder bei verschiedenen Konsulaten, ich habe vergessen, bei welchen allen. Ebenfalls kein Glück.

Und Usch: Meine Eltern erwähnen sie überhaupt nicht mehr, gerade so wie die Leute früher nicht von der Pest gesprochen haben, damit sie nicht kommt. Ich glaube nicht, daß es Papa gelungen ist, »den Fall mit ihr zu klären«.

Später am Abend

Frau Plattau ist da, zum erstenmal, seit Herr Plattau gestorben ist. Sie ist sehr dünn geworden. Sie ist jünger als Mama, aber sie schaut jetzt aus wie beinahe fünfzig.

Papa hat recht. Ich sollte nicht an der Wand lauschen, es kommen bloß schlechte Neuigkeiten hindurch. Meine Eltern und Frau Plattau haben über das Geschäft gesprochen. Es heißt noch immer Dornenwald & Plattau, aber es hat einen neuen »Leiter« bekommen. Den hat das Arisierungsbüro geschickt, als Aufpasser, und er soll »den Übergang vorbereiten«. Das bedeutet nichts anderes, als daß er die Enteignung vorbereiten soll; Juden sollen keine Geschäfte mehr besitzen dürfen. Der »Leiter« ist bloß dreiundzwanzig Jahre alt. »Ein Lausbub, und von kaufmännischen Dingen versteht er so viel wie ich vom Flöhedressieren«, hat Papa gesagt, um Frau Plattau zum Lächeln zu bringen.

Mein Vater hat Frau Plattau hinunter begleitet und in ein Taxi gesetzt. Und dann hat er meiner Mutter all das erzählt, was er vor ihr nicht sagen konnte: er muß dem »Lausbub«, der Herr Säuberlich heißt, ein Gehalt zahlen, das dreimal so hoch ist wie der Betrag, den er sich selbst jeden Monat als »Gehalt« zugesteht, und dreimal so viel, wie auch Max Plattau immer nur genommen hat.

Mama hat gesagt: »Aber so viel bringt die Firma doch gar nicht ein! Dann gehst du bankrott!«

»Natürlich, und rate mal, wen sie dann dafür verantwortlich machen: mich!« hat mein Vater gesagt. Und obendrein denkt dieser Herr Säuberlich, daß Max Plattau Geld aus der Firma unterschlagen und sich deshalb umgebracht hat.

Mama hat Herrn Säuberlich mit einem Wort bezeichnet, das ich noch niemals von ihr gehört habe, auch nicht durch die Wand. Sie hat gesagt: »Wenn der Rest der Menschheit nur halb so anständig wäre wie der arme Max, dann gäbe es keine Leute wie dieses . . . Säuberlich.«

Donnerstag, 24. März 1938

Ich war doch nicht bei Lieselotte, um Schnackerls Ankunft bei ihr zu feiern. Statt dessen bin ich in einen schrecklichen Schlamassel geraten. Und es hätte noch viel, viel schlimmer kommen können für uns alle. Und durch meine Schuld.

Heute morgen auf dem Schulweg habe ich Lieselotte das Päckchen für Schnackerl gezeigt. Sie hat gesagt, daß Markknochen Schnackerls Lieblingsknochen sind und daß sie drei Geschenke für ihn hat: einen Gummiknochen und einen Ball mit einem Glöckchen darin, zum Spielen, und eine weiche Bürste, um ihn zu striegeln.

Mittags, als die Schule endlich aus war, waren wir beide fast die ersten, die zum Schultor hinausgekommen sind.

Und da stand mein Vater und wartete auf mich. Er ist lächelnd und mit ausgestreckter Hand auf uns zugekommen. »Ist das eine Überraschung, Inge? Möchtest du mich nicht mit deiner Freundin bekanntmachen?«

»Papa . . . erinnerst du dich nicht?« Ich habe die Worte kaum herausgebracht.

Natürlich, jetzt hat er sich erinnert. Sein Gesicht ist wütend geworden. Die Ader an der Schläfe ist angeschwollen. Er hat die Hand zurückgezogen.

»Grüß Gott, Herr Dornenwald«, hat Lieselotte mit schüchterner Stimme gesagt.

Mein Vater, der sonst immer solch ein höflicher Mensch ist, hat sich einfach umgedreht und ihr den Rücken zugekehrt. Er hat mich beim Handgelenk gepackt und mitgezogen. »Warte, ich muß ihr noch etwas geben!« Ich habe versucht, mich loszureißen. Naürlich hat er nur noch energischer gezogen. Ich mußte mit. Ich konnte ihr nicht einmal mehr den Knochen für Schnackerl mitgeben.

Papa, ich hasse dich. Die Worte haben so laut in mir widerhallt wie mein Herzschlag, so laut, wie meine Schritte auf dem Bürgersteig.

Nach einer Weile hat mein Vater mich losgelassen und ich bin stumm hinter ihm hergetrottet, den Kohlmarkt hinunter, an St. Peter vorbei bis zur Tuchlauben. In dieser Straße ist sein Büro. Vor dem Haus ist er stehengeblieben und hat auf den Eingang gezeigt. Dort hat immer, so lange ich denken kann, ein Messingschild gehangen: Dornenwald & Plattau, Import und Export. Das Schild war verschwunden. Statt dessen hing ein neues da: Import und Export Friedrich Säuberlich.

»Ich hab dir das gar nicht zeigen wollen«, hat mein Vater gesagt. »Ich hab dich überraschen wollen, dich abholen und dich zum Mittagessen ausführen . . . mir selbst eine kleine Freude machen . . .« Er ist dagestanden mit hängenden Schultern und hat auf das Schild geschaut. Seine ganze Gestalt war wie zusammengesackt, sogar seine Stimme.

Es hat mir leid getan, daß ich gedacht habe, ich würde ihn hassen. Ich war nicht mehr böse auf ihn. Mir war bloß schrecklich zumute . . . für ihn, für mich, für Lieselotte, wegen allem.

Er hat die Fingerspitzen unter mein Kinn gelegt und meinen Kopf hochgehoben. So sind wir einen Augenblick stehengeblieben. Er hat die Trauer in meinem Gesicht gesehen, und ich die in seinem.

»Du wirst hungrig sein«, hat er gesagt.

Ich war nicht hungrig, aber ich wollte ihm nicht schon wieder mit »nein« antworten. Deshalb habe ich genickt. Wir sind in ein kleines Restaurant weiter unten in der Straße gegangen.

Ich weiß nicht mehr, was wir bestellt haben. Wir haben es auch kaum angerührt; statt dessen haben wir geredet. Ich habe angefangen. Ich habe meinem Vater erklärt, daß er sich in Lieselotte irrt, daß er sich schon immer in ihr geirrt hat. Ich habe ihm erzählt, daß sie kein Nazi ist; daß ihr Vater sie geschlagen hat, weil sie heimlich in den Religionsunterricht gegangen ist; und wie sie sich mit uns in die letzte Bank setzen wollte; und was für eine gute, treue und mutige Freundin sie ist und immer war.

Mein Vater hat sich alles angehört. Er hat mich nur einmal unterbrochen und den Finger auf die Lippen gelegt: ich sollte leiser sprechen, damit kein Fremder zuhören konnte. Zum Schluß war ich sicher, daß ich ihn überzeugt hatte.

Er hat zugegeben, daß Lieselotte ein anständiger Mensch ist. Er hat sogar gesagt, daß er mir keine Vorwürfe mehr macht, weil ich mit ihr befreundet geblieben bin. »Aber du mußt dir darüber klar sein, was das von jetzt an bedeutet.« Er hat eine Pause gemacht und mir in die Augen geschaut. Und ich habe in seinen blauen, blauen Augen vergeblich nach dem Anfang eines Lächelns gesucht. Es kam einfach nicht.

»Was bedeutet das von jetzt an, Papa?«

»Daß du uns alle in Lebensgefahr bringst.«

Ich war schockiert.

»Begreifst du das denn wirklich nicht alleine, Inge? Muß ich dir das wirklich erst erklären? Herr Vessely ist SA-Offizier, ein Mann, der seine eigene Tochter mit einem Lederriemen schlägt, weil sie in den Religionsunterricht gegangen ist! Hast du überhaupt schon einmal darüber nachgedacht, was er wohl anstellen wird, wenn er dahinterkommt, daß sie noch immer mit einer Jüdin befreundet ist?«

»Aber Papa, deshalb sind wir ja so vorsichtig.« Ich habe ihm unser Telefonsystem erklärt, und daß wir immer einen geheimen Umweg durch Seitengassen und Hofdurchgänge nehmen.

»Das ist kindische Indianerspielerei, Inge. Und wenn Herr Vessely eines Tages unangemeldet mittags vor der Schule steht, um seine Tochter abzuholen, so wie ich heute? Das hätte schon längst passieren können. Es kann morgen passieren! Und weißt du, was er dann tun wird? Er wird Usch die Mühe ersparen, mich beim Blockwart zu verleumden. Er wird Herrn Säuberlich die Mühe ersparen, mich beim Arisierungsbüro anzuschwärzen, weil ich kein Goldesel bin, was das einzige Mittel wäre, um genug Geld zu beschaffen, um die Firma trotz seiner Dummheit und Habgier am Leben zu erhalten. Herr Vessely braucht nur einfach einen Befehl zu geben, und dann wird er nie mehr in der peinlichen Lage sein, daß seine Tochter mit einer Jüdin befreundet ist. Dann wird es um fünf oder sechs Uhr in der Früh bei uns läuten, aber diesmal werden die SA-Leute mich . . . uns alle . . . nicht mehr am Abend freundlicherweise wieder heimgehen lassen. Ich erfinde hier keine Geschichte, um dich zu ängstigen. So etwas ist in Deutschland schon zehntausendmal passiert, seit die Nazis an der Macht sind. Und du brauchst jetzt auch gar nichts dazu zu sagen. Aber denk einmal darüber nach. Das ist alles, worum ich dich bitte.«

Ich habe gründlicher darüber nachgedacht, als jemals zuvor in meinem ganzen Leben über irgend etwas. Ich denke noch immer darüber nach. Und ich finde nur eine Antwort: Nein. Nein, ich darf meine Eltern nicht in Lebensgefahr bringen. Nein, ich darf nicht mit Lieselotte über das alles sprechen. Nein, dann darf ich sie nicht einmal mehr wiedersehen. Ich weiß nicht, wie ich es morgen über mich bringen soll, in die Schule zu gehen.

Freitag, 25. März 1938

Meine Eltern haben mir erlaubt, daheim zu bleiben. Ich habe mich nützlich gemacht und Mama geholfen, Listen auszulegen von allem, was wir besitzen. Ich habe die ganze Tischwäsche aufgeschrieben, wie viele Tischdecken in welcher Größe, mit und ohne Spitzen, weiß, bunt, und die Servietten dazu. Ich habe ein halbes Dutzend aussortiert, die nicht zu groß und elegant sind, und die dazu passenden Servietten. Die werden wir einpacken und mitnehmen, falls wir so viele Koffer mitnehmen können. Das hängt auch davon ab, für welches Land wir ein Einreisevisum bekommen.

Dann hat Mizzi mich zum Einkaufen geschickt; Zwiebeln, Dill und Petersilie. Der Gemüsehändler ist in der Löwengasse, gegenüber von meiner alten Schule.

Als ich eingekauft hatte, bin ich über die Straße gegangen und vor dem Eisenzaun stehengeblieben und habe durch das Gitter in den Schulhof geschaut. Auf dem Boden waren Kreidestriche. Ein paar kleine Mädchen hatten nicht gehorcht und vielleicht Schelte bekommen. Ich habe daran gedacht, wie Lieselotte und ich noch klein waren . . .

Wie ich da so stand, hat der Herr Mühlenbach das Tor aufgemacht; das ist der Schulhausmeister, und er ist schon alt und gebückt und weißhaarig. Ich habe mich gewundert. Es war erst dreiviertel elf; so früh ist die Schule nie aus. Aber warum sind dann diese kleinen Mädchen herausgekommen, den Schulranzen auf dem Rücken?

Zuerst sind vier ganz kleine gekommen. Ich hatte vergessen, wie sehr Kinder aus der ersten Klasse noch wie Babys ausschauen. Eines war ganz stumm, eines hat laut geweint, und die beiden anderen mittellaut.

Dann sind fünf aus der zweiten Klasse gekommen. Zwei haben schon geweint, und die drei anderen waren auch drauf und dran.

Noch etwas hat mich gewundert. Warum hat der Herr Mühlenbach, der uns früher, zu meiner Zeit, immer den Kopf getätschelt hat, wenn eines von uns geweint hat, jetzt solch ein verschlossenes Gesicht gemacht?

Dann sind die Mädchen aus der dritten und vierten Klasse gekommen. Und dann, fast bei den allerletzten, Evi. Sie ist beinahe so vornübergebeugt gegangen wie der Herr Mühlenbach, als ob ihr Schulranzen tausend Kilo wiegen würde, und sie hat vor sich hin auf den Boden gestarrt.

»Evi!«

»Inge! Was machst du denn hier? Hast du's gewußt?«

»Ich war bloß gerade drüben beim Gemüsehändler. Was soll ich gewußt haben?« Inzwischen hatte ich es fast erraten.

»Von jetzt an dürfen nur noch arische Kinder in diese Schule gehen«, hat Evi gesagt. »Wir müssen in die Jüdische Schule, in der Erdbergstraße. Und weißt du was? Frau Willauer hat uns nicht einmal auf Wiedersehn gesagt!« (Das war ihre Klassenlehrerin, und Evi hat für sie geschwärmt.)

»Mach dir nichts draus, Evi. Wahrscheinlich wird es dir in der neuen Schule gefallen. Und vor allem wirst du dort nicht in der letzten Reihe sitzen müssen.«

»Jede Reihe wird dort die letzte Reihe sein«, hat Evi gesagt.

»Das ist dumm«, habe ich gesagt, aber ich habe gewußt, was sie meint.

Ihre Mutter war nicht daheim, und Evi hat keinen Wohnungsschlüssel gehabt, und ausnahmsweise auch einmal keine Lust, im Hof Himmel und Hölle zu spielen. Deshalb ist sie mit zu mir gekommen, und wir haben Halma gespielt, bis sie heimgehen konnte.

Sonntag abend, 27. März

Seit dem Tag, an dem ich mit Opa Oskar in der Synagoge gewesen bin und an dem er mich darauf gebracht hat, alles aufzuschreiben, habe ich zum erstenmal zwei ganze Tage verstreichen lassen, ohne dieses Tagebuch aufzuschlagen. Es ist sehr viel passiert, aber ich habe es nicht über mich gebracht, es aufzuschreiben.

Gestern bin ich auch nicht in die Schule gegangen. Wie soll ich Lieselotte nur jemals wieder in die Augen sehen können und ihr sagen, hör mal, ich habe meinen Vater davon überzeugt, daß du die allerbeste, aufrichtigste Freundin bist, und er hat mich davon überzeugt, daß ich meine Eltern in Lebensgefahr bringe, wenn ich meine Zeit mit dir verbringe; also werden wir von nun an so tun, als ob wir uns nicht kennen würden, einverstanden?

Ich wollte in die Synagoge gehen anstatt in die Schule. Nicht, weil ich auf einmal fromm geworden wäre. Bloß weil ich neben allem anderen auch immerzu an Opa Oskar gedacht habe, und weil ich ihn sehr vermisse, das ist alles.

Aber die Synagoge war zugesperrt, und am Tor ist ein Schild gehangen: VORLÄUFIG GESCHLOSSEN. Und obendrein sind zwei SA-Leute in braunen Uniformen davor auf und ab marschiert.

Also bin ich wieder heimgegangen.

In unserer Straße bin ich Herrn und Frau Fried begegnet. Ich habe »Grüß Gott« gesagt und gefragt, ob Evi schon in die neue Schule gegangen ist, oder ob die heute zu ist, wegen Sabbat.

Frau Fried hat einen seltsamen, unterdrückten Laut ausgestoßen und die Hand vor das Gesicht gelegt. Herr Fried hat sie beim Arm genommen und mir geantwortet: »Wir haben Evi gerade zum Bahnhof gebracht. Sie fährt nach Frankreich und von da nach England.«

»Ganz allein?!« habe ich gefragt.

»Der Schaffner wird sich um sie kümmern. In England haben wir Vettern dritten Grades, bei denen Evi eine Weile bleiben kann.

Dann fährt sie weiter in die Mandschurei. Dort haben wir nahe Verwandte, die Evi aufnehmen können, aber nicht uns alle drei.«

Nahe Verwandte! Wie nahe können die Evi stehen, in der Mandschurei? Das ist am anderen Ende der Welt!

»Wir hoffen, daß wir auch dorthin reisen können, später«, hat Herr Fried hinzugefügt. Das »später« klang schon wie »wahrscheinlich niemals«.

»Warum hat sie mir das nicht erzählt? Ich habe sie gestern noch gesehen, und sie hat mir kein Wort davon gesagt!«

»Sie hat es nicht gewußt. Wir wollten nicht, daß sie sich schon vorher Sorgen macht. Deshalb haben wir es ihr erst heute morgen gesagt.«

Genau wie damals, als sie die Mandeln herausgenommen bekommen hat. Bloß hat das damals nicht so lange gedauert; Evi ist aufgewacht, und alles war überstanden. Diesmal wird sie am anderen Ende der Welt wieder zu sich kommen, und ihre Eltern werden nicht dabei sein, sondern noch immer hier in Wien!

»So wissen wir wenigstens, daß sie in Sicherheit ist«, hat Frau Fried gesagt.

In Sicherheit! In Sicherheit ist man bloß bei seinen Eltern! Ich habe Evi vor mir gesehen, wie sie ganz allein auf einem Schiff an der Reling steht, mitten im Chinesischen Meer oder im Pazifischen Ozean oder einem anderen Meer, das so weit weg ist, daß ich nicht einmal seinen Namen weiß.

Mir ist schlecht geworden. »Entschuldigen Sie mich . . . meine Mutter wartet auf mich«, habe ich gesagt, und dann bin ich davongelaufen, vor ihnen und vor dem, was sie getan hatten, und vor ihren unglücklichen Gesichtern.

»Mama, Mama!« habe ich geschrien, wie ich zur Tür hereingekommen bin. Meine Mutter hat gar nicht auf mich gewartet, nicht im Wohnzimmer, nicht im Schlafzimmer, nicht im Herrenzimmer, nirgendwo.

»Warum rennst du in der ganzen Wohnung herum und schreist

nach deiner Mama wie ein Säugling?« hat Mizzi gesagt. »Sie ist nicht da. Sei froh, daß sie wieder hinaus kann.«

»Wo ist sie?«

»Bei deinem Vater im Büro. Der Buchhalter ist aus irgendeinem Grund nicht mehr da. Oder die Sekretärin. Ich weiß es nicht genau. Jedenfalls ist deine Mutter hin, um auszuhelfen.«

Ich habe den ganzen Tag mit Mizzi verbracht, so wie früher, als ich noch klein war. Endlich sind meine Eltern heimgekommen, beide sehr müde. Meine Mutter hat sich gleich hingelegt, und mein Vater hat sich im Wohnzimmer mit der Zeitung auf die Couch fallen lassen.

»Papa, ich muß dir was erzählen.«

Er hat die Zeitung beiseite gelegt. Ich habe mich zu ihm auf die Couch gesetzt und ihm von Evi erzählt.

»Das arme kleine Ding«, hat mein Vater gesagt. »Hoffentlich kommt sie sicher in England an.«

»Papa, hättest du jemals gedacht, daß ihre Eltern so etwas Schreckliches tun würden? Sie einfach ganz allein wegzuschicken, so weit fort?«

»Inge, überleg dir einmal, wie schrecklich es auch für sie selbst sein muß. Sie haben sich sicher nur dazu entschlossen, weil sie keine andere Wahl hatten, weil sie gefürchtet haben, daß sie niemals alle drei zusammen fortkommen.«

»Meinst du, daß wir . . .«

Ich habe die Frage nicht auszusprechen brauchen. Er hat gesagt: »Ich verspreche dir, daß ich alles tun werde, was nur in meinen Kräften steht, damit wir nur zusammen fortgehen, wenn wir schon wirklich fortmüssen.«

Danach hatte ich noch mehr Mitleid mit Evi, aber gleichzeitig war ich auch etwas erleichtert, was die Beziehung zwischen meinem Vater und mir anging. Sonst hätte ich das alles gar nicht aufschreiben können.

Heute ist der letzte Sonntag vor Mizzis Hochzeit, deshalb hat der Ferdl sie heute morgen abgeholt, um mit ihr in die Messe zu gehen.

Sie haben mich auch mitnehmen wollen, weil sie nach der Messe üben möchten, wie ein Brautpaar den Mittelgang hinunter schreitet.

Ich wäre gerne mitgegangen, aber ich habe mir gedacht: und wenn Lieselotte auch dort ist? Ohne Lieselotte hätten wir niemals etwas von diesem Pfarrer erfahren, der gegen die Nazis ist. Also war es noch unmöglicher, ihr ausgerechnet dort zu begegnen. Deshalb habe ich gesagt: »Ich kann leider nicht.«

Ferdl hat mir zugezwinkert. »Das Gefühl kenn ich.« Er hat gedacht, ich hätte bloß einfach keine Lust.

»Und woher willst du dann am Freitag wissen, wie du alles machen mußt?« hat Mizzi gesagt.

»Das ist ein Problem.« Ferdl hat die Finger an die Schläfe gelegt, um zu zeigen, daß er angestrengt nachdachte. »Ich hab's! Zuerst zeigen wir ihr den Mittelgang, falls sie ihn nicht allein findet. Und dann wird sie den rechten Fuß vor den linken setzen, und dann den linken vor den rechten, und immer so weiter, immer hinter dir her, bis sie, oh, Wunder, auf einmal vor dem Altar ankommt! Also, was sagst du dazu?«

»Ach, du«, hat Mizzi gesagt, und dann sind sie gegangen.

Beim Frühstück ist Usch wieder mit Oma Sofies Schlüssel einfach in die Wohnung gekommen. Sie schaut wirklich nicht aus wie das Ungeheuer von Basilisk aus der Sage. Sie ist bloß eine durchschnittliche, ziemlich große, kräftig gebaute ältere Frau, die weder häßlich noch hübsch ist und nicht einmal besonders böse aussieht.

Sie hat gesagt: »Ich möchte nicht stören . . .«

Nun, sie hat gestört, und wie!

Sie hat sich gesetzt, aber ihr »Rattentier« hat sie nicht ablegen wollen. »Ich komm gerade aus der Kirche. Der Herr Pfarrer hat einen Hirtenbrief vorgelesen, vom Herrn Kardinal Innitzer persönlich. Und nach dem, was da drin steht, ist es meine Pflicht als Christin und als Angehörige des Großdeutschen Reiches, die Sache mit Sie-wissen-schon-Wem jetzt schnell zu erledigen. Aber vielleicht ist es Ihnen lieber, wenn wir nicht vor dem Kind davon sprechen?«

»Inge kann das ruhig hören«, hat mein Vater geantwortet, und da ist mir klargeworden, wie sehr sich alles zwischen uns verändert hat.

Usch will neuntausendfünfhundert Schillinge haben. Tausend Schilling weniger als beim erstenmal. Für neuntausendfünfhundert Schilling ist sie bereit, rückwirkend die Augen vor dem zu schließen, was zwischen meinem Vater und Mizzi passiert ist.

»Warum nicht eine Million?« hat meine Mutter gesagt.

»Wenn Sie das so auslegen, dann geh ich lieber gleich wieder«, hat Usch gesagt.

»Warte, Usch«, hat mein Vater gesagt. »Sei mal vernünftig. Zweitausend Schilling könnte ich vielleicht zusammenbringen, aber mit all den Formularen, die man jetzt ausfüllen muß, wenn man Geld von einem Konto abheben will, und all den Kontrollen, dauert das mindestens eine Woche.«

Usch hat nein gesagt. Das ist zu spät und außerdem viel zuwenig. Sie hat dem Blockwart schon gesagt, daß sie demnächst einmal mit ihm sprechen muß, spätestens am Freitag. »Er ist bei der SS«, hat sie hinzugefügt. »Ich gebe Ihnen fünf Tage.«

»Vielen Dank«, hat meine Mutter gesagt. »Und würdest du uns bitte noch etwas ›geben‹?« Sie hat die Hand aufgehalten. »Den Schüssel zu dieser Wohnung.«

Usch hat ihr den Schlüssel gegeben und ist gegangen. Diesmal hat mein Vater sie nicht zur Tür begleitet.

»Jetzt kann sie wenigstens nicht mehr einfach so hereinplatzen«, habe ich gesagt.

»Darauf können wir uns nicht verlassen. Vielleicht hat sie sich einen Nachschlüssel machen lassen«, hat Mama gesagt.

»Wir müssen das der Mizzi doch alles erzählen, und dann kann sie auch zu diesem Blockwart gehen und ihm erklären, wie es wirklich war«, habe ich vorgeschlagen.

»Das geht nicht, weil bei den Nazis ›Recht‹ etwas ganz anderes ist als das, was wir in Österreich bis jetzt darunter verstanden haben. Wir würden Mizzi nur in Schwierigkeiten bringen; der Blockwart wird sagen, sie ist eine ›Judenfreundin‹ und sie dann genauso verfolgen wie uns«, hat mein Vater gesagt.

»Was sollen wir denn sonst machen?«

»Fliehen, so schnell wie nur möglich«, hat meine Mutter gesagt.

»Wie? Und wohin?«

»Das weiß Gott allein.« Mein Vater ist sich mit der Hand durch das Haar gefahren.

»Franzl, sei nicht so pessimistisch. Wir müssen fort, also wird es uns auch irgendwie gelingen!« Sie ist vom Tisch aufgestanden und hat ihn an der Hand gezogen. »Komm, als erstes rufen wir ein paar Leute an. Die Einreisebedingungen werden beinahe jeden Tag verändert, bei den Zeiten. Wenn deine Schwester weiß, wie gefährlich die Lage geworden ist, fällt ihr vielleicht doch noch irgend etwas ein, was sie tun kann. Oder vielleicht dieser Herr aus Prag, wie heißt er noch, mit dem du schon so lange geschäftlich zu tun hast. Nun komm schon, wir müssen es wenigstens versuchen!«

Sie sind hinüber ins Herrenzimmer gegangen. »Inge, du bleibst draußen, bittschön«, hat meine Mutter gesagt. »Es ist schon schwierig genug, solche Anrufe zu machen, wir brauchen unsere Ruhe.«

Das habe ich eingesehen. Ich habe den Tisch abgeräumt und das Geschirr abgewaschen. Aber als ich damit fertig war, habe ich mir gedacht: ich muß noch viel dringender wissen, was los ist, als sie Ruhe brauchen. Also bin ich zu ihnen hineingegangen. Ich habe sofort an Mamas Gesichtsausdruck gemerkt, daß sie auf die Verbindung mit Zagreb gewartet hat, mit den Löwenbergs.

»Hannerl, sei vorsichtig«, hat mein Vater gewarnt. »Ich bin überzeugt, daß alle Auslandsgespräche angezapft werden; ich hab's bis jetzt jedesmal in der Leitung knacken hören.«

Meine Mutter hat zuerst mit Onkel Herbert gesprochen und ihm unsere Lage in Andeutungen geschildert; dann hat sie Tante Marianne begrüßt, und dann auf einmal sehr überrascht und immer erfreuter dreingeschaut, während sie zugehört hat. Tante Marianne oder inzwischen wieder Onkel Herbert hat ziemlich lange gesprochen. Dann hat meine Mutter gesagt: »Tausend Dank, ihr beiden lieben, guten Freunde! Also, bis nachher!« und hat aufgehängt.

»Was ist los?« hat Papa aufgeregt gefragt.

Onkel Herbert kennt schon ein paar Leute in Zagreb, darunter den Besitzer einer Textilfabrik. Papas Vater, Opa Moritz, hat ganz früher auch einmal eine Textilfabrik gehabt, und als junger Mann hat mein Vater dort gearbeitet, ehe er sich mit Max Plattau mit einem Import- und Exporthandel selbständig gemacht hat. Onkel Herbert will versuchen, Papa einen Posten in dieser Textilfabrik zu beschaffen, damit wir dann vielleicht ein Visum für Jugoslawien bekommen. Onkel Herbert will versuchen, sofort mit diesem Fabrikanten zu sprechen und uns dann gleich anrufen und Bescheid sagen.

»Hoffentlich wird was daraus!« hat Papa gesagt. »Was hat Marianne dir erzählt?«

Mama hat die Stirn gerunzelt. »Sie hat gesagt . . . zweimal! . . . welch ein Trost es doch wäre, ein Christ zu sein, wie sicher man sich in solchen Zeiten in diesem Glauben fühlen kann.«

Papa hat gelacht. »Das hat unsere Marianne gesagt? Die größte Atheistin im ganzen 3. Bezirk?«

»Ich habe das Gefühl, daß sie uns damit etwas Bestimmtes sagen wollte«, hat Mama gesagt.

»Was? Daß wir uns taufen lassen sollten? Das bezweifele ich. Erstens weiß Marianne genau, was wir von Religion im allgemeinen halten. Zweitens, wenn das Problem damit gelöst wäre, dann hätten sich wahrscheinlich in den letzten paar Jahren Zehntausende von Juden in Deutschland lieber taufen lassen anstatt verfolgen. Ich habe nichts dergleichen gehört, du vielleicht?«

»Nein«, hat meine Mutter zugegeben.

»Aber ich. Hört mal zu, ich muß euch was erzählen. Letzten Sonntag, als Opa Oskar abgefahren ist, da war ich . . .«

»Inge, ich bitt dich, nicht ausgerechnet jetzt! Du siehst doch, daß wir jetzt was Wichtigeres zu tun haben. Reich mir mal das Telefonbuch, ja?« Sie hat eine Nummer nachgeschaut und sie Papa angesagt. Er hat einen Rechtsanwalt angerufen, den er kennt und sich erkundigt, ob jemand, der von jemand bei einem Blockwart denunziert wird, sich von einem Anwalt verteidigen lassen kann. Die Antwort war nein.

»Jetzt sei lieb und laß uns in Ruhe«, hat meine Mutter gesagt, und ich bin wieder hinausgegangen.

Onkel Herbert hat nach kaum einer Stunde angerufen. Der Fabrikant hat ja gesagt! Onkel Herbert schickt ein Telegramm, das Papa beim jugoslawischen Konsulat vorlegen kann. Meine Eltern sind sehr optimistisch, daß alles gutgehen wird.

Montag, 28. März 1938

Das alles habe ich gestern abend aufgeschrieben, während ich darauf gewartet habe, daß Mizzi von ihrem freien Tag zurückkommt. Um Viertel nach eins ist sie endlich angekommen. Ich habe sie in mein Zimmer gerufen.

»Bist du denn immer noch auf, du Nachteule?«

»Mizzi, bittschön, tu mir einen Gefallen!«

»Was?«

»Zeig mir dein Hochzeitskleid, bitte.«

»Nein! Ich hab dir schon einmal erklärt, daß das Unglück bringt. Und außerdem kennst du die Sonntagstracht längst aus Mondsee.«

»Das Unglück ist schon gekommen. Wenn du's mir jetzt nicht zeigst, werd ich dich überhaupt nie wieder darin sehen.«

»So ein Schmarrn. Du wirst mich am Freitag sehen.«

»Nein, Mizzi. Setz dich her.« Sie hat sich auf mein Bett gesetzt. »Freitag sind wir nicht mehr hier. Wenn nicht . . .«

»Spinnst du? Wenn nicht . . . was?«

»Etwas Schreckliches. Ich kann es dir nicht erzählen. Du mußt mir einfach glauben. Du mußt mir sogar wünschen, daß wir dann nicht mehr hier sind. Wir *müssen* fort!«

Mizzi hat sich bekreuzigt, wie in der Kirche. »Warte, ich komm gleich wieder.«

Nur meine kleine Nachttischlampe hat gebrannt. Mizzi ist zurückgekommen und unter der Tür im Halbdunkel stehen geblieben. Sie hat so schön ausgeschaut, so festlich, in dem dunklen Kleid mit dem seidig schimmernden Rock und dem weißen Spitzeneinsatz.

Sie ist langsam, würdevollen Schrittes nähergekommen und hat sich viel graziöser bewegt als sonst.

Ich habe geschaut und geschaut, ich habe mich nicht sattsehen können.

»Also, warum sagst du nichts?«

»Oh, du schaust einfach himmlisch aus, Mizzi!«

»So. Und jetzt sing den Marsch, du weißt schon, welchen.«

»Den Hochzeitsmarsch, so wie an dem Sonntag, an dem Opa Oskar noch da war?«

»Ja, den.«

Ich habe ihn gesungen, und Mizzi ist dreimal rundum durch das Zimmer gegangen, nein, geschritten, mit allem Ernst und aller Feierlichkeit.

»So, jetzt hast du's gesehen. Genauso wird es am Freitag sein. Und wenn es so weit ist, dann kannst du dir das vorstellen, wo immer du dann bist«, hat Mizzi etwas brummig gesagt. Und dann ist sie in Schluchzen ausgebrochen. »In Sicherheit, so Gott will!« Und sie hat sich auf mein Bett geworfen und sich die Augen ausgeheult.

»Mizzi, hör auf, du zerdrückst dein Kleid, du heulst es ganz naß.«

»Du hast recht.« Sie hat sich wieder aufgesetzt und sich das Gesicht an meinem Federbett abgewischt. Dann hat sie mir einen Kuß gegeben und wieder mit ihrer Brummstimme gesagt: »Jetzt heirat ich und hab nicht einmal eine Brautjungfer!«

Und ich habe gesagt: »Mach dir keine Sorgen, ich beschaff dir eine andere.«

Ganz in aller Früh habe ich die Türklingel gehört. Zuerst habe ich gedacht, das Läuten gehört zu einem verworrenen, unangenehmen Traum, den ich gerade gehabt hatte. Dann habe ich gemerkt, daß es wirklich läutet und habe gedacht: Oh, Gott, die SA-Männer.

Mein Vater ist zur Tür gegangen. Er war blaß; er hat auch Angst gehabt.

Es war das Telegramm!

ANSTELLUNG IN DER TEXTILFABRIK LAVRIC PODSUSES ZAGREB FÜR FRANZ DORNENWALD ZUGESICHERT STOP KONSULAT WIRD UM TELEFONISCHE RÜCKFRAGE BEI DER DIREKTION GEBETEN STOP HERZLICHE GRUESSE CHRISTIAN LÖWENBERG

»*Christian* Löwenberg?« habe ich gesagt.

»Da hat eben irgend jemand bei der Telegrammaufnahme nicht richtig aufgepaßt«, hat mein Vater gesagt.

Aber *Herbert* und *Christian* klingen kein bißchen ähnlich. Ich war sicher, daß man die beiden Namen nicht aus Versehen verwechseln kann. Später habe ich herausgefunden, daß meine Mutter das auch gedacht hat.

»Ich will nicht in die Schule gehen, ich werd dort keine ruhige Minute haben, ich muß einfach wissen, was jetzt wird!« habe ich gebettelt. Meine Eltern haben mich mit zum Konsulat genommen.

Auf dem Weg dorthin wollte Mama Zigaretten kaufen. Sie ist mit Papa in eine Tabak-Trafik gegangen. Draußen neben der Tür hing zwischen anderen Zeitungen auch *Der Stürmer* mit den üblichen Hetzartikeln gegen Juden auf der Titelseite.

»Pfui, Inge, schau dir diesen Schmutz nicht an«, hat meine Mutter gesagt, wie sie aus der Trafik gekommen ist, und hat mich weggezogen.

Im Konsulat haben wir ziemlich lange warten müssen, und als wir dann an der Reihe waren, ist mein Vater allein zum Konsul hineingegangen. Er ist sehr schnell wieder herausgekommen. Das Telegramm hat gar nichts genutzt; der Konsul hat ihm gesagt, daß es auch in Jugoslawien sehr viel Arbeitslosigkeit gibt und Ausländer deshalb keine Arbeits- und Aufenthaltserlaubnis bekommen, damit sie den Jugoslawen nicht die wenigen freien Stellen wegnehmen.

Mein Vater hat grimmig dreingeschaut und die Achseln gezuckt. »Und jetzt muß ich mich beeilen, damit ich ins Büro komme, sonst hat Herr Säuberlich schon wieder ein Argument gegen mich – Unpünktlichkeit, in meinem eigenen Büro! – und macht mich noch schneller fertig als Usch mit ihrem Blockwart. Hannerl, du schaust erschöpft aus. Inge, hol ein Taxi, sie darf heute nicht mehr laufen, sie überanstrengt sich.« Und er ist gegangen.

Aber meine Mutter war nicht bereit, so schnell aufzugeben. Sie hat ihren Taschenspiegel hervorgezogen, hat sich die Nase frisch gepudert und ein wenig Rouge auf ihre Wangen getupft und sich den Hut zurechtgerückt. »So, und jetzt werde *ich* mit dem Herrn Konsul sprechen. Du kommst auch mit hinein.«

Der Konsul hat uns sehr höflich empfangen und meiner Mutter einen Sessel hingeschoben.

»Entschuldigen Sie bitte, wenn wir Ihre Zeit noch einmal in Anspruch nehmen, Gospodin Konsul, aber nachdem wir einmal hier sind, möchte ich mich nur noch eben erkundigen, ob man jetzt vielleicht auch ein Visum braucht, wenn man als Tourist nach Jugoslawien fährt. Wir haben schon einige Male die Ferien in Ihrem schönen Land verbracht, und mein Arzt meint, ein paar Wochen am Meer, an der sonnigen Adria, wären das beste, damit ich nach diesem schweren Unfall . . .« – sie hat auf ihren Stock gezeigt – »wieder richtig auf die Beine komme.«

»Aber gnädige Frau, der Herr Gemahl hat davon gesprochen, daß er sich dort niederlassen möchte ...«

Meine Mutter hat ein nachsichtiges, aber gezwungenes Lachen ausgestoßen. »Ach, das ist nur so ein Einfall von ihm. Er weiß genau, daß ich restlos dagegen bin. Für die Ferien, ja, jederzeit ... aber für immer? Gospodin Konsul, ich bin in Wien geboren und aufgewachsen, ich kann es mir einfach nicht vorstellen, irgendwo anders zu leben!«

Sie hat ihr Zigarettenetui herausgeholt.

Der Herr Konsul ist hinter seinem Schreibtisch hervorgekommen und hat ihr das Feuerzeug an die Zigarette gehalten.

»Vielen Dank, Gospodin Konsul.«

»Verzeihen Sie die Frage, gnädige Frau, aber sind Sie ... ist der Herr Gemahl nicht Jude ... oder habe ich das falsch verstanden?«

»Jude?« Ihre Stimme hat überrascht geklungen. »Ach so, ja natürlich, unser Name ist jüdischer Herkunft. Aber nein, nein ...« Sie hat wieder dieses helle Lachen ausgestoßen, und diesmal hat es mich dabei geschaudert. »Wir sind Katholiken. Aber unsere Taufscheine habe ich leider nicht dabei. Ich habe mir einfach nicht überlegt, daß wir ihn vielleicht brauchen würden, und normalerweise trägt man ja nicht alle Dokumente mit sich herum, nicht wahr?« Sie hat den Gospodin Konsul angelächelt.

Er hat zurückgelächelt und eine einladende Geste mit den Händen gemacht. »Gnädige Frau, ich wünsche Ihnen einen angenehmen Aufenthalt in meinem Land. Sie sind jederzeit willkommen. Vorausgesetzt ...«

»Vorausgesetzt ...?«

»Vorausgesetzt, Ihre Taufscheine sind nicht später als 1936 datiert.«

Mamas Lächeln ist erstarrt. »Vielen Dank für Ihre freundliche Auskunft, Gospodin Konsul.«

Er hat uns zur Tür begleitet.

»Du hast den falschen Beruf ergriffen«, habe ich gesagt, als wir draußen waren. »An dir ist eine Schauspielerin verloren gegangen!«

»Nun, ich hab einfach herausfinden müssen, ob es nicht irgendeine Möglichkeit gibt. Jetzt weiß ich's.« Sie hat sich schwer auf ihren Stock gestützt, als ob sie sich nicht länger aufrecht halten könnte. »Es ist hoffnungslos.«

»Nein, ist es nicht. Taxi!«

Das Taxi hat gehalten, wir sind eingestiegen und Mama hat dem Chauffeur unsere Adresse gesagt. Dann hat sie den Hut abgenommen und den Kopf auf die Rücklehne gelegt. Ihr Gesicht war zerknittert von all dem Lächeln, das sie aufgesetzt hatte.

»Mama, schau nicht so hoffnungslos drein!« Ich habe mich dicht neben sie gesetzt und ihr ins Ohr geflüstert. »Weißt du, an dem Sonntag, an dem Opa Oskar abgereist ist, da war ich bei einer Einladung für Leute, die gerade getauft worden waren.«

»Nein! Wieso?«

»Weil Lieselotte . . .«

»Sei sofort still! Ich will den Namen nicht mehr hören! Ich habe gedacht, deinem Vater sei es doch gelungen, dir endlich klarzumachen, was du riskierst, wenn du . . .«

»Aber das war doch schon vorher, ehe Papa mit mir gesprochen hat. Mama, du mußt einfach zuhören! Sie hat mich zu ihrem Onkel eingeladen. Er ist Pfarrer, er ist Religionslehrer in meiner alten Schule, und er war schon früher immer so nett zu mir. Erinnerst du dich nicht?« Ich habe ihr den Namen ins Ohr geflüstert. (Ich werde ihn auch nicht mehr hier aufschreiben, obwohl ich das Tagebuch verstecke.) »Er ist auch gegen die Nazis. Seine Köchin hat Ischias gehabt, und deshalb hat Lieselottes Mutter . . . sie ist seine Schwester . . . ihr geholfen und Kuchen gebacken und den Kaffee serviert und so weiter. Und Lieselotte hat auch geholfen und mich eingeladen, weil das eben eine Gelegenheit war, daß wir uns treffen konnten . . .«

»Das hast du mir an dem Tag alles verschwiegen. Warum erzählst du es mir jetzt?«

»Weil da eine Dame etwas zu ihm gesagt hat, was mir eben wieder eingefallen ist, und da habe ich mir gedacht ... Sie war ungefähr so alt wie du, und sie hat gesagt: ›Pater L. Sie sind ein Heiliger!‹ Das hat ihn verlegen gemacht, und da hat sie gesagt: ›Wenn Sie kein Heiliger sind, dann sind Sie ein lieber, guter, alter Zauberer. Denn wer sonst könnte die Zeit zurückdrehen?‹«

Mama hat sich aufgesetzt. »Und da hast du gedacht ...«

»In dem Moment habe ich überhaupt nichts gedacht. Aber vorhin ist mir eingefallen, daß die Leute einzeln, einer nach dem anderen, in sein Studierzimmer gegangen sind und einen Augenblick alleine dort drin waren und dann mit ihrem Taufschein wieder herausgekommen sind. Als der Herr Konsul eben gesagt hat, daß es vor 1936 gewesen sein muß, da habe ich mir gedacht, vielleicht hat Pater L. sie das Datum selbst hineinschreiben lassen.«

Meine Mutter hat den Atem eingesogen und geflüstert: »Dein Wort in Gottes Ohr!« Dann hat sie sich vornübergebeugt und zu dem Chauffeur gesagt: »Bitte, wir haben es uns anders überlegt, wir möchten woanders hinfahren. Inge, sag ihm, wohin.«

Pater L. hat uns die Tür geöffnet. Er schien kein bißchen überrascht zu sein und hat auch nicht gefragt, warum ich nicht in der Schule bin.

»Pater L., das ist meine Mutter.«

»Es freut mich sehr, Sie kennenzulernen, Frau Dornenwald.« Er hat ihr die Hand gegeben. »Bitte, kommen Sie herein.«

Er hat uns die Mäntel abgenommen und uns in sein Studierzimmer geführt und uns aufgefordert, uns zu setzen. Mamas Hände haben gezittert. Ich habe ihr die Handtasche angereicht. »Rauch ruhig, Pater L. raucht auch«, habe ich gesagt.

Pater L. hat ihr einen Aschenbecher gebracht. Dann hat er aus einer Tischschublade seine Pfeife geholt und angefangen, sie gemächlich zu stopfen.

Ein seltsames Gefühl überkam mich. Hier saßen wir, meine Mutter und ich, in einem katholischen Pfarrhaus in einer Studierstube bei einem Pfarrer in einer schwarzen Soutane. Und anstatt verlegen zu sein, anstatt mich hier deplaziert zu fühlen, habe ich mich hier gefühlt wie . . . nun, nicht wie daheim, aber doch beinahe. Jedenfalls behaglich, und froh, daß wir hergekommen waren. Damals an dem Sonntag war mir schon genauso zumute gewesen, obwohl ich doch gar nicht aus dem gleichen Grund eingeladen war wie die anderen Leute. Und sogar schon noch früher, damals in der ersten Klasse, als ich so gerne mit Lieselotte in seiner Religionsstunde geblieben wäre.

Ich glaube, dieses Gefühl hat gar nichts damit zu tun, daß er ein katholischer Priester ist. Er ist einfach ein Mensch, der auf andere diese Wirkung ausübt.

Meine Mutter hat sich auch entspannt. Ihre Hände haben aufgehört zu zittern; vielleicht hat das auch nur an der Zigarette gelegen. Ich weiß nicht, ob ihr so zumute war wie mir. Jedenfalls hat sie Pater L. unsere Lage geschildert; sie hat mit Usch angefangen (natürlich ohne ihren Namen zu nennen) und mit dem Hinweis vom jugoslawischen Konsul aufgehört. Und dann hat sie ihn rundheraus gefragt, ob er uns wohl irgendwie helfen könnte.

Er hat sofort gesagt, ja, vielleicht doch. Er hat ihr zwei Bücher gegeben, ein dünnes, rot eingebundenes, und ein dickeres, schwarzes. Das dünne war der Katechismus und das dicke das Neue Testament. Er hat gesagt, unter normalen Umständen nehmen die Leute ein paar Wochen lang Religionsunterricht, aber nachdem die Lage leider gar nicht normal war, sollten meine Eltern eben noch gleich heute so viel wie nur möglich in diesen beiden Büchern lesen. Er war gerne bereit, sie jederzeit zu taufen. »Wenn es Ihnen recht ist, gleich morgen?«

»Sie sind sehr verständnisvoll und hilfsbereit, Pater L.«, hat meine Mutter gesagt, und ihre Stimme ist ganz ängstlich und angespannt geworden. »Wir sind in einer schrecklichen Lage, aber ich möchte Ihnen trotzdem nichts vormachen und Ihnen offen sagen, daß mein Mann und ich schon immer überzeugte . . .«

»Bitte, Frau Dornenwald.« Er hat sie mit einer freundlichen

Geste unterbrochen. »Ich habe auch meine Überzeugungen.« Er hat an seiner Pfeife gezogen; sie war ausgegangen, und er hat sie wieder angezündet. »Ich bin zum Beispiel überzeugt, daß die Taufe, zusammen mit den anderen Sakramenten, ein Geschenk Gottes ist und daß es meine Aufgabe ist, diese Geschenke zu verteilen, und nicht, sie den Menschen vorzuenthalten.« Er hat eine Rauchwolke ausgestoßen; die Pfeife zog wieder. »Und außerdem glauben wir Katholiken, daß die Sakramente eine Macht in sich haben. Sie glauben das ja auch, Frau Dornenwald, wenn auch auf andere Weise . . .« Er hat ihr zugelächelt und dann mir, als ob wir drei ein erfreuliches Geheimnis miteinander teilten. ». . . denn sonst wären Sie jetzt nicht hier.«

»Ja, aber . . .« hat meine Mutter angefangen.

»Einen Moment noch, bitte, ich bin noch nicht ganz fertig. Ganz gleich, welche Überzeugungen die Leute haben, können Sie wirklich sicher sein, daß sie sich niemals, niemals ändern werden? Bitte verstehen Sie mich nicht falsch, Frau Dornenwald. Ich sage nicht, daß Ihre Auffassungen sich ändern werden; ich sage nicht einmal, daß sie sich ändern sollten. Aber falls sie sich eines Tages auf einmal doch ändern sollten, dann wäre es doch durchaus möglich, daß die Macht, von der ich eben gesprochen habe, an diesem Wandel mitbeteiligt war?«

Meine Mutter hat gelächelt. »Ich verstehe schon, wie Sie das meinen.«

Meine Eltern werden morgen nachmittag um drei Uhr wieder zu Pater L. gehen. Und dann werde ich die einzige in der Familie sein, die offiziell Jüdin ist. Es ist wirklich komisch: Als ich klein war, da habe ich mir immerzu gewünscht, ich wäre katholisch, so wie alle anderen Kinder in meiner Klasse. Und jetzt bin ich froh, daß es verboten ist, Halbwüchsige in meinem Alter zu taufen. Dabei bin ich ganz bestimmt nicht auf einmal religiös oder fromm oder so was geworden; ich bin bloß ganz zufrieden damit, jüdisch zu bleiben, das ist alles.

Zuerst hat Papa seinen eigenen Ohren nicht getraut, als meine Mutter es ihm erzählt hat. Dann haben sie angefangen, sich zu streiten.

Papa hat gesagt: »Mein Vater würde sich im Grab herumdrehen, wenn er das wüßte!«

»Aber er wird's niemals erfahren«, hat Mama gesagt. »Meinst du vielleicht, daß mir das leicht fällt, so ein Schritt? *Mein* Vater wird es erfahren! Stell dir nur einmal vor, wie ihm zumute sein wird!«

Ich habe schon vorher gewußt, daß sie mir sagen würden, ich soll mich nicht einmischen. Aber ich hatte all die Zeit immerzu an Opa Oskar gedacht, und ich habe gewußt, was er dazu sagen würde. Also *mußte* ich es ihnen auch sagen. »Opa Oskar würde sagen, daß ihr das einzig Richtige getan habt.«

»Red nicht von Dingen, die du nicht verstehst«, hat Mama mich angefahren. »Dein Vater und ich haben dich ohne irgendwelche religiösen Anschauungen erzogen. Aber *mein* Vater ist ganz anders erzogen worden. Er ist ein strenggläubiger, überzeugter Jude, und du hast keine Ahnung, wieviel ihm sein Glaube bedeutet.«

»Oh, doch, das weiß ich, denn wir haben uns darüber unterhalten, und er würde auch jetzt genau das gleiche sagen, was er mir gesagt hat.«

»So, und was war das?« hat meine Mutter gefragt, als ob sie schon von vornherein sicher sei, daß ich Opa Oskar bestimmt nicht richtig verstanden hatte.

Ich muß es ihnen klarmachen können, habe ich so sehr gehofft, daß es schon beinahe gebetet war. »Er hat gesagt, es gibt viele verschiedene Wege, Jude zu sein.«

»Das ist möglich, aber sich taufen lassen, gehört ganz bestimmt nicht dazu«, hat Papa gesagt.

Ich weiß jetzt nicht mehr genau, wie ich es gesagt habe, aber ungefähr so: »Das kommt darauf an. Wenn es euch das Leben rettet, wenn ihr euch taufen laßt, und meines dazu, weil mein Leben von eurem abhängt, dann *ist* es jüdisch.«

»Das ist absurd«, hat Mama gesagt.

»Ja, das ist es, aber wenn ihr tot seid, dann seid ihr gar nichts mehr. Ein Nichts. Das hast du mir selbst erklärt, als Opa Moritz gestorben ist, erinnerst du dich noch, Papa? Also ist es jüdischer, irgend etwas zu sein, lebendig zu sein, als tot und verschwunden und ein Nichts zu sein! Das müßt ihr doch zugeben, oder?«

Natürlich habe ich das todernst gemeint, aber irgend etwas an der Art, wie ich das gesagt habe, hat sie zum Lächeln gebracht.

»Du steckst da tief in philosophischem Tiefsinn«, hat mein Vater gesagt.

»Das ist mir egal. Und auch, ob das alles absurd ist oder ein Widerspruch oder was immer. Die Geschichte der Juden ist voller Widersprüche, und das habe nicht ich erfunden, das hat der Herr Dr. Taglicht gesagt, und er ist Rabbiner.«

»Na schön. Hör auf, dich aufzuregen«, hat Papa gesagt.

»Soll das heißen, daß du einverstanden bist?«

»Ja«, haben sie beide gesagt.

Und Mama hat ein bißchen gelacht und hinzugefügt: »Und wenn wir Opa Oskar wiedersehen, dann darfst du ihm das alles schonend beibringen!«

»Natürlich. Und er wird es verstehen, du wirst schon sehen!«

DIENSTAG, 29. MÄRZ 1938

Wenn mir noch vor einer Woche jemand gesagt hätte, daß ich mir die Seele aus dem Leib rede für etwas, das nur zur Folge haben wird, daß wir noch vor dem 1. April von daheim fortgehen, dann hätte ich gesagt, er spinnt. Aber ich hab's getan, und meine Eltern sogar überzeugt.

Und deshalb werd ich jetzt nicht Mizzis Brautjungfer sein, am

Freitag; statt dessen sind die Mizzi und der Ferdl die Zeugen für meine Eltern, oder die Taufpaten, falls Erwachsene auch welche haben, ich weiß das nicht.

Und hier ist noch so was Komisches: Ich mag Pater L., und ich bin überzeugt, daß meine Eltern richtig handeln, wenn sie diese einzige und letzte Chance, die wir überhaupt haben, nutzen. Aber ich will trotzdem nicht mit dabei sein.

Außerdem ist dies der letzte Nachmittag, den ich allein in meinem Zimmer verbringen kann. Morgen müssen wir packen, und übermorgen fahren wir um halb acht in der Früh.

Vom Südbahnhof aus, nur ein paar Minuten, ehe unser Zug abfährt, werde ich als allerletztes Lieselotte anrufen. Ich werde sie bitten, Mizzis Brautjungfer zu sein. Ich bin sicher, daß sie das übernimmt. Und ich werde ihr Lebwohl sagen. Sie geht jeden morgen um zwanzig nach acht aus dem Haus; ich werde sie gerade noch erreichen.

Bis dahin darf ich nicht mit ihr sprechen, davon hat mein Vater mich überzeugt. Denn wenn Herr Vessely das erfährt und richtig wütend wird, dann kann er uns noch immer ins Unheil stürzen, und obendrein auch noch Pater L. und andere Menschen, denen er geholfen hat.

Später

Ich weiß nicht, was ich erwartet habe! Jedenfalls nicht, daß meine Eltern mit einem leuchtenden Heiligenschein über dem Kopf heimkommen. Sie schauen genauso aus wie vorher. Es war alles ganz einfach. Die Taufscheine sind in Ordnung; oder vielmehr, nicht in Ordnung, das hängt davon ab, von welcher Seite man die Sache betrachtet. Macht nichts, *ich* verstehe schon, was ich meine.

Wir waren alle im Herrenzimmer. Meine Eltern haben Papiere aussortiert und unsere zwei Dutzend Fotoalben, denn wir wollten doch wenigstens ein paar Familienfotos mitnehmen. Da hat das Telefon geläutet.

Mein Vater hat daneben gestanden und abgehoben und »Hier Dornenwald« gesagt, wie immer. Dann ist seine Stimme in die Höhe gegangen. »Anni Hopf?!«

»Laß mich dran, bitte!« Ich habe die Hand nach dem Hörer ausgestreckt.

Aber er hat ihn mir nicht gegeben und gesagt: »Du bist nicht Anni Hopf, du bist Lieselotte Vessely.«

»Laß mich mit ihr reden!« Ich habe ihn am Ärmel gezogen.

»Nein, laß ihn nur«, hat meine Mutter gesagt.

»Es freut mich, daß du angerufen hast, Lieselotte. So kann ich mich doch wenigstens bei dir entschuldigen, weil ich letzten Donnerstag so unhöflich zu dir war«, hat mein Vater gesagt. »Ich dank dir schön, das ist lieb von dir. So, jetzt geb ich dir Inge, ja?« Er hat mir den Hörer gegeben.

»Inge, grüß dich, was ist los mit dir, wo steckst du bloß? Ich hab dich eine Ewigkeit nicht gesehen! Bist du etwa krank geworden? Also, was ist los? Nun sag schon was! Inge, bist du überhaupt da?«

Mir war zumute, als ob ich einen Wasserfall in mir hätte, aber anstatt herunter zu stürzen, ist er nach oben gequollen, in die Brust, den Hals und schon zu den Augen hinaus. »Lieselotte, ist dein Vater denn nicht daheim? Und Heinz?« habe ich endlich herausgebracht.

»Nein, sie sind in Graz, bis Sonntag! Ich kann jetzt ganz ungeniert mit dir reden.«

»Aber ich nicht!« Inzwischen habe ich schon das ganze Telefon naßgeheult. »Ich ruf dich nachher an!« Ich habe aufgehängt.

»Warum weinst du denn so?« Papa hat gekränkt dreingeschaut.

Er hat gedacht, ich sei nicht damit einverstanden, wie er sich bei Lieselotte entschuldigt hatte.

Aber genau das hat mich so gerührt, daß es mich zum Weinen gebracht hat. Und wie ich dann Lieselottes Stimme gehört habe, da ist mir zum erstenmal und ganz plötzlich richtig klargeworden, daß wir für immer fort müssen. Das war mir bis zu diesem Augenblick nicht wirklich aufgegangen. Ich habe versucht, meinen Eltern das zu erklären, und sie haben es auch verstanden.

Dann hat Papa mich gefragt: »Möchtest du wissen, warum ich mich bei Lieselotte entschuldigt habe?«

»Ja.«

»Nun, ich habe mir gesagt, Inge war ihr Leben lang immer höflich und nett zu Usch . . . von Oma Sofie und mir und der ganzen Familie einmal nicht zu reden . . . und schau dir an, was Usch uns heute antut. Ich dagegen habe mich Inges bester Freundin gegenüber wie ein Grobian benommen, und dabei verdanken wir es indirekt ihr, wenn wir noch ungeschoren über die Grenze kommen . . . wenn von jetzt an noch alles gutgeht.« Und jetzt hat *er* geweint. Nicht wie ein Sturzbach, wie ich. Seine Augen sind nur feucht geworden. Aber das ist noch nie zuvor passiert, jedenfalls noch nie vor mir.

»Papa, ihr Vater und ihr Bruder sind in Graz! Sie hat mich bloß deshalb anrufen können. Und sie kommen erst am Sonntag wieder. Bis dahin sind wir fort! Darf ich sie jetzt anrufen? Darf ich ihr sagen, daß wir fortgehen, und darf ich sie noch einmal sehen?«

Sie haben »ja« gesagt und sind aus dem Zimmer gegangen.

»Lieselotte? Ich bin's. Horch mal, kannst du am Freitag Mizzis Brautjungfer sein?«

»Ich hab gedacht, du . . .«

»Ich kann nicht. Wir sind dann nicht mehr hier. Lieselotte, frag mich nichts, am besten ist, wir sprechen überhaupt nicht davon. Sag mir nur eben, ob du kannst.«

»Ach, sicher . . . Meine Mutter wird es schon erlauben; warum nicht?«

»Gut, Mizzi wird froh sein.«

»Aber Inge . . .«

»Wir haben schon einmal Abschied genommen, im letzten November, und wir haben uns etwas geschenkt und geheult und so weiter. Ich möcht das nicht noch einmal mitmachen. Du vielleicht?«

»Nein . . .«

»Also dann, kannst du mich morgen am Praterstern treffen? Um zwei?«

Lieselotte hat gesagt, sie kann!

Mittwoch, 30. März 1938, abends

Vom Praterstern ist es nur ein kurzer Weg bis zum Wurstelprater. Opa Oskar hat Recht: das ist der richtige Ort für einen Tag wie diesen. Ich habe noch immer die zehn Schillinge gehabt, die er mir geschenkt hat. Lieselotte hatte auch Geld. Wir haben mehr als genug für alles gehabt. Wir haben den ganzen Nachmittag dort verbracht.

Wir haben dem Watschenmann solche Watschen gegeben, daß uns die Hände wehgetan haben, aber das hat uns gar nichts ausgemacht. Wir waren stolz, weil der Kraftmesser dabei so hochgeschnellt ist.

Wir sind mit fast sämtlichen Karussells gefahren. Wir haben mit den zahmen angefangen, mit dem Pferdekarussell, den Kutschen und der Schiffsschaukel. Dann haben wir die mittelwilden ausprobiert, das Karussell mit den kleinen Flugzeugen und die Raupe. Und zum Schluß die richtig wilden, die Geisterbahn und die hohe Achterbahn.

Auf dem Tierkarussell hat Lieselotte einen Löwen genommen und ich eine Giraffe, und die Drehorgel hat eine lebhafte Melodie gespielt, ein altes Volkslied, das so anfängt:

»Wem Gott die rechte Gunst will weisen,
den schickt er in die weite Welt,
dem wird er seine Wunder weisen,
in Berg und Wald und Flur und Feld . . .«

Lieselotte und ich haben mitgesungen, aber nicht den richtigen Text, sondern die Parodie, die jedes Wiener Schulkind kennt:

»Wem Gott die rechte Gunst will weisen,
den schickt er in die weite Welt,
den läßt er in die Knackwurst beißen
so lange es ihm wohl gefällt!«

Diese Worte sind ziemlich absurd, aber gerade das macht Spaß daran. Lieselotte und ich haben sie so laut und so oft gesungen, daß ein paar Leute über uns gelächelt und ein paar andere die Köpfe geschüttelt haben.

Dann sind wir hungrig geworden und haben uns Knackwürstl mit Kraut gekauft, und dazu ein Himbeer-Kracherl für Lieselotte und ein Trauben-Kracherl für mich.

Dann sind wir ins Kasperletheater gegangen. Es war noch genauso wie früher, als wir klein waren: Kasperle hat dem Gendarmen eins über den Kopf gegeben und alle Zuschauer haben gelacht. Und als Kasperle nicht gemerkt hat, wie das Krokodil gekommen ist, da haben alle kleinen Kinder geschrien: »Paß auf, Kasperle, paß auf!« Und wie Kasperle dem Krokodil entwischt ist, haben sie alle gejubelt, und wir auch.

Lieselotte hat gesagt: »Ist es nicht seltsam, daß wir uns noch immer so viel daraus machen, was aus Kasperle wird, bei allem, was wir in Wirklichkeit erleben?«

»Ja«, habe ich gesagt. Ich habe genau gewußt, wie sie das meint.

Das Riesenrad haben wir uns bis zuletzt aufgespart. Es gehört eigentlich nicht ganz richtig zum Wurstelprater. Es ist nicht bloß ein Karussell, es ist auch ein würdevolles Monument. Es ist eines der ersten Riesenräder, das jemals gebaut worden ist, und ein Wahrzeichen von Wien, gerade so wie der Stephansdom.

Von dort oben kann man den Stephansdom natürlich sehen; man kann alle Kirchtürme und die grünen und kupfernen Kuppeln und die Dächer und Rauchfänge der ganzen Stadt sehen. Auch die Donau (grün-grau, nicht blau!) und die Donaubrücken, den Wienerwald und den Kahlenberg und den Kobenzl. Und wenn der Tag so klar ist wie heute, dann kann man sogar die Gipfel der Alpen sehen.

Wir hatten uns auch Luftballons gekauft; meiner war blau und Lieselottes grün. Als wir ganz hoch oben auf dem Riesenrad waren, habe ich auf einmal Lust gehabt, meinen Ballon davonfliegen zu lassen. Nicht alle Kabinen haben Fenster, die sich öffnen lassen, aber unsere konnte man aufschieben. Ich habe meinen Ballon zum Fenster hinausgehalten und die Schnur losgelassen, und Lieselotte hat das gleiche getan. Die Ballons sind zum Himmel hinauf davongesegelt.

Lieselotte hat gesagt: »Das schaut aus, als ob unsere Freundschaft davonfliegen würde.«

Ich habe gesagt: »Nein, das sind bloß Luftballons. Sie haben bloß Luft in sich, kein Blut.«

»Da hast du Recht«, hat Lieselotte gesagt.

Wir haben einander untergehakt und zugeschaut, wie die Ballons immer weiter und weiter davongeflogen sind, bis wir sie nicht mehr sehen konnten. Unsere Arme waren noch immer untergehakt. Wir haben einander angeschaut, und wir haben unsere Vereinbarung eingehalten: wir haben nicht geweint.

»B.S.G. für immer«, hat Lieselotte gesagt.

Ich habe gerade genau das gleiche gedacht, und deshalb habe ich es auch gesagt. Dann haben wir beide gelacht, weil das so kindisch klang, und dabei haben wir es doch ganz ernst gemeint, von ganzem Herzen ernst.

»Außerdem ist unsere Freundschaft jetzt in einem Tagebuch.

Opa Oskar hat es mir zum letzten Chanukka geschenkt. Es ist schon fast voll. Ich habe auch andere Sachen aufgeschrieben, aber vor allem alles über unsere Freundschaft und meine ›wirklichen und wahren‹ Gefühle darüber, und Dinge, die wir zusammen getan und erlebt haben. Ich habe auch deine Briefe darin abgeschrieben.«

»Ich wollte, ich könnte es lesen«, hat Lieselotte gesagt.

»Ich auch. Vielleicht kannst du es später irgendwann einmal lesen.«

Als ich heimgekommen bin, war alles schon fertig gepackt, aber so, daß niemand etwas davon merken konnte, falls uns irgend jemand unerwartet und ungebeten in die Wohnung hereinplatzen sollte: Usch, zum Beispiel. Wir können nur vier Koffer mitnehmen; drei sind unter den Betten meiner Eltern versteckt, der vierte unter meinem. Mizzi wird sich um alles kümmern, was wir zurücklassen müssen. Mama hat von allem Listen angefertigt, und Mizzi wird alles in Kisten verpacken und bei einem Spediteur einlagern, der es uns später hoffentlich schicken kann, wenn wir wissen, wo wir bleiben können. Mama hat Mizzi eine Menge Sachen für ihren neuen Haushalt geschenkt: den Teppich und die Möbel aus dem Herrenzimmer, bis auf den Schreibtisch, den Ferdl nicht gebrauchen kann, und Haushaltswäsche und ein Eßservice und Küchengeschirr und Vasen und dergleichen. Zuerst wollte Mizzi es nicht annehmen, aber meine Mutter hat sie doch dazu überredet.

Nach dem Nachtmahl bin ich in Mizzis Zimmer gegangen. Ich hatte ihr schon gesagt, daß Lieselotte ihre Brautjungfer sein wird. »Sie wird's oben herum viel besser ausfüllen. Ich möcht's bloß noch einmal sehen.«

»Wovon redest du überhaupt? Und was hast du in meinem Schrank verloren?«

»Von dem Brautjungfernkleid.«

»Meinst du vielleicht, ein Mädchen wie Lieselotte hat kein anständiges Kleid zum Anziehen, wenn sie wo hingeht?« hat Mizzi mich angeschrien. »Meinst du vielleicht, ich laß jemand anderen das Kleid anziehen? Und wer soll dir noch einmal solch ein Kleid nähen, da, wo du hinfährst? Und was willst du anziehen, wenn du das nächstemal in die Oper gehen darfst? In Zagreb gibt's auch eine! Es ist in deinem Koffer! Ich hab's selbst eingepackt!«

Das ist alles, was ich heute abend aufschreiben kann. Ich muß die letzten paar Seiten für morgen aufsparen.

Donnerstag, 31. März 1938

Ich bin im Zug im Gang stehen geblieben, wo man besser hinausschauen kann, und ich habe hinausgeschaut, bis nichts mehr von Wien zu sehen war. Das alte Lied ist mir durch den Kopf gegangen: »Wien, Wien, nur du allein, sollst die Stadt meiner Träume sein ...« Aber nur durch den Kopf, nicht durchs Herz. Ich bin nicht traurig, weil wir Wien verlassen. Natürlich, ich bin hier geboren, meine Eltern sind hier geboren ... und wenn wir nachher nicht über die Grenze kommen, dann werden wir vielleicht auch hier sterben. Nicht später, wenn wir alt sind, sondern ziemlich bald.

Dann bin ich in unser Abteil gegangen. Wir fahren 1. Klasse, als ob wir noch immer wohlhabende Leute wären, die in Ferien fahren. Die Sitze sind mit dunkelrotem Plüsch gepolstert und haben oben, wo man den Kopf anlehnt, weiße Schondeckchen, und es gibt ein Tischchen, auf dem man Karten spielen und essen kann. Wir haben Rückfahrkarten nach Dubrovnik und ein Telegramm von einem Hotel dort, mit dem sie uns die Reservierung von zwei Zimmern mit Balkon und Meeresblick für vierzehn Tage bestätigen. Ich hätte nichts dagegen, wenn wir wirklich dorthin fahren würden ...

Meine Mutter zündet sich eine Zigarette an der anderen an.

»Hannerl, hier drin kann man kaum noch atmen«, hat mein Vater gesagt, und das Fenster geöffnet und den Rauch mit den Armen hinausgewedelt. Und dann hat er sich hingesetzt und sich selbst eine Zigarette angezündet. Er raucht so gut wie nie! »Wir sind jetzt bald an der Grenze, in Spielfeld.«

Mama hat ihre Hand auf meine gelegt; sie hat sich feucht angefühlt.

»Inge, steck endlich das Heft weg«, hat mein Vater scharf gesagt und an dem Verschluß seiner Aktenmappe herumhantiert, in der alle unsere Papiere stecken.

Zuerst sind die österreichischen Grenzpolizisten gekommen; das heißt, jetzt waren sie ja deutsche. Sie haben unsere Pässe kontrolliert und Mamas Handtasche und Papas Brieftasche und das Handgepäck durchsucht, ob wir auch kein Geld aus dem Land schmuggeln.

Dann sind die jugoslawischen Grenzer gekommen, ein großer und ein kleiner, und haben ebenfalls die Pässe angeschaut.

Der Kleine hat die Stirn gerunzelt und gesagt: »Und wo sind Ihre Visa?«

»Wir brauchen keine«, hat mein Vater mit kühler Stimme geantwortet, aber er hat ein paar Schweißtropfen auf der Stirn gehabt. »Bitte.«

Er hat die Taufscheine hingehalten.

Die beiden Grenzer haben kurz in Slowenisch oder Kroatisch miteinander gesprochen.

Dann hat der Kleine gesagt: »Die Vorschriften sind geändert worden. Jetzt muß jeder ein Visum haben, bitte.«

»Einfach so, von einem Tag zum anderen?« hat mein Vater entrüstet gesagt und sich schnell einmal mit dem Taschentuch über die Stirn gewischt. »Und was sollen wir jetzt machen?«

»Das ist wirklich seltsam!« hat meine Mutter munter gesagt. »Ich habe erst gestern noch mit dem Herrn Konsul gesprochen.« Irgendwie hat das so geklungen, als ob der Herr Konsul ein guter Freund von uns sei. »Er hat mir kein Wort davon gesagt! Und wir haben die Hotelzimmer für heute abend bestellt . . .« Sie hat den Grenzern das Telegramm hingehalten.

»Es tut mir leid, gnädige Frau, aber Sie müssen ein Visum haben.«

»Also, was sollen wir da machen?« Meine Mutter hat ihr helles Lachen ausgestoßen. »Sollen wir etwa den ganzen weiten Weg bis zurück nach Wien fahren? Dann verlieren wir drei Tage von unseren Ferien! Und die Unkosten! Wir müssen das Hotel ab heute bezahlen! Das geht doch nicht, nicht wahr?« Sie hat die Grenzer unter den Wimpern her angelächelt und ihnen das Zigarettenetui hingehalten. »Mögen Sie echte Ägyptische?«

Die Grenzer haben sich jeder eine Zigarette genommen und dann wieder miteinander besprochen.

»Kommen Sie mit, einen Moment«, hat der Große gesagt, von dem wir zuerst dachten, er würde nicht deutsch sprechen. Mein Vater hat sein Jackett angezogen und ist mitgegangen.

Der Kleine hat sich hingesetzt und eine Unterhaltung mit meiner Mutter angefangen. Ich bin sicher, wenn sie nicht miteinander gesprochen hätten, dann hätten sie gehört, wie laut mein Herz geklopft hat.

Nach ein paar Minuten, nach einer Ewigkeit, ist mein Vater allein zurückgekommen, ohne den Großen. Er hat dem Kleinen die Pässe gezeigt. Jetzt war ein Visum eingestempelt.

Der Kleine hat gelächelt: »Darf ich meinem Kollegen noch eine Zigarette mitnehmen, gnädige Frau?«

Mama hat ihm das Etui hingehalten.

Er hat sich fünf genommen. »Willkommen in Jugoslawien und angenehme Ferien!« Er ist gegangen.

»Das Geschäft blüht!« hat mein Vater gesagt. »Das Visum kostet genau fünfzehn Schilling pro Person.«

»Welch ein Zufall, nicht wahr?« hat meine Mutter gesagt. Wir besaßen genau fünfundvierzig Schillinge, für uns alle drei. Die Nazis hatten verboten, pro Person mehr als fünfzehn Schillinge mitzunehmen, wenn man das Land verließ. Natürlich wußten die Jugoslawen das.

Jetzt haben wir also keinen einzigen Groschen in der Tasche, und auch keinen einzigen jugoslawischen Dinar. Aber das macht nichts. Wir sind über die Grenze gekommen! In ein paar Stunden sind wir in Zagreb, und dort werden Tante Marianne, Onkel Herbert und Tommi uns am Bahnhof abholen. Wir werden bei ihnen wohnen, sie haben uns dazu eingeladen, bis wir wissen, wie es weitergeht für uns.

Meine Eltern sind mitten im Abteil gestanden und mit dem Zug hin- und hergetorkelt und haben gelacht und sich umarmt, und dann hat mein Vater gesagt: »Inge, komm«, und sie haben jeder einen Arm ausgestreckt und mich an sich gedrückt.